아동문학평론집

동심의 시학

아동문학평론집

동심의 시학

박 일 지음

세종출판사

머리말

첫비평집 『동심의 풍경』(2021. 세종출판사)은 '부산의 동시문학과 작가 탐구'라는 부제를 붙였듯이, 부산 동시문학의 발전과 동시인들의 작품 및 표현미학을 중심으로 했습니다. 지역문학의 가치나 무게감을 담고 싶었습니다. 그러나 분량에 비해 내용이 섬소纖疏하여 아쉬움이 남습니다. 제2 비평집은 한국문화예술위원회에서 비평활동을 잘하라고 지원을 해준 것이니까 당당해지기도 합니다. 『동심의 풍경』에 실리지 못한 평론들이 빛 보기를 소망하며 꿈틀거리고 있었는데, 툴툴 털어낼 수 있어 한결 가벼워집니다. 골동품이 된 것도 있어 애정이 느껴지기도 합니다.

인도의 시성 타고르는 '모든 어린이는 신이 아직도 인간에게 절망하지 않았다고 하는 메시지를 지니고 태어난다'라고 했습니다. 아동문학이야말로 신(하느님)이 어린이 때문에 아직도 절망할 수 없다는 그 어린이를 대상으로 하는 문학입니다. 그렇다면 아동문학의 사명이 얼마나 큰 것입니까? 어린이에게 주는 희망과 꿈이 곧 신이 절망하지 않도록 하는 일이니까요. 결국 아동문학은 신성을 내포한 문학입니다. 이것은 아동문학의 긍지이기도 합니다. 그러나 사춘기가 점점 빨라지면서 아동문학의 입지도 좁아지고 있어 안타깝습니다.

평론이 문학의 총아로 등장하고 있습니다. 쉬우면서도 문학성을 획득한다면 독자들과 더 친숙하겠지요. 근대비평의 장르를 개척한 고바야시 히데오[小林秀雄]는 비평이란 남을 칭찬하는 독특한 기술이라고 했습니다. 그 말이 가슴에 와 닿습니다.

『부산문학사』의 정리는 부산문협의 기획사업입니다. 『부산문학사 제1권』은 1997년에 간행했습니다. 평론 「90년대 중반 이후의 부산 아동문학」은 2009년에 발간한 『부산문학사 제2권』에 실린 글입니다. 『부산문학사 제1권』의 정진채, 공재동 그리고 주성호 선생이 집필한 글과 연계하여 읽으면 도움이 될 것입니다. 그 이후의 역사는 또 다른 분이 정리하리라 믿습니다.

'글나라동화사랑'(김재원 운영)에 대응하여 '아름다운동시교실'(박일 운영)이 개설되고, 동시, 동화작가들이 많이 배출되었습니다. 부산 아동문학의 황금기를 보이고 있습니다. 동화 분야에서는 신데렐라 같은 작가들이 대거 등장하고 있어 부산 아동문학이 자랑스럽습니다.

셍텍쥐페리는 '완전함이란 더 이상 보탤 것이 없는 상태가 아니라, 더 이상 뺄 것이 없는 상태를 말한다.'라고 했습니다. 이게 'Less is More'(단순한 것이 풍부하다)로 발전되었을 것입니다. 운문은 이를 귀감으로 삼아야 하겠지만, 이 평론집은 빛바랜 글도 아까워 끼워 넣었으니 간편하게 정리하지 못한 불안전입니다. 부끄러운 소유욕 때문이기도 할 것입니다. 그러나 작품평(월평, 계평 등)은 「역설의 문학, 그 다스림」만 남겼습니다.

발표지면을 명기했지만 발표하지 못한 글은 창작연도를 기록했습니다. 동시집 서평이나 발문으로 쓴 글 중 경어체인 경우는 그대로 두었습니다. 작고 문인의 경우 생몰년을 기록했고, 옮긴 글은 별도 주를 달지 않고, 문장 속에 밝혔으며, 성명 뒤에 직함을 넣었습니다. 한자어는 한글과 같이 읽어지도록 했고, 시인과 동시인의 호칭은 구별하려 했지만 부득이한 경우 넘나들 수밖에 없었습니다. 저서는 겹낫표(『 』), 작품은 홑낫표(「 」), 신문은 겹화살괄호(≪ ≫)로 통일했고, 인용의 경우 발표 당시의 맞춤법을 존중했습니다.

분량을 감안하여 부득이 동시의 연과 행을 줄인 경우도 있어, 동시의 멋과 정서를 정확하게 전달하지 못한 부분도 있습니다.

원고를 선뜻 받아준 세종출판사와 고향 후배인 이동균 상무님과 편집진 여러분에게 뜨겁게 감사의 말을 올립니다. 늘 곁에서 응원해주는 아내에게 이 책을 드립니다.

삶이 산문화되어 가나 봅니다. 동시 쓰는 일이 어렵고 두려워집니다. 뇌경색으로 한번 당하고 나니까 건강이 진짜 소중합니다. 하루하루 즐겁게 보내소서.

2022. 봄

박 일

목차

머리말 | 동시 평론집을 내면서 / 5

I

- 한국 아동문학과 동학 ········ 4
- 문학적 동심이란 무엇인가?
  – 오염물질 다 태운, 가장 어린이다운 ········ 27
- 아동문학의 여성화 경향과 그 전망 ········ 34
- 이데올로기에 속박된 경직된 노래들
  – 북한의 동시 문학 ········ 47
- 90년대 중반 이후의 부산 아동문학 ········ 56
- 아동시 창작과 지도 실제 ········ 100
- 역설의 문학, 그 다스림 ········ 115

II

- 동시를 썼기 때문에, 윤동주 ········ 127
- 동요시인 남대우
  – 남대우 문집 『우리 동무』 ········ 140
- 황순원의 동시와 아포리즘 ········ 149
- 하늘같은 자존감과 절묘한 은유들
  – 박두순의 『박두순 동시선집』 ········ 160

- 위험 앞에 매달려있는 빗방울의 한가로움
  – 이묘신의 동시 세계 ………… 173
- 존재만으로 반짝거리는 동시
  – 유미희의 동시 세계 ………… 181
- 환희의 노래, 그 파장력
  – 성환희의 동시 세계 ………… 190

III

- 어린 왕자가 꿈꾸는 세상
  – 이봉직 동시집 『새싹 감별사 모집』 ………… 199
- 사랑과 행복이 넘치는 아름다운 세상
  – 우덕상 첫 동시집 『족집게 선생님』 ………… 207
- 비유와 감춘 것을 향기로 뿜어내는 노래, 그리고 사랑
  – 김이삭 첫 동시집 『바이킹 식당』 ………… 220
- 한 알 밀알의 삶이 맺은 동시 열매
  – 남은우 첫동시집 『화성에 놀러와』 ………… 233
- '숨은 하느님'에게 무엇이 딱 걸렸을까요?
  – 박혜경 첫 동시집 『딱 걸렸어』 ………… 246
- 악어가 나타나면 어떻게 해야죠?
  – 장그래 첫동시집 『악어책』 ………… 260
- 숲과 들이 일깨우는 놀이 본능
  – 5인 동시집 『오늘은 어떤 놀이를 할까?』 ………… 269
- 한국의 시바타 도요
  – 이정희 동시집 『담쟁이와 돌담』 ………… 276

IV

- 돌아와 거울 앞에 선 국화꽃 같은 누나
  – 황소지 수필선집 『사랑의 동심원』 ······ 285
- 감사와 사랑의 힘을 느끼게 하는 매력적인 법어들
  – 황다연 수필선집 『내면으로의 여행』 ······ 296
- 현재진행형의 치열한 삶과 사랑
  – 우아지 시조선 『점바치 골목』 ······ 306
- 긴 여울 따라 흘러온 '어른의 시간'과 중후한 매력
  – 최보일 제9수필집 『긴 여울 바람 소리』 ······ 316

I

- 한국 아동문학과 동학
- 문학적 동심이란 무엇인가?
- 아동문학의 여성화 경향과 그 전망
- 이데올로기에 속박된 경직된 노래들
- 90년대 중반 이후의 부산 아동문학
- 아동시 창작과 지도 실제
- 역설의 문학, 그 다스림

한국 아동문학과 동학

1.

동학, 너는 이 민족에 무엇인가?

그림자인가. 너무 가까워서 볼 수 없는 눈썹인가? 고슴도치도 제 새끼는 예뻐보인다던데, 우리의 것에 대한 애정이 있다면 백마 타고 오는 왕자일 수도 있을 텐데.

루돌프 슈타이어(1861～1925)는 유럽 녹색운동의 창시자인데 20세기 대신비주의자로 일컬어지는 사람이다. 그는 "인류문명의 대전환기에는 새 문명, 새 삶의 원형을 제시하는 성배聖杯의 민족이 반드시 나타나는 법이다."라고 하면서 "그 성배가 이스라엘 민족에게 있었으나 현대에는 그 민족이 극동에 와 있다."라고 했다. 그의 제자인 일본 인지학회 회장 다카하시 이와오[高橋巖]는 그 민족이 바로 한민족이며, 그 성배가 바로 최제우의 인내천人乃天이라고 실토한 바 있다.

성배의 민족!

이는 혼돈의 세상을 극복할 위대하고 성스러운 민족이다. 동학이 있기에 그런 민족일 수 있다고 했지만 정작 그 가치를 알지 못하고 벌판에 서 있는 한 채의 집처럼 쓸쓸하게 버려두는 이유는 무엇일까?

국민적 무관심, 무지, 아니면 사대주의적 근성인가? 아니면 성배의 민족임을 시샘하는 일본이 민족정기를 꺾어버리기 위해 동학의 기를 팍팍 꺾어버린 것은 아닐까?

본고에서는 동학의 의미를 밝히면서, 아동문학(어린이 운동 등)과 관련된 부분을 서술코자 한다.

2.

동학은 조선 후기, 결정적인 종교체험을 통하여, 도道로 말하면 천도天道요, 학學으로 말하면 동학東學을 창도하고, 이 민족 구원의 횃불을 밝히기 시작한다. 새로운 종교 문화 교체의 대전환이 요청되는 시기에 고금에도 듣지 못하고 비할 수 없는 새로운 가르침인 동학(천도)을 얻게 된다.

동학을 창도한 분은 수운水雲 최제우崔濟愚다. 경주 용담정에서 득도를 위한 수련에 전념하던 중 하늘의 계시를 받는 체험을 하여, 무극대도인 동학을 창도한다. 경신년(1860) 4월 5일이다.

동학의 창도 정신은 '사인여천事人如天'이다. 사람은 한울(하늘)을 모시고 있는 시천주이기 때문에, 사람 섬기기를 한울처럼 해야 한다는 것이다. 집에 오는 손님도 한울님의 강림이었다. 또한 천도교 소년회에서 방정환(교조 손병희의 사위) 등이 어린이를 올려 보는 한국 최초의 어린이 운동을 전개한 것도 이 정신의 구현이었다.

우리들은 사랑이나 자비를 거룩하게 생각하지만 이는 베푸는 쪽의 희생을 감수해야 한다. 그러나 사인여천-섬김이란 단어로 요약할 수 있지만, 이는 눈높이보다 더 상대를 높이는 올려보기임-은 어떤 경우에도 공경의 정신이 배어 있어, 크고 거룩한 휴머니즘이라는 생각이 들기도 했다. 현대를 가치관의 혼란 시대라고 얘기한다. 주체성 회복이나 민족정신을 구현하는 교육이 잘 되었더라면 이런 상황이 올 수 있었을까? '사인여천'만이라도 회복할 수 있다면, 여유와 양보, 정의와 협동, 적당주의와 부실의 타파는 물론 내가 입은 배꼽티는 첨단 패션이며, 남이 입은 미니스커트는 시각 공해라는 철저히 이기주의의 한국인은 없을 것이다.

수천 년 동안 동양을 지배해온 전통적인 종교 사상은 천본天本 사상이었다. 그런데 동학은 그 하늘의 개념을 개혁해 버렸다. '사람이 하늘이다.'라는 인본주의는 그 당시에는 혁명과도 같은 선언이었다. 비슷한 시기에 독일의 생철학자 니이체(F. W. Nietzsche)는 '신이 죽었다'(gott ist tot)고 선언하여 신본주의에 대한 도전을 하였으니, 이들은 동양과 서양을 대표하는 19세기 종교 개혁자가 아닐 수 없다

동학은 3세교조 의암義菴 손병희孫秉熙에 의하여 천도교로 개칭되었고, 인내천人乃天을 종지로 내세워 천인합일天人合一, 신인일체神人一體의 진리를 창출하였다. 지금까지는 인간과 신을 따로 떼어 신은 높게 보고, 인간을 천하게 여기면서 신의 종속물로 파악하였지만 신 본위에서 사람 본위라는 사상적 전환을 가져오게 하였다.

또한 동학이 추구하는 세계는 개벽開闢과 지상천국地上天國이다. 개벽이란 종말이나 파멸의 개념이 아니다. 문화적 몰락을 극복하거나 전환시키거나, 종말의 위기를 타고 넘는 문명사의 대전환이

며 재창조의 세상을 여는 것이다. 그런데 후천 개벽의 새세상을 하늘에 세우자는 게 아니다. 이 지상에 세워서 천국을 만들자는 것이다.

동학은 보국안민輔國安民의 정신으로 민족과 함께 존재하여 왔다. 동학혁명 당시 진정으로 이 나라와 이 민족을 건지려던 이는 동학농민군들이었다. 그들은 보국안민, 척양척왜를 부르짖으며, 죽음으로써 일본과 싸웠던 것이다.

아직도 동학농민운동은 그 명칭이 통일되지 않고 있는 실정이다. 동학군이 요구한 폐정개혁은 조선 왕조의 봉건적인 지배를 전면적으로 부정하는 것이었다. 또한 동학은 민중 세력이기도 하였지만 현실적으로는 반일 세력이었다. 그런 점에서 민족의 동학이요, 민족의 종교라 해도 지나침이 없다.

동학이 가장 염려하는 것은 각자위심各自爲心이라는 이기주의다. 이에 대비하여 제시된 것이 동귀일체同歸一體 사상이다. 이는 모든 사람이 하나가 되고, 나와 겨레와 인류가 통일이 됨을 말하며, 나아가 모든 사람의 마음과 생각이 하나가 되고 하나의 진리로 돌아감을 뜻하는 것이다. 그러면서 수심정기守心正氣를 교지敎旨로 하면서, 정성(誠), 공경(敬), 믿음(信)의 세 가지를 기본 도덕으로 하고 있다.

우주의 본체를 지기至氣라고 한다. 성리학에서는 우주의 정신적 본체를 이理라 하고, 물질적 본체를 기氣라고 보았다. 그러나 천도교의 지기론은 이·기 이원론을 극복한 새로운 우주관이다. 천도교 경전에는 지기를 해석하기를 '지'라는 것은 지극한 것이오, '기'라는 것은 허령이 창창하여 모든 일에 간섭하지 아니함이 없으며, 모양이 있는 것 같으나 형상하기 어렵고, 들리는 듯하나 보기는 어려우니, 이것은 또한 혼원한 한 기운이라고 하였다.

동학은 위정자들에게는 호랑이를 키우는 것 같은 두려움이었다. 새로운 사상이기도 했지만 민중들이 응집하면서 세력을 형성하니까 마치 그들에 대한 도전이라고 생각했던 것이다. 결국 최제우는 혹세무민惑世誣民, 좌도난정左道亂正이라는 죄목으로 사형을 당한다. 동학을 창도한 지 5년 후였다.

2세교조 해월海月 최시형崔時亨은 동학을 지키기 위하여 온갖 고초를 다 이겨낸다. '최 보따리'라는 이름에는 동학의 경전-동경대전, 용담유사 등-을 보관하기 위한 절박한 몸부림이 느껴지기도 하지만, 순박함과 고지식함 속에서도 묵묵히 동학을 키워낸 자부심 같은 것도 느껴지기도 한다. 동학을 지키는 일은 형극의 길이었다. 늘 관의 주목을 피하면서 탄탄한 기반 위에 올려놓아야 했으니까.

동학은 조선 말기 억압받는 민중들에게는 구원의 등불이었다. 그들이 언제 인간다운 대우를 받아 왔던가. 동학은 그들의 길잡이가 되어서 그들로 하여금 민중의식, 민족의식과 국가 의식을 고취시키면서, 인간의 본성을 깨우쳐 나갔다.

비로소 본성을 깨달은 민중들의 함성은 동학혁명이라는 국가 일대 전기를 부르짖는 선구자가 되었고, 이 땅에 바른 정치 토양을 부양하는 계기를 주었다. 그러나 일본군의 개입으로 그들이 그리는 세상도 이루지 못하고, 급기야는 그들을 몰아내기 위하여 목숨까지 분연히 버렸던 것이다.

비록 동학혁명은 실패로 돌아갔지만 갑오개혁을 이끌어 개화의 시대를 열어 주었다. 그러나 이 나라는 일본의 손아귀에 들어가 버렸으니, 동학의 구국 행동은 독립운동의 차원까지 전개되어 갔었다. 백범白凡 김구金九 선생도 동학의 한 일원으로 참여하면서 보국안민의 충정을 키웠으리라.

동학은 그 후에도 갑진년(1904)에 단발령을 발표하면서 세계 문명에 참여하는 개화혁신운동을 벌이기도 하였다. 이 때 진보회장 이용구가 동학을 배신하고 진보회를 일진회와 합병하여 친일 단체로 둔갑하는 일이 일어난다. 이 때문에 동학이 친일파 이미지를 남기면서 입지가 급격히 좁아져 버린다. 교활한 일본이 민족사상으로 무장되어 있는 동학을 꺾기 위하여, 이용구를 이용하고 그 한 사람의 배교 행위를 통하여 천도교를 매도하면서 국민들마저도 천도교를 배척토록 하였으니, 오직 이 국가를 위하여 쓰러진 동학혁명의 선구자들이 지하에서도 눈을 감지 못하고 있으리라.

이 때문에 동학의 거듭나기는 필연적이어서 천도교로 대고천하大告天下 하였고, 착실히 내실을 다져 오면서 마침내 3·1 만세운동의 거사를 준비하게 된다. 천도교가 없었더라면 이룰 수 없는 역사적 사건이었다. 민족 대표 33인 중 천도교인이 15명이었고, 이 중에서 의암 손병희가 대표였으며, 거사 자금까지 거의 천도교에서 준비하였다고 하니 천도교야말로 이 민족과 함께 나아가고, 함께 살아가는 종교였다고 할 수 있다.

동학은 정부의 따스한 미소를 받지 못하여, 늘 좌절의 사태에서 파악되고 있는 약점이 있다. 이제부터라도 무극대도로써, 민족정신으로써 그 자리매김이 확실히 되었으면 좋겠다.

3.

일제 치하에서도 천도교는 깨어 있었다. 3·1만세운동은 전국적으로 파급되어, 이에 당황한 일본은 문화 통치라는 미명으로 수습에 성공한다. 우리의 입장에서는 자주독립할 수 있었던 절호의 기회를 놓친 셈이고, 일본은 잡아 놓은 대어를 결코 놓치지 않은 행운을 얻은 셈이다.

1920년대는 억눌려 있던 우리들의 문화가 우후죽순처럼 일어나던 시기였다. 교육, 언론, 문예, 학술, 종교 그리고 실업 등 각계의 지식인들은 민족 문화의 향상, 민족 자본의 확립이 바로 독립운동의 지름길임을 깨닫고 있었기 때문이었다.

신문화운동의 핵은 일간신문, 잡지 등의 발행이었다. 이렇게 해서 ≪조선일보≫ ≪동아일보≫ 등 일간신문과 『개벽』을 비롯하여 『서울』『성광』『조선지광』『아성』『신생활』 그리고 『신천지』 등의 잡지가 1919년 2월부터 1922년 사이에 계속 발간되었다. 이 때 『창조』『폐허』『장미촌』 그리고 『백조』 등 문학동인지 들도 쏟아졌다.

그 가운데서도 개벽사를 중심으로 한 출판운동은 매우 괄목할 만한 것이었다. 월간 종합지 『개벽』은 1920년 6월 25일에 창간되었는데, 3·1만세운동의 중심 세력이었던 천도교가 민족의 계몽과 방향 전환 수단으로 발행하기에 이르렀다.

『개벽』은 창간호부터 일제의 비위를 거슬리게 하여, 두 번이나 압수를 당한 끝에 창간 임시호를 발행하면서 겨우 그 빛을 보았다. 창간호부터 이렇게 탄압을 받은 것은 우리나라 잡지 사상 유래 없는 일이었다. 1926년 8월, 72호를 끝으로 일제에 의해 강제 폐간이 될 때까지 이 땅에 남겨 놓은 신문화의 발자취는 실로 큰 것이었다.

개벽사는 『개벽』 외에도 『별건곤』 『혜성』 『부인』 『신여성』 『어린이』 『학생』 그리고 『신경제』 등 계층별 민중을 위한 잡지를 발행하여 계몽을 이끌었다. 또한 천도교는 농민들의 의식적 훈련과 단결을 도모하기 위하여 '조선농민사'를 설립하고, 『조선농민』과 『농민』이라는 월간지도 간행하였다. 이 외에도 일간지이면서 교단의 기관지였던 ≪만세보≫, 국판 체계의 월간지인 ≪천도교회월보≫ 그리고 『신인간』(현재까지 발행되고 있음) 『당성』 『당우』 『전선』 그리고 『동학지광』 등도 간행하여 교세도 과시하며 이 민족과 신문화를 위하여 선도의 횃불을 높이 들었었다.

특히 소파 방정환에 의하여 발행한 『어린이』 잡지는 우리나라 근대 아동 잡지의 효시가 된다. 김기전, 방정환(의암 손병희의 셋째 사위) 등은 천도교 소년회를 조직하여 소년운동을 실천하였고, 이들에 의하여 어린이날(1923년 5월 1일)도 제정되어 대대적인 문화 행사도 곁들인다. 이것이 우리나라 어린이날의 효시가 된다. 이런 매개활동은 동학의 핵심 사상인 사인여천과 해월 최시형의 법문 「대인접물待人接物」에서 '아이를 때리는 것은 곧 하늘을 때리는 것이니, 하늘이 싫어하고…'라고 한 것에서 비롯한 것은 아니겠는가. 그날 20만 장의 광고지가 살포되었다. '어른에게 전하는 부탁'과 '어린이에게 전하는 부탁'이었다. 오늘날까지 그 울림이 남아 있어 그대로 옮긴다.

어른에게 전하는 부탁

1. 어린이를 내려다보지 마시고 반다시 쳐다보아 주시오.

2. 어린이를 늘 갓가히하사 자조 이야기하여 주시오.
3. 어린이에게 경어를 쓰시되 늘 보드랍게 하여 주시오.
4. 이발이나 목욕 또는 옷가라 입는 것 가튼 일을 때맛쳐 하도록 하여 주시오.
5. 산보나 원족遠足 가튼 것을 각금각금 식히사 자연을 친애하는 버릇을 지여 주시오.
6. 어린이를 위하여 즐겁게 놀을 기관機關을 맨그러 주시오.
7. 이 우주의 뇌신경의 말초末梢는 늙은이에게도 잇지 아니하고 젊은이들에게도 잇지 아니하고 오즉 어린이 그들에게 잇는 것을 늘 생각하여 주시오.

어린이에게 전하는 부탁

1. 돗는 해와 지는 해를 반다시 보기로 합시다.
2. 뒷간이나 담벽에 글씨를 쓰거나 그림 가튼 것을 그리지 말기로 합시다.
3. 도로에서 떼를 지여 놀거나 휴지 가튼 것을 버리지 말기로 합시다.
4. 꽃이나 풀은 꺾지 말고 동물을 사랑하기로 합시다.
5. 전차나 기차에서는 어룬에게 자리를 사양하기로 합시다.
6. 입을 다물고 몸을 바르게 가지기고 합시다.
7. 어룬에게는 물론이고 당신들끼리도 존경하기로 합시다.

4.

날 저무는 하늘에
별이 삼 형제
반짝반짝
정답게 지내더니
웬일인지 별 하난
보이지 않고
남은 별이 둘이서
눈물 흘리네.

- 방정환 「형제별」 전문

이 노래를 모르는 한국인은 거의 없을 것이다. 이 노래는 감상주의에 젖어 있긴 하지만 일제강점기의 주권상실 하에서도 민족의식을 고취하면서 매양 서러운 현실에 슬픔을 달래주는 카타르시스적 작용을 해주면서 애창되어졌다.

소파는 아동문학가나 청소년운동가지만 그에게서 피압박 민족의 감정적 대변이나 정신의 배설구 구실도 대신해준 민족주의도 엿볼 수 있었다.

그는 천도교인이었다. 그렇기 때문에 보국안민의 동학정신과 사람을 하늘처럼 섬겨야 한다는 추상적 이념을 민족주의나 청소년운동에 접목시켜 구체적 실천행위로 승화시킬 수 있었던 것은 아닐까.

소파는 아동문화 운동가로서 또는 아동인권운동가로서 '영원한 어린이의 벗'으로 일컬어지고 있다. 그러나 천도교인으로서 소파를 기억하는 이는 극히 적다. 청소년운동이 범민족적 입장에서 파악함으로써 천도교인으로서의 소파는 묻혀버리고 말았다고 할까.

소파는 1899년 11월 9일 서울 야주개(夜珠峴-지금 종로구 당주동)에서 어물전과 미곡상을 경영하던 방경수의 맏아들로 태어났다. 당시 소파의 가정은 꽤 부유한 편이었으나 그가 소학교에 다니는 동안 가산이 기울어져 학교를 마칠 때에는 매우 궁핍했다 한다. 그런 삶 속에서도 신념을 잃지 않았는데, 어느 미술가가 그의 재질을 아까워하여 환등기 한 대를 사 준 것이 계기가 되어 변사 흉내를 내는 등 구연에 대한 천재적 소질을 보이게 되었다.

15살 되던 1913년, 미동보통학교 4학년을 졸업하고, 엄친의 명에 따라 선린상업학교에 입학하였다. 이듬해 그 학교를 자퇴한 소파는 더욱 독서에 열중하게 되었고, 유광렬 등과 봉놋방(노무자 무임숙소)에서 앞날에 대하여 토론을 벌이기도 했다고 한다.

민족대표 33인의 한 분인 권병덕의 권유로 천도교에 입도하게 되었고, 천도교 교리 공부는 결혼 전에 이미 상당한 경지에 도달했었나 보다. 독실한 교인으로 인정받았기 때문에 의암 손병희의 사위가 될 수 있었고, 1917년 19세의 나이로 손병희의 3녀인 용화와 결혼하게 된다. 그녀의 회고(『신인간』 제367호, 1979. 5, 「소파선생과 어린이 운동」)에도 당시 여기저기서 중매가 들어왔지만 아버님께서 천도교인에게 시집보낸다고 모두 기다리고 있다가 언젠가 권병덕 선생께서 그이를 소개하게 되어 혼인이 이루어졌다고 말하고 있다.

소파가 아동인권운동이나 구국운동에 적극 참여하게 된 것도 천도교의 영향이 절대적이었다고 아니할 수 없다. 천도교는 보국안민, 광제창생의 민족정신을 포용하면서 사인여천 윤리를 제시하고 있기 때문이다.

소파가 천도교를 만나면서 어린이가 인격으로 성숙할 수 있었고, 어린이 운동의 시발을 보게 되었다. 이에 대하여 이재철 박사도 '일반 성인문학과 마찬가지로 현대 아동문학의 진정한 출발은 1920년대에서부터 비롯되었다. 3·1운동과 『창조』지 이후의 동인지 활동을 배경으로, 1923년 소파 방정환을 중심으로 한 최초의 본격 아동지 『어린이』의 창간, 최초의 아동문화 운동 단체인 색동회의 창립 등으로 전개된 일련의 아동문화 운동은 곧 현대아동문학의 본격적인 출발되었다'고 했다.

5.

어느 종교나 마찬가지겠지만 종교는 문화를 수반한다. 그 문화가 종교를 천착시키는 뿌리 역할을 하기 때문이다. 그런데 문화의 질은 종교의 질과 무관하지 않겠지만 천도교 문화는 그저 질박하다고나 할까.

한국의 유명한 관광지에는 거의 사찰이 들어있다. 불교문화가 그만큼 발달했다는 증거다. 세계의 곳곳에서도 종교 문화가 관광객을 끌어들이기도 한다. 그런데 동학은 관광객을 끌기는커녕 동학이 가지고 있는 실체마저 보이지 못하고 있는 실정이다. 동학의 문화는 이백 여 년의 역사를 지니고 있다. 문화 찾기는 그동안 계속되어 왔지만 아직도 알려지지 않는 게 많다. 가령 용담정만 보더라도 경주를 찾는 관광객이 얼마나 알고 있겠는가. 동학혁명의 역사터도 중요한 문화다.

원래 역사는 우리 삶의 방향을 잡아주는 구실을 한다. 그러나 동학은 우리 역사 위에서 늘 시련과 고난과 비판을 받아왔기에 우리에게 그 진면목을 보여주지 못하고 있다. 그러기에 천도교의 버팀목마저 부실하게 느껴지면서 우리 민족에게서도 사랑받는 종교로 정착되지 못하고 있다.

수년 전에 「천도교 문학과 예술 활동」이란 글을 발표한 바 있다. 서두에 서정주의 시 「자화상自畵像」을 인용하였다. '훌륭한 예술 작품이란 작가의 개인적 진실로부터 나오는 것임에 틀림없다. 이 시를 접하면서 그런 마음을 더욱 갖게 하였다. 그런데 천도교 문학을 논하는 자리에 왜 이 시를 인용했는가? 그것은 이 시에서 시인 자신의 개인적 진실을 보아서가 아니다. 그렇다고 주인공의 할아버지가 동학 혁명이 일어나던 갑오년에 집을 나가서 돌아오지 않았다는, 동학을 소재로 한 작품이기 때문만은 더더구나 아니다. 이 시를 찬찬히 훑어보라. 어쩌면 천도교의 자화상과 그럴 듯하게 맞아 떨어지기 않는가!'라고 썼었다. 이 시를 통하여 천도교 문학(또는 예술)의 부끄러운 자화상의 실체를 찾아보았다. 아동문학도 다를 바 없다. 굳이 인내천을 주제로 한 작품들을 찾으라고 한다면 부지기수겠지만.

동학 천도교!

우리 민족 위에, 우리의 역사 위에 거인의 모습으로 설 수 있는 조건을 갖추고 있으면서도, 제대로 역사의 평가를 받지 못하고 있다. 천도교가 아직도 아득한 그림자처럼 느껴지는 이유는 그 때문이리라. 그런 상황에서 동학과 예술의 만남도 건강하다고는 볼 수 없다.

그나마 천도교가 이룩한 어린이 운동은 우리 역사에 길이 남으리라 믿는다.

(『아동문학평론』 2016 겨울)

문학적 동심이란 무엇인가?

- 오염물질 다 태운, 가장 어린이다운

아동시 한 편 옮긴다.

> 전기뱀장어야
> 전기가 필요해.
> 팝콘이 팡팡 터지게
> 전기 좀 빌려 줘.
>
> - 신재영(용암초 1년) 「팝콘이 팡팡」 전문

재영이는 학교에서, 또는 독서 등의 경험을 통하여 전기뱀장어를 알았을 것이다. 전기를 띠고 있다는 것을 알고 갑자기 팝콘이 생각났을 거고, 팝콘을 무척 즐겼기 때문에 그 전기로써 팝콘을 팡팡 튀기고 싶었을 것이다. 그래서 전기 좀 빌려달라고 한다.

동시 한 편 옮긴다.

> 하느님은
> 위대한
> 화가입니다.
>
> 오직

한 가지
색만으로

저토록
아름다운 세상을
그려 놓을 수 있다니!

- 하빈 「눈」 전문

하빈의 첫동시집 『수업 끝』(2013. 푸른사상)에 실려 있는 동시다. 이 동시집 추천의 글(박일)이 뒤표지에 실려 있다.

'이 세상에는 맑고 깨끗한 것이 많지요. 하빈 선생님은 그런 세상을 동시로 표현하신 분입니다. 얼마나 맑고 깨끗한지 읽는 순간 감탄사가 튀어나올 것입니다. 정말 그런지 「눈」이란 동시 한 편 소리 내어 읽어보세요.'라고.

동요 「고향의 봄」으로 유명한 이원수 선생은 깔끔하면서 온화한 분인데 동심을 다음과 같이 정리하였다. 세상에서 가장 순박하고 죄 없는 마음, 천진무구한 것, 죄 없는 것, 소박 순진한 것, 세파에 더러워지지 않은 마음, 유년의 생각이나 귀여운 말, 재롱스런 거동이 아닌 천진난만한 마음, 순수 무구한 마음, 혹은 인간이 가지는 가장 순박한 마음이라고도 할 수 있겠고, 어린이의 자유분방한 공상의 세계를 가지는 그 마음까지도 동심이라고 하고 싶다고 했다.

이오덕 선생은 '동심에서 우리는 인간에 대한 신뢰를 회복하게 되고, 인간 구원의 길까지도 생각하게 되는 것이 아닐까'라고 하면서 동심의 바탕은 성선설에 두었고, 동심이란 순수한 인간정신으로 아름다운 인간적인 마음, 정직성, 주체성, 선, 정심正心이라고 했다.

동화작가 권정생 선생은 '동심의 순수성은 그 정직성이 우선되어야 한다. 벌거벗은 임금님에게 벌거벗었다는 말을 할 줄 알고, 임금님의 귀는 당나귀라는 비밀을 숨겨 둘 수는 없는 것이 동심이다'라고 했다.

교사생활을 40년가량 했다. 퇴임하고 나니까 후회스런 일들이 떠오른다. 학생들의 아픔이나 고민에 대해서 가슴을 열어주거나 깊이 안아주지도 못했다. 교과서를 가르치고, 교칙을 잘 지키도록 단속했고, 권위, 명령이나 지시에 의존하면서 규율을 어기면 어김없이 처벌이나 체벌로 다스리기도 했다. 그러면서 아동문학가로 자처하며 살았다. 아동문학은 동심적(?) 포장지만 근사하면 만들어낼 수 있는 상품이었으니까. 아동들의 맑고, 순수하고, 투명한 마음과는 관계없이, 어른의 동심적 관념만 주입하면 그만이었다.

언젠가 이런 토론을 벌인 일이 있다. 향수鄕愁가 동시의 소재로 괜찮은가라는 것이었다. 나는 적극적으로 찬성했다. 고향과 동심은 직결된 것이니까.

동심은 작가의 어린 시절의 추억이라는 전근대적 사고에 얽매어 있었다. 그래서 이를 소재로 한 작품이 더러 있다. 이런 '동심 없는 동심'의 표현행위가 아동 독자를 멀어지게 한 것은 아니었을까. 어른이 엉덩이춤을 잘 춘다고 아동과 같아질 수 없다. 아무리 연습해도 아동들의 천진난만한 수준에 도달할 수 없다. 결국 추억 속의 동심을 들먹이며, 그때의 아동으로 회귀한 것이 동심이라고 착각하고 있었다.

요즘 말놀이, 엉뚱하거나 기발하거나 도발적이거나 당당하거나 유쾌하고 재미있는 내용의 동시들이 등장하면서, 표현의 다양성을 꾀하고 있다. 이런 시도는 중요하다. 문학이 발전하는 단초가 될 수 있으니까. 그러나 유념해야 할 점이 있다. 쾌락적 요소는 자기중심성이 강하기 때문에 일시적 즐거움은 주겠지만, 문학이 작가의 인생관이나 가치관이나 미적 감각에 공감하게 하는 그 본질과는 거리가 멀어질 수밖에 없다. 그러니까 그것도 동심의 문학이라고 단정할 수 없다.

이재철 박사는 「아동문학의 형성」이란 평론에서 다음과 같이 정리했다. '아동문학은 아동을 위한 사랑의 문학이었기에, 그것은 처음부터 인간 본연에의 원초적인 향수의 문학일 수밖에 없었다는 사실이다. 아동문학이 문학의 본질을 바탕으로 하면서, 아동을 위한(목적·대상), 아동이 갖는(공유), 아동이 골라서 읽어온 또는 읽어볼(선택·계승) 문학으로 언제나 아동을 주체로 하고 있고, 또 어제의 아동이었던 어른이 오늘의 영원한 아동을 위하여 글을 쓴다는 것은, 아동에 대한 원초적 사랑의 조건을 떠나서는 존재할 수 없다는 것이 그것을 반증하는 것이다.'라고 했다.

아동문학의 주체는 어린이들이다. 사랑과 원초적인 향수도 좋지만 어린이들이 즐기고, 만족할 만한 가치를 주는 문학이어야 한다.

동심은 철저히 어린이다움이다. 그러니까 어른의 추억이나 향수와 같은 관념이 아니다. 어린이들 속에서 찾아낸 것들을 작가의 상상력과 결합하여 재탄생한 순박하고 정직한 것이어야 한다. 관념이 아니라 어린이들이 모르는 어린이다운 순수다.

명나라 사상가 이지李贄(1527~1602)는 「동심설」에서 진정한 인간의 모습은 어린아이의 마음에 있다고 말한다. 그런 마음이 '시적인 것'의 본질일 수 있다. 그러나 진정한 동심은 살아 있는가. 속세의 먼지들에 뿌옇게 덮여버린 것은 아닌가. 동심을 잃어버렸기 때문에 동심을 그리움처럼 운운하며, 그게 문학의 본질이라며 거들먹거리기도 한다.

졸시 한 편 옮긴다.

> 가영이가 책을 읽고 있습니다.
> 남자아이 알몸 그림이 넘어갑니다.
>
> "이기 무슨 책이고?"
> "궁금한 것을 보고 있다 아이가."
> "뭐!"
> "니는 궁금한 것도 읍나?"
> "읍는데……."
> "뭘 몰라. 니랑 상대가 안 돼."
>
> 가영이 얼굴을 쳐다봅니다.
> 짝지인지 여자인지 알쏭합니다.
>
> -졸시「내 짝지」전문

몇 년 전, 어느 초등학교에 초빙되어 동시 강의를 한 적이 있다. 그때 체험한 것이다. 3학년 여학생이었는데 부끄럼도 없이 빨간 책을 읽고 있었다. 성교육이 강한 자아를 만든다고 하던가. 정말 당당했다. 오히려 그게 그의 원초적이고, 순박한 마음이 아니었을까?

이 땅에 아동문학이 건재하고 있다는 것은 동심이 살아있다는 증거다. 아동문학은 아동들을 주체로 하는 문학이면서 아동들의 눈과 마음을 통해 세계와 현실, 나아가 꿈의 세계(이상의 세계)까지 반영하여 표현한다. 오직 동심을 바탕으로 하고 있기 때문에 동심의 문학이다.

강소천 선생은 '아동문학은 아동들 곁에서 바라보는 것이 아니고, 아동 속에 뛰어 들어가 그들의 바람을 만족시켜 주며 키워나가는 것이며, 아동문학은 애정의 문학이며, 아동 중심의 문학이다'라고 했다.

누구의 말인지 알 수 없지만 '아동은 무력하지만 동심은 위대하다'고 했다. 장자는 '고니는 날마다 목욕을 하지 않아도 희다'라고 했다. 그러나 위대하고, 희다는 것만으로 동심을 설명할 수 있을까?

동심은 순결이다. 속세의 때를 씻어내고, 마음속에 오염물질을 다 태워버리고 비로소 나타나는 무아의 경지다. 요즘 유튜브 채널이나 SNS에 오르는 사진들을 보면 적나라한 자신의 모습은 거의 찾아보기 어렵다. 그러나 적나라한 모습이거나, 벌거벗은 임금을 보고 벌거벗었다고 말할 수 있어야 그게 동심이다. 또한 그게 주체성이고, 자유이기도 하겠지만.

동심은 꾸미거나 가꾸거나 길들여진 생명이 아니다. 원초적인 것이다. 어릴 적 추억이나 향수나 체험이 동심의 전부인 것처럼 생각한다면 그것은 '동심 없는 동심'이거나 동심을 가장한 가면일 뿐이다. 어른의 동심적 관념의 포장지로 싸고 동심이라고 우려먹고 있다면, 그것은 동심의 장사꾼이거나 동심을 파괴하는 폭력자다. 동심은 깨끗해서 오염과도 잘 섞인다는 것도 염두에 두어야 한다. 가장 어린이다운 거다. 동시 한 편 옮긴다.

> 틈만 나면 게임한다고
> 중독이라 하지만
>
> 난, 학교 갔다 와서 할 뿐

난, 학원 갔다 와서 할 뿐
난, 밥 먹고 할 뿐
난, 똥 싸고 할 뿐

학교도안가학원도안가밥도안먹어똥도안싸
틈도 없이 하는 게 중독이지

틈도 없이 잔소리하는
엄마가 중독이지

- 강기화 「중독」 전문

(『한국동서문학』 2021 여름)

아동문학의 여성화 경향과 그 전망

1.

'남자는 하늘이고, 여자는 땅이다.', '계집 아이 나면 두 번 운다.' 라고도 했었다. 가부장제 사회에서는 남성이 기준이 되고, 권력을 가졌으니까 '암탉이 울면 집안이 망한다.'라는 여성비하까지 불러 일으켰다. 우리나라만 그런 경향은 아니었나 보다. 독일은 '아내가 바지를 입는 곳에서는 악마가 집 주인'이라거나, 칠레에서는 '여자와 프라이팬은 부엌에 속한다.'라는 식으로 여성은 가정의 울타리를 벗어나지 못하게 했었다.

서구에서는 19세기 중반부터 페미니즘 사상을 둔 여성운동이 시작되었다. 우리나라는 해방 이후 부녀복지란 이름으로 여성 보호 차원의 선도 사업을 하다가, 여성운동이 본격적으로 이루어진 것은 1980년대 중반부터였다. 2005년에 호주제도가 폐지되면서 양성 평등은 오히려 상황을 역전시켜 놓고 있다. 이런 유머가 떠도는 것도 시대의 반영이리라. '아들은 사춘기가 되면 남남이 되고, 군대 가면 손님, 장가들면 사돈이 된다.'거나, 딸 둘에 아들 하나면 '금메달', 딸만 둘이면 '은메달', 딸 하나 아들 하나면 '동메달' 그리고 아들만 둘이면 '목메달'이라고 하던가.

여성의 사회 진출이 활발하게 이루어진 것은 1990년 이후부터였다. 그러나 사회 곳곳에 성차별의 관행이 남아 있고, 사회적 통념과 일상생활에 뿌리내린 가부장적 이데올로기들이 잠재되어 있는 것은 사실이다. '유리 천장'이라고 하여 여성의 고위직 진출을 방해하는 현상도 그런 이유 때문일 것이다.

초등학교는 벌써 여교사의 비율이 77%인데, 서울의 경우 88%에 이르고 있다. 공무원 시험의 합격률도 여성이 남성을 앞지르고 있는 실정이다. 이처럼 여성의 취업도 두드러지지만 육아 등의 이유로 경력이 단절된 여성들에게는 오히려 취미와 기능을 살려 자아를 실현하는 일에 뛰어들기도 한다. 문단의 진출도 여성이 많아지고, 아동문학가의 경우는 거의 절대적이다. 독서나 문화 활동을 통하여 획득한 자아실현 욕구를 남성보다 더 적극적으로 현실화시키기 때문이리라.

아동문학은 공리적, 세속적 문학이 아니다. 휴머니즘을 실천하는 문학이다. 진솔한 생명력의 의시를 올곧게 표현하는 문학이다. 동심은 아동문학의 근간을 이루는 요소지만 인간 본연의 마음이며 인간 존재의 고향이기도 하다. 무한한 사랑과 원초적 심성을 바탕으로 하기 때문에 여성의 공감 능력과도 잘 어울릴 수 있다.

원래 여성화(feminization)란 여성의 성징이 정상적으로 유도되어 발달하는 것이거나 남성이 외형적 또는 내면적으로 여성의 특징을 갖게 되는 것이다.

본고에서는 여성 작가가 절대적으로 많아지는 현상에서 여성 아동문학가들의 활동상과 그 전망을 모색하였다.

2.

1989년에 간행한 『세계아동문학사전』(이재철 편저, 계몽사)에 '연도별 등단 일람표'가 있다. 이에 의하면 1920년대 등단한 아동문학가는 19명(동시 12명)이다. 그 중 여성은 1명. 30년대에는 74명(동시 50명) 등단에 여성이 9명, 40년대에는 14명(동시 9명) 중 여성이 0명, 50년대에는 55명(동시 20명) 중 여성이 3명, 60년대에는 140명(동시 61명) 중 여성이 21명, 70년대 이후는 추정이긴 하지만 254명(동시 138명) 중 여성이 51명 그리고 80년대에는 364명(동시 180명) 중 여성이 73명이다. 이때까지만 해도 여성 아동문학가의 비율은 16.1%에 불과하였다.

허동인은 이를 보완하여 2005년까지 연도별 등단 일람표를 만들어 그의 '동시 감상' 까페에 올렸다. 조심스럽게 '이런 작업은 쉽지 않았다. 자료가 허술하고 부족해서 누락한 이름도 많'다고 하면서 작성한 것이다. 이를 토대로 했으니까 숫자의 정확성은 없지만 그 추이는 알 수 있다. 90년대 등단자를 살펴보면 동시인이 77명(여성 40명), 동화 또는 소년소설로 등단한 분은 99명(여성 71명)이었다. 여성의 비율이 약 63%였다. 90년대부터 여성 아동문학가들이 대거 등단하면서 여성아동문학가의 여성화 경향이 나타나기 시작했다.

2천 년대 들어서는 어떨까? 아동문학 잡지 『아동문예』는 1976년 5월에 월간으로 창간하여 현재 격월간으로 간행하면서 신인들을 배출하고 있다. 그들을 중심으로 '한국아동문예작가회'가 형성되어 있고, 그 주소록을 바탕으로 2천 년 이후에 배출된 분을 조사해 보았다.

2000년부터 2016년 5월까지 등단한 아동문학가는 322명이었고, 여성은 239명이었다. 여성의 비율이 74.2%였다. 90년대 들어서 나타난 여성화 경향은 점점 심화되고 있다. 왜 여성화 경향이 나타나는 것일까?

3.

『한국동시문학』이 '동시인의 여성화 경향, 어떻게 볼 것인가?'라는 주제로 토론(2003. 7)을 가졌었다.

윤삼현은 "60, 70년대 본격동시 운동으로 인한 동시의 난해성 문제로 한바탕 진통을 겪은 후 80년대부터 동시가 쉬운 시, 쉽고 흥미있게 풀어쓴 산문화 경향의 시로 많이 변모하였습니다. 쉽게 이야기로 풀어쓰는 문체와 어조는 여성 시인들 호흡에 들어맞는 점이 있고요, 또 80년대에 유아시가 등장하기 시작합니다. 유아 대상의 시어놀이란 게 아무래도 여성 시인들에게 밀착되기 십상인 면이 있습니다. (중략) 90년대 들어 인터넷의 상용화로 사이버의 감각적 언어 분위기를 여성들이 빠르게 반영하는 등 이런 장면들이 동시의 여성화에 촉매가 되었다고 봅니다. 그리하여 90년대 쉬운 일상적 대화체, 구어체 동시를 표방한 여성 동시인이 대거 배출되면서 여성화가 급물살을 타지 않았나 생각합니다."라고 하였다. 이처럼 아동문학이 여성들의 정서나 호흡에 들어맞거나 밀착할 수 있는 요소가 많았다는 것이다.

남성의 뇌는 이론적이고 체계적인데 반하여, 여자는 공감 능력이 발달되어 있다고 한다. 그러니까 여성의 메시지가 남성에 비해 정서적인 호소력이 강할 수밖에 없다. 여성들이 아동문학을 선호하는 것도 그 공감 능력 때문일 것이다.

여기에 문학소녀의 꿈이 작용하지 않았을까? 문화강좌와 독서활동의 궁극적 목적이 등단이라면 여성 취향의 아동문학이 자연스럽게 그 꿈을 부추겼으리라. 경제적, 시간적 여유도 일조를 했을 것이고.

더 큰 원인은 남녀평등을 지향하는 법적, 제도적 변화가 여성을 빠르게 변화시킨 효과를 가져왔을 것이다. 여성 중심으로 사회가 재편되면서 아동문단뿐만 아니라, 사회 전반에 여성 참여가 두드러지게 많아진 것이다.

출판 시장도 여성 아동문학가의 진출과 함께 넓어지기 시작했다. 특히 좋은 동화는 출판 시장과 동반하면서 전업 작가로 활동하는 작가들도 많아졌다. 황선미, 이규희, 소중애, 김혜리, 원유순, 오은영, 김숙분, 이금이, 김향이, 임정진, 유은실 등이 그들이다. 또한 부산의 한정기, 배유안, 안미란, 한아, 박현숙, 이분희, 은영, 황선애, 윤자명 등도 많은 독자를 확보하고 있다.

특히 황선미의 동화 『마당을 나온 암탉』(2000년. 사계절)은 영화와 뮤지컬로도 제작되어 보급되었다. 암탉 잎싹을 통해 꿋꿋하게 살아가는 모습은 어떻게 살아야 하는가 그 방법을 제시하고 있다. 사실적이며 섬세한 심리 묘사, 마음을 어루만지는 표현, 발랄한 상상력, 주제의식, 자유를 향한 의지와 모성애 등이 바탕이 되어 세계의 아동들이 읽는 동화로 만들었다.

여성과 아동문학가! 얼마나 잘 어울리는 그림인가.

4.

여성에게는 이성에 프러포즈를 하지 말고, 감각과 감성에 프러포즈를 하라고 한다. 여성의 감각 인식은 남성과 다르다는 것을 말해주고 있다. 여성 동시인의 작품 몇 편을 통하여 그 감성의 일부라도 접근해 보았다.

우리 집 담장은
측백나무 사이에 코스모스
때론 해바라기였어요.

이웃집 강아지 제집처럼 드나들고
지나가는 사람들
웃으며 기웃거렸지요.

거센 바람도
꽃담장 지나오면 향기로웠어요.

그런데
아버지가 돌아가시자
바람에 일렁이는 꽃나무 그림자까지
무서워졌어요.

어머닌,
높다란 시멘트 담장을 쳤지요.
대문도 꼭꼭 잠갔어요.
그래도 집안에
찬바람이 불었어요.

그제야 알았어요.
세상에서 가장 든든한 담장은
아버지라는 걸

- 이혜영 「세상에서 가장 든든한 담장」 전문

아버지가 계실 때는 꽃담장만으로 든든한 울타리였다. 아버지가 돌아가시자 시멘트 담장을 세우고, 대문을 잠갔지만 그래도 찬바람이 분다. 비로소 아버지라는 존재가 얼마나 든든한 담장이었나를 깨닫게 한다. 담장의 높이가 아버지에 대한 그리움이었다.

막내라서
동생 있는 친구가 부러웠는데
오늘
동생이 생겼어요.
아주 특별한

몇 달 전부터
물건 놔둔 곳을 몰라
깜박깜박하시던 할머니
며칠 전에는
금방 아침 드시고도
밥 굶긴다고 엄마를 미워하시더니
오늘은
학교 갔다 오는 나를 보고
언니라고 불렀어요.

나보다 일곱 배나 나이 많은
특별한 동생
아기처럼 잘 보살펴야 할
아주 특별한 동생

- 박선미 「아주 특별한 동생」 전문

치매 걸린 할머니의 이야기다. 나보다 일곱 배나 연세가 많아도 화자를 언니라고 부르니까 아주 특별한 동생이 되고 말았다. 특별한 동생이기 때문에 공감의 분위기를 애잔하게 한다.

"금방 가야 할 걸 뭐 하러 내려왔니?"
우리 엄마는
시골에 홀로 계신
외할머니의 봄눈입니다.

눈물 글썽한
봄눈입니다.

- 유희윤 「봄눈」 전문

외할머니 댁에 간 엄마는 오래 머물 수 없다. 곧장 떠나오니까 금방 왔다 녹는 외할머니의 봄눈이다. 눈물 글썽이는 분은 외할머니일까? 아니다. 엄마 마음의 눈물이다.

숲 쏘다니며
꽃 이름 배워요.

바람꽃 너도바람꽃 꿩의바람꽃
각시붓꽃 새끼노루귀 애기괭이눈
하! 예쁘다. 노루오줌 깽깽이풀 미치광이풀
개불알풀 큰개불알풀
이히! 우습다.

이름 없는 꽃 없대요.
이름 모를 꽃 없대요.

가만가만 꽃 이름 부르면
나도 꽃,
햇살 아래
작은 꽃 같아요.

- 김미혜 「꽃 이름 부르면」 전문

이름 없는 꽃이 없으니까 이름을 불러주고 싶다. 존재 가치가 이름이니까. 숲을 쏘다니며 꽃 이름을 불러본다. 동화되면서 그렇게 꽃이 되어간다.

꽁치 한 무더기 3500원
할머니는 잔돈 없다며 500원만 깎자 하고
아저씨는 다 팔아봐야 500원도 안 남는다며
봉지에 꽁치 한 마리 더 담는다.
할머니는 꼴랑 한 마리 더 담나, 소리치고
아저씨는 할매 목소리 짱짱한 거 보이
아직도 이팔청춘이라고 놀린다.

깎아 달라는 꽁치 값은 안 깎아주고
돈 안 되는 나이만 팍팍 깎는다면서
할머니는 콧노래 흥얼거리며 돌아간다.

- 강기화 「우리 동네 깎기 선수」 전문

여성들에게는 시장이 삶의 공간이다. 그곳에선 보고 듣는 것도 많다. 꽁치 한 무더기를 사는 할머니의 모습을 보면서 스토리텔링하고 싶어진다. 시장바구니에는 수다도 그득 담긴다.

하루 종일 봄비가

초록 공사를 벌였다.

연둣빛 새싹 끌어올리는
봄비의 부산한 공사장
나뭇가지 곳곳
오솔길 옆 마른 풀 밑에도

!!!!!!……

봄비가 세운
연두색 느낌, 느낌표

- 배정순 「연두색 느낌표」 전문

봄비가 초록공사를 벌인다. 연둣빛 새싹, 나뭇가지 새 잎들, 풀잎…. 그 공장이 느낌표(!)를 새로 만들어 올린다. 어쩌면 시인의 감성이 연두색 느낌표 아닐까.

전학 가는 정아를 용기내어
불러보았지만

말은 원래 눈물이었을까?

입 안에서 맴도는 말보다 먼저
눈물이 핑! 돌아

말은 원래 말이 아니고 눈물이었을까?

말이 떨어지기도 전에 먼저 뚝!
떨어지는 눈물이 말을 대신한다.

- 강지인 「말은 원래 눈물이었을까?」 전문

정아가 전학을 간다. 친구를 잃는 슬픔이 눈물샘을 자극한다. 용기 내어 그를 부르기도 전에 눈물이 핑 돈다. 그래서 말은 원래 눈물이 아니었을까 반문한다. 여자의 눈물이 무기가 되는 것도 말을 대신하니까 그런가 보다.

> 엄마 없이 밥 먹을 수 있겠니?
> 엄마 없이 숙제 할 수 있겠니?
> 엄마 없이 학교 갈 수 있겠니?
>
> 엄마 없이 잘 할 수 있는데
> 우리 없이 한 발짝도
> 떼기 힘든 엄마
>
> 여행은 갈 수 있을까.
>
> \- 김자미 「엄마의 첫 여행」 전문

모처럼 여행을 가려니 마음이 편하지 않다. 아이들 밥 챙겨주고, 숙제 봐줘야 하고, 학교 잘 가는지 살펴야 하고…. 이런 걱정이 발목을 붙잡는다. 모성은 여행도 힘들게 한다.

5.

아동문학의 여성화! 그러나 그들에 의하여 문학의 향상이 없다면 무슨 의미가 있으랴. 동심은 순수한 인간정신이다. 아동문학은 아동을 참되고 아름답게 키우는 역할을 한다. 여성은 따뜻하고, 부드럽고, 아기자기한 마음, 풍부한 상상력 그리고 육감 등 섬세한 감성을 소유하고 있다. 아동문학이 요구하는 감성과 별 다를 바 없다.

여성 작가들에 의해서 아동문학은 한층 풍부해지고 있다. 여성 특유의 감성으로 기존의 운율적 요소나 상투적 테두리를 벗어던지고, 주제나 표현 기법에서 새로운 영역을 확보하면서 실험하는가 하면, 아동문학의 진정한 가치를 찾아내고, 동심의 기쁨을 제대로 표현하려고 노력하는 이들이 많아졌기 때문이다.

2006년 노벨문학상을 받은 오르한 파묵은 위대한 작가들의 소설을 읽으면서 '나의 목소리'를 찾았고, '나의 영혼을 한 차원 높이 끌어올렸다'고 했으며, 작가가 되면서 '자신감도 없고, 미래에 대한 전망도 희미할 때 용기를 갖게 되었다'고 했다. 여성 작가들도 다를 바 없으리라.

우려되는 점도 없지 않다. 감성과 모성은 여성 특유의 것이다. 이를 너무 내세워 계몽적 설교에 머무르면 곤란하다. 어머니로써 깨어있는 의식과 정직한 인식이 필요한 것도 이 때문이다. 초등학교 6년 동안 여교사 담임을 만날 경우가 생기면서 남아의 여성화 경향을 염려하기도 한다. 아동문학 작품의 페미니즘 현상에 대해서는 더 연구가 되겠지만 엄마나 여교사의 잔소리 같은 문학으로 파악된다면 아동문학의 위상이 위축될 수밖에 없다. 또한 방과 후 교육이 활성화되면서 아동문학가라는 명칭을 빙자하여 실속 없는 문학교육을 시행할 수도 있지 않을까.

아동문학도 다른 장르의 문학과 마찬가지로 삶의 총체성을 반영한다. 작가의 삶이기도 하지만 새로운 삶의 방향을 제시하기도 한다.

형상화 작업은 쉬운 일이 아니다. 남다른 노력과 고뇌와 집념이 만들어낸 결과물이다. '인생은 짧고, 예술은 길다.'라고 하듯이 빛나는 작품은 그를 영원히 살려내는 생명력이다. 여성 아동문학가들이 점점 늘어나고 있는 시점에서 그들에게 거는 기대가 클 수밖에 없다.

(『한국동서문학』 2017 가을)

이데올로기에 속박된 경직된 노래들

- 북한의 동시 문학

> ……물론 가장 중요한 일은 물고기들의 도덕 교육일 거야. 기꺼이 자신의 몸을 바치는 것이 가장 위대하고 아름다운 일이라는 것과, 무엇보다도 상어들이 아름다운 미래를 위해 애쓰고 있다고 말할 때는 그 말을 믿어야만 한다는 것을 배우겠지. 물고기들은 복종하는 법을 배워야 이러한 미래가 보장된다는 걸 터득하게 될 거야. ……
> 상어가 사람이라면 그들에게도 물론 예술이 존재하겠지. 상어의 이빨이 화려한 색깔로 묘사되고 상어의 아가리가 멋지게 뛰어 놀 수 있는 순수한 공원으로 묘사되는 아름다운 그림들이 있겠지.
>
> - 브레히트 「상어가 사람이라면」 중에서

상어는 바다 속의 독재자다. 이 이야기는 상어를 의인화하여 표현한 우화인데, 상어와 같은 독재자를 경계하기 위하여 만들어진 이야기이다. 그런 독재자가 나타나면 그에 어울리는 문화가 새로 만들어지면서, 상어는 극히 미화되고, 또한 그 아가리의 횡포가 두려워 복종해야 하고, 삶을 보장받기 위해 영웅적이고 열광적인 행동을 보이지 않을 수 없다는 것이다. 어쩌면 북한을 판박이한 이야기가 아닌가 싶다.

이번(1998) 한국아동문학인협회 여름 세미나의 주제가 '북한의 아동문학'이다. 남북대화마저 아직 원활하지 못하고, 그들의 문학이 우리의 대중 속으로 들어오지 못하고 있으며, 또한 북한의 교과서마저 특수자료로 분류하여 공개, 복사, 반출할 수 없는 형편에서, 북한의 문학을 이야기한다는 것은 아직은 때 이른 느낌이 없진 않았다. 그러나 단일민족으로서의 동질성마저 위협받고 있는 현실에서, 문학을 통하여 이질화의 실태를 분석하고 파악함으로써 민족 균열의 심화를 막고, 체제 차별을 극복하는 계기를 만든다면 이 얼마나 값진 일이겠는가. 이를 계기로 민족 동질성 회복의 밑거름이 될 수 있다면 그 가치도 있으리라는 생각이 들었다. 또한 민족통일의 문학이 진정한 한국의 문학이라면 우리의 문학이 아무리 이상적인 것일지라도 그것은 반쪽의 문학일 수밖에 없지 않은가. 그렇다면 북한 문학의 실체도 파악하는 것이 바람직한 민족 문학을 추구하는 일이 될 것도 같았다.

본 원고는 이런 점을 감안하여 북한의 동시 계열 문학의 종류와 그 문학의 특징을 중심으로 기술하였다. 텍스트는 북한의 초등학교(4년제, 인민학교라 칭함)와 고등중학교 중학반(4년제)의 국어 교과서와 최근에 간행한 북한의 월간잡지 『아동문학』(97/11, 12, 98/1)에 실린 동시 계열의 작품을 중심으로 하였다.

1. 북한 동시 문학의 종류와 특성

북한의 어린이 잡지에는 『아동문학』이 있다. 이 잡지는 문학예술종합출판사에서 간행한 월간지인데, 크기는 4·6 배판, 64페이지 정도의 분량이며, 지질은 갱지지만 재생지처럼 검은빛을 띤 종이다. 그러니까 인쇄도 조잡하기 그지없고 글자의 크기도 아동들의 발달을 고려하지 않아 깨알 같았다.

동시 계열 문학의 종류는 네 가지였다. 동시, 동요, 가사 그리고 서정서사시 등이 그것인데, 이것들의 형식과 특성을 살펴보면 다음과 같다.

첫째, 동시는 형태면에서는 남북한이 큰 차이를 보이지 않으나 내용면에서는 큰 차이를 보이고 있다. 북한 사전에는 문학을 '언어를 통하여 인간과 생활을 정상적으로 반영하는 예술의 한 형태. 문학은 산인간을 그리는 인간학으로서 사람들에 대한 사상 교양의 수단으로 복무한다. 우리의 문학은 일반 대중을 가장 힘 있고 아름다우며 고상한 존재로 내세우고 인민 대중을 위하여 복무하는 참다운 공산주의 인간형으로 되어 있다.'라고 적고 있다.

> 아름다운 교실,
> 언제나 재미나는 교실
> 앞에는 원수님 초상화
> 환하게 모셔져 있지요.
>
> 오늘 아침은 기쁜 마음으로
> 우리 교실에 들어서니
> 언제든지 반가운 듯이
> 우리 보고 공부 잘 하라고….
>
> 추운 겨울도 지나가고
> 봄바람에 실어온 노래와 함께
> 원수님을 받드네.

(하략)

- 인민학교 4. 국어「우리 교실」앞부분

초상화가 붙어 있는 교실 속에서도 어린이들은 공산주의의 목소리와 노래를 듣지 않으면 안 된다. 결국 동시도 공산주의 인간을 만들기 위하여 존재하고 있다는 것을 알 수 있다.

둘째, 정형성을 띤 동요다. 이 역시 형태면에서는 남북한이 큰 차이를 보이지 않으나 내용면에서는 그들의 선전물이다.

뛰뛰빵빵 내 동생
신바람나서
<승리>호 자동차
몰고가지요.

(중략)

어디로 가느냐고
물어봤더니
미국놈들 때문에
헐벗고 굶주리는
남조선 동무들에게
실어간대요.

- 인민학교 1-2 국어 제10과「내 동생」일부분

이 동요는 7·5조를 근간으로 하고 있다. 약간의 변형을 보인 부분이 있어도 리듬을 끝까지 유지한다. 동요도 메시지였다.

셋째, 가사는 동요와 비슷하지만 후렴구가 있다. 동요보다 메시지(사상성)가 강한 편이었고, 표현의 기상도 억세게 느껴졌다. 후렴구를 넣어서 동요와 차이를 보이는데, 후렴구는 강한 기상을 강조하거나 작가의 충정을 드러내기 위하여 덧붙인 표현이었다. 뜻하는 바를 강하게 나타내려고 정형의 파괴도 일어난다.

(전략)
태양절 노래 높은 우리 조국은
희망찬 래일이 꽃피는 나라
온 세상이 우러러 노래드려요
영원히 빛내여갈 태양의 명절

아, 노래불러요
태양절 태양절 노래불러요.
- 전금옥 「태양절 노래 불러요」(『아동문학』 97.12) 뒷부분

조선시대의 가사歌辭는 4·4조, 4·3조를 바탕으로 하여 4음보의 형식을 띠고 있지만, 이것과는 유가 달랐다. 북한의 가사는 노랫말의 가사歌詞였다. 마지막 연은 후렴구로 되어 있는 게 특징이다.

넷째, 서정서사시도 있다. 산문의 운문적 형태다.

열아홉살 리수복영웅아저씨는
가고싶던 배움길, 이루고 싶던 희망도
우리에게 모두 맡기고
원쑤만은 맡길 수 없어
자유의 가슴으로 무찔렀지요.
- 인민학교 4. 제36과 「영웅의 금벌메달」 앞부분

공산주의 인간의 전형을 만들기 위하여 굳어진 형태인 듯하다. 서정서사시는 장시에 속한다. 전기문 형태의 산문이 되어야 할 글

을 시의 형태로 취한 것이다. 그렇다면 그들은 운문 형태를 더 선호하는 것은 아닐까? 그것은 시가 산문에 비하여 더 극적이고, 주제를 강하게 제시할 수 있는 장점이 있고, 또한 리드미컬한 율격이 훨씬 호소력을 강하게 하기 때문이리라. 결국 북한의 동시 문학은 문학적 형상화보다 이데올로기를 선전하기 위하여 문학적 형태를 갖추었다고 할 수 있다.

2. 이데올로기의 동시 문학

북한 동시문학은 인간의 성정을 다루거나 개인 체험이나 상상력의 아름다운 발산이 아니라, 그들의 정치에 맞는 인간을 만들기 위한 이데올로기의 문학일 뿐이었다. 그러므로 다양한 개성을 찾을 수 없었다.

앞에서도 밝혔지만, 수령을 영웅시하거나 우상화하는 내용과 공산주의 이데올로기를 강조하는 내용이 대부분이었다.

망원경을 돌리시며
산도 들도 살피시며
우리나라 해방의 날
찾아내신 원수님

공산주의 새 언덕을
눈 앞에 바라보신
원수님의 망원경
큰 망원경

- 인민학교 4. 국어 제22과 「원수님의 망원경」 뒷부분

원수님은 망원경으로 해방의 날을 찾아낼 만큼 초인적 능력을 소유하고 있다. 마치 전지전능한 신처럼 묘사했다. 문학도 우상화와 그들 사상만을 노래하는 정치의 수단이나 도구였다. 북한교과서에서 우상화 내용이 42.9%나 된다고 하며, 교과서나 문학지에는 김일성 부자의 이름과 '말씀'은 보통글자보다 큰 활자로 적고 있었다.

또한 북한의 교육이 '공산주의적 새인간' 양성에 목표를 두고 있기 때문에, 호전성과 투쟁성도 강하게 조장하면서 오직 복종하는 개인을 만들고 있었다. 그들의 상어를 위하여.

또한 북한은 거의 폐쇄된 사회이기 때문에, 남한은 미국의 식민지로, 헐벗고 굶주리는 나라로 표현하면서 그들 사회만이 이상사회인 양 노래하고 있었다.

(전략)
이제는 풀잎마저
듣지 못히는
남녘땅을 지나다가
이제 왔을까

주린배 움켜 쥐고
함께 가자고
목이 메여 부르는
불쌍한 애들….

- 인민학교 2. 국어 제35과 「우리 집 제비」 뒷부분

이처럼 북한은 교육이나 문학도 참다운 인간정신이나 진실마저

실종된 폐쇄된 사회임을 알 수 있다. 또한 인간은 문학을 통하여 사랑, 꿈, 이상 그리고 때로는 카타르시스도 느끼기도 하지만, 북한의 문학은 오직 이데올로기에 속박된 경직된 노래일 뿐이었다.

그리고 표현 면에서도 시가 갖고 있는 은유(metaphor), 모호성(ambiguity), 암시성 등도 크게 결여되어 있으며, 오직 메시지만을 강하게 나타내고 있었다.

이상에서 북한 동시 계열의 종류와 특성을 살펴보았다. 원래 문학은 인간 정신을 표현하는 한 형태이며, 표현매체인 언어에 의하여 체험을 형상화하여 미적 구조화시킨 것이다. 그러나 북한에서는 문학이 존재하는 사회라고 볼 수 없다. 왜냐하면 문학이란 미명하에 정치의 선전물로 이용하기 때문이다. 더구나 김정일은 '훌륭한 문학 작품은 좋은 종자를 안고 있어야 한다'고 말함으로써, 이 종자론(철학 또는 인간학으로 해석하기도 함)을 통하여 공산주의 이데올로기를 철저히 강조하고 있다.

동시 계열에는 동시, 동요, 가사를 비롯하여 서정서사시 등 표현방법이 다양했다. 이처럼 동시 계열의 형태가 많은 것은 운문이 산문보다 더 극적이고, 사상성이나 공산주의를 선전하고 강조하는데 효과가 높기 때문이라 할 수 있다.

남한이 미국의 식민지로 있다든지, 북한보다 더 굶주리고 있다든지, 북한이 이상사회인 것처럼 구사하여 아동들마저 폐쇄사회의 종속물로 만들어 놓기에 적당한 선전도구였다. 즉, 상어에게 복종하는 법을 배워야 미래가 보장된다는 것을 이 문학을 통하여 익히게 하려고 한 것이 아닐까.

문학은 기성도덕에 대한 도전이요 기존의 가치 체계에 대한 '창조적 불복종'이요, '창조적 반항'이어야 함에도 불구하고, 북한의 문학은 기성도덕에 대한 선전이요, 기존 체계에 대한 복종이요, 철저한 긍정이라 할 수 있다. 그러니까 이데올로기에 속박된 경직된 노래들로써, 상어의 이빨을 화려하게 미화하고 상어에게 복종하는 물고기들의 열광적인 노래만 존재할 수밖에 없었다.

(1998 한국아동문학인협회 여름세미나)

90년대 중반 이후의 부산 아동문학

1. 개관

아동문학(Children's Literature)은 어린이를 주독자로 한다. 작가가 이를 목적으로 창작해야 하기 때문에 특수문학이다. 굳이 아동문학인가?

모더니즘 시에서 보여주는 추상적 표현의 한계성과 리얼리즘 소설에서 보여주는 성적性的 표현 등이 어린이 정서에 수용의 한계가 있기 때문에 아동문학은 독자성을 가질 수밖에 없다.

부산의 아동문학은 그 기반부터 잘 다져져 있다. 그 정신과 역사가 면면히 흐르고 있기 때문에 아동문학가들의 열정과 창작 의욕은 타 도시에 비하여 강하다고 할 수 있다.

이주홍(1906~1987)에서 비롯한 부산의 아동문학은 부산 동화문학의 효시 작품인 「뱀새끼의 무도」(1925. 신소년)가 발표된 이후 꾸준히 그 맥을 이어간다. 손동인(1924~1992)은 동화집 『병아리 삼형제』(1956)와 『꽃수레』(1960) 등, 최계락(1930~1970)은 동시집 『꽃씨』(1959), 『철뚝길의 들꽃』(1966)등, 조유로(1930~2004)는 동시집 『하이얀 칠판』(1961), 『산 너머 온 편지』(1963) 등, 이영찬(1938~

1994)은 동화집 『별과자와 가방』(1961), 소년소설집 『바다가 보이는 언덕』(1964) 등, 그리고 박돈목(1922~2002)은 동시집 『오동잎 우산』(1969), 『할아버지 옛동산』(1966) 등을 발간했고, 동화작가 성기정(1941~1983), 정진채, 강기홍 등도 그 뒤를 이었다.

70년대에는 아동문학가들의 배출도 많아진다. 동시인 주성호, 선용, 공재동, 김용석, 박지현, 손월향, 김종완, 최만조, 강현호, 안수휘, 민홍우, 이지산, 박일, 이국재, 강구중, 이우철 등, 동화작가로는 김상남, 김문홍, 배익천, 최영희, 김재원, 윤옥자 등 그리고 동극작가 박원돈 등 굵직한 문학가들이 탄생한다. 인원이 늘어나면서 단체도 필요해졌다. 1972년에 비로소 단체가 결성되었다. 부산아동문학인협회는 회보 발간은 물론 『무지개 뜨는 바다』(1984)를 필두로 매년 연간집(부산아동문학우수작품집)을 발행하고 있으며, 부산어린이 글잔치 그리고 부산아동문학상 시상도 시행하고 있다. 1998년부터 아동문학신인상도 주어졌다. 2009년 10월 현재, 제38회 부산어린이 글잔치, 제31회 부산아동문학상(제1회 수상자 선용. 1979)이 시상되었으며, 신인문학상(제1회 수상자 동시 김승태, 동화 황미숙)도 12회가 되었다. 1995년(제17회 배소현) 이후 부산아동문학상 수상자는 다음과 같다. 제18회 강구중, 제19회 서하원 ,제20회 배혜경, 제21회 이상문, 제22회 류석환, 제23회 오정임, 오선자, 제24회 소민호, 제25회 김종순, 제26회 손월향, 제27회 구용, 제28회 김승태, 김인봉, 제29회 한정기, 제30회 김상곤 그리고 제31회 윤동기 등이다.

동인의 활동도 많아졌다. 부산교육대학 출신 아동문학가들이 보리 물결 같은 풋풋한 기상으로 '맥파' 동인을 선언(1976)했다. 창립 회원은 공재동, 김문홍, 김재원, 김종순, 류석환, 박연희, 주성호 그리고 최영희 등이었다. 이들은 90년대 중반에 활동의 휴면기가 있었지만, 문학 열정으로 다시 뭉쳐 동인지 제23집 『무지개 다리를 건너간 고양이』(2008. 해성)까지 간행하면서 저력을 과시하고 있다. 현재 동인은 공재동, 김종순, 김종완, 김재원, 류석환, 서하원, 손수자 그리고 최영희 등이다.

1979년에 '우리들은 동심문학을 지키는 최후의 보루라는 오기와 자만심을 가지고 험한 길을 걸어가'고 있다면서 '산호초' 동인을 결성했다. 김문홍, 김재원, 이국재, 이우철, 이지산, 정한나 그리고 정진용 등이 창립 멤버다. 구옥순, 조명제 등 회원도 보완하며 매월 모여 작품에 대한 비평을 하면서 의욕적인 활동을 했고, 문고판 크기의 동인지 『산호초』도 제4호까지 발행했다.

'5인의 동시'도 주목할 만하다. 매년 5월을 동시화전으로 맞이했는데, 1985년 4월에 선용, 강현호, 정영태, 박지현, 그리고 최향숙 등이 형제처럼 똘똘 뭉쳐 의미 있는 문학행사를 벌였다. 정영태, 박지현 대신 강구중과 배소현이 보완되었다. 이들은 매년 동시화전과 더불어 동인지 『오월에 피는 꽃』도 발간하면서 아동문학의 본향인 동심을 고취하기 위하여 애썼다. 동시화전 5회, 동인지 4집을 간행했다.

아동문학(또는 아동문화) 잡지의 발간은 부산아동문학의 수준을 한층 끌어올린 계기였다. 발표 지면이 넓어졌고, 아동문학가들의 활동도 많아졌으니까.

『어린이 문예』는 '언제나 희망과 용기를 길러주는 잡지'를 표방하면서 부산 MBC 방송국에서 1979년 8월에 창간한다. 월간, 휴간,

격월간의 과정을 겪다가 2009년에 이르러 계간지로 바뀐다. 현재 통권 제246호(2009 가을호)가 발간되었으며, 편집 주간은 선용에 이어 배익천이 맡아 지금에 이르고 있다.

『동화문학』은 1990년 봄에 계간지로 등장한다. '믿음과 용기와 사랑을 심어주는 순수 문학지'라는 기치를 내걸고 동화작가 정진채의 편집주간으로 간행된다. 신인문학상 제도를 두어서 역량 있는 신인들을 배출하기도 했다. 1996년 겨울호(통권 재25호)로 종간된다.

『어린이글수레』는 발행인 최복자(동시인), 편집주간 소민호(동화작가)에 의하여 2005년 봄에 탄생한다. '어린이 문화가 숨 쉬는 잡지'답게 아동문학은 물론 아동문화의 길잡이 노릇을 톡톡히 하고 있다. 2009년 가을호로 통권 제19호가 된다.

아동문학이 인간을 위한 기초문학이라는 인식을 심어주기 위하여 서울에서 발행된 계간 『열린아동문학』(창간 1998년 겨울호)이 2009년부터 부산에서 발행되었다. 편집 주간을 맡은 유경환의 유지를 배익천이 이어받아서 부산에서 문학잡지의 명맥을 잇게 됐다. 발행인 홍종관은 자연횟집 방파제(민락동 소재)를 운영하면서, 예술문화 메세나로써 정기적으로 '방파제 소리 어울림 마당'도 개최하는 등 남다른 지원과 활동을 하고 있다.

1990년대 중반 이후부터 부산의 동화문학은 전성기를 맞는다. 각종 신문의 신춘문에는 물론 황금도깨비상, 눈높이 문학상, 새벗문학상, 황금펜아동문학상, MBC창작동화대상, 어린이책 작가상, 푸른문학상 그리고 창비 좋은 어린이책 대상 등 굵직굵직한 공모전에 부산 동화작가들의 이름을 만나게 된다. 그 여세는 앞으로도 계속

되리라 전망한다. '글나라 아동문학 연구소'(소장 김재원) 등의 영향은 지대하다.

이에 비하여 동시 부문은 조용한 발전을 이어가고 있다. 그러나 2006년 계간 『오늘의 동시문학』이 비평가들의 추천을 받아 '오늘의 한국 동시를 이끌어가고 있는 작가 20인'을 선정했는데, 부산에서는 공재동이 그 영예를 차지했다. 2008년에는 그 잡지에서 한국 동시 100년을 조명하는 기획 특집으로 '한국 동시 100년에 빛나는 100편의 동시'에 부산에서는 최계락의 「꽃씨」, 공재동의 「별」, 박지현의 「슬픈 어느 날」, 김종순의 「사과」, 이상문의 「나무와 새」 그리고 박일의 「해와 꽃」 등이 선정되기도 했다. ≪조선일보≫에서는 2008년도에 현대시 100년 연속 기획으로 '한국인의 애송 동시 50편'을 선정하여 매일 아침 동심의 창을 열었는데, 부산 동시인의 작품은 최계락의 「꼬까신」과 공재동의 「별」이었다.

아동문학은 커뮤니케이션이 잘 되고 있다. 2003년 8월에 문을 연 '부산아동문학인협회' 카페는 회원수도 6백 명을 넘어섰고, 동시와 동화의 발표는 물론 협회와 회원의 소식도 실시간으로 전달되고 있다. 특히 김문홍은 '아동문학 평론' 방에 '아동문학 통신'(현재 110회)을 연재하면서 아동문학가들의 작품에 대한 비평이나 아동문학 시론時論 등을 소신 있게 소개하고 있다. 한편 '글나라' 카페(회원수 약 4천 명), '어린이 글수레' 카페(회원수 약 100명) 등이 아동문협 카페와 유기적인 관계를 유지하면서 폭넓게 아동문학의 세계와 창작 의욕 고취에 한몫을 하고 있다.

부산문인협회가 발간한 『부산문학사 제1권』(1997. 소문출판사)에서 정진채는 「부산의 동화문학」, 공재동은 「부산 동시인과 그 작품들」 그리고 주성호는 「부산아동문단의 어제와 오늘」을 발표하면서 부산 아동문학의 역사를 비교적 소상히 밝혀 놓았다.

본고는 위의 논문과 연계하면서 1990년대 중반 이후의 활동상황을 중점적으로 다루었다. 정진채가 구분한 시대에 의하면 성숙기(1991~)의 연속이라 볼 수 있겠다. 그 동안 부산아동문학계도 양과 질적으로 팽창했기 때문에 자료의 구입 및 구체적 진술의 한계를 느낄 수밖에 없었지만, 등단 시기와 현재 활동 상황을 중시하였고, 주로 개인 작품집을 중심으로 서술했다. 공모전 입상작 그리고 문학상 수상작 등 주요 업적들은 관련지어 기록했다. 미진한 부분에 대해서는 널리 양해를 구할 수밖에 없다.

2. 저력과 패기의 동화문학

1) 동화작가와 동화집

정진채는 1965년에 등단한다. 시집 『꽃밭』의 출간으로 시인으로 출발하였지만, 동화작가로 입지를 굳힌다. 주로 동양적 환상의 세계를 형상화함으로써 동화문학에서 뚜렷한 개성을 확립한다. 그는 부산 뿐 아니라 한국문단에서도 지명도가 높아, 부산문인협회장(2001~2003)의 중책까지 맡는다. 제7회 대한민국문학상을 비롯하여 제40회 부산시문화상, 제5회 방정환문학상 등을 수상하기도 했다. 장편동화집 『바위 나라로 간 폰테 추장』(2002. 영림카디널), 창작동화집 『은방울 이야기』(2005. 아동문예)를 비롯하여 30여 권이나 출간했다.『바위 나라로 간 폰테 추장』은 산호로 둘러싸인 섬 다몰라에서 신화가 된 위대한 추장 폰테의 모험 이야기를 신비롭고 아름답게 그려내고 있다. 동화강좌를 위한『현대동화창작법』(1999. 빛남), 독서지도서인『아동독서지도법』(2000) 등이 있으며, 동시집과 수필집도 다수 있다. 동화작가 김인봉은 부산교육대학교 교육대학원 석사학위 논문(2007년)으로 동화집『내가 만난 초록 사람』(1996. 아동문예)과『은방울 이야기』를 텍스트로 한「정진채 연구」를 했다. 이 논문에서 '정진채 동화의 주제는 한마디로 말해서 생명에 대한 재인식이었다. 첫째, 인간에 의해 동물의 생명이 경시되는 현상을 비판적인 입장에서 바라보았고, 자기반성을 통해 원죄적 존재임을 자각하게 했다. 둘째, 자기희생과 나눔을 통한 삶이야말로 진정 아름다운 삶을 구현할 수 있다'고 했다.

강기홍은 1967년 새마을문예 창작공모 희곡부문에 동극「사랑의 열매」가 당선되고, 이듬 해 한국일보 신춘문예에 희곡「갈근마을 아이들」이 당선되면서 등단한다. 창작동화집으로『하얀 새둥지』(1974),『종이학 사랑』(1996) 등이 있다.

배익천은 1974년 한국일보 신춘문예를 통해 등단한다. 창작동화집『별로 뜨는 무지개』(1997),『밤도깨비와 싸우는 아이』(1997),『별을 키우는 아이』(1999),『냉이꽃의 추억』『내가 만난 꼬깨미』『오이밭이 된 손수건』(2006),『오미』『안녕, 이구아나』(2006. 계림),『잠자는 고등어』(2007. 예림당) 그리고 장편동화집『내 마음의 하늘』(2006. 해성)등 20여 권을 상재했다.『잠자는 고등어』는 제4회 윤석중 문학상 수상작품집이기도 하다. 심사위원회 측은 '짧은 호흡 속에 긴 너울의 감동이 있으며 편마다 용기와 배려, 사랑의 주제를 동화적 분위기 속에 잘 담아낸 작품'이라고 평했다. 『안녕, 이구아나』에는 사랑을 주제로 한 14 편의 단편동화들이 실려 있는데, 한 편 한 편이 유년의 기억 저편에서 할머니가 들려주던 구수한 입담처럼 막힘이 없어 자연스러운 서사 능력이 돋보이고 있다는 평을 받고 있다. 2007년 한국문화예술위원회가 우수문학도서로, 『잠자는 고등어』는 그 이듬해 우수문학도서로 선정됐다. 그는 대한민국문학상 수상(1992) 이후, 이주홍아동문학상을 비롯하여 제11회 방정환문학상, 제38회 소천아동문학상, 제9회 설송문학상 그리고 제4회 윤석중 문학상등 굵직한 문학상도 수상한다. 지금은 『어린이문예』와 『열린아동문학』의 편집 주간을 맡고 있다. 또한 '배익천의 인간과 문학'을 조명하는 평론집『한국동화문학의 흐름과 미학』(2007. 청동거울)도 출간된 바 있다. 이는 문학평론가 김종회, 김용희가 엮은 것으로서 생존작가의 이름을 걸고 이 같은 연구서를 펴낸 것은 우리 아동문학계에 배익천의 이름이 갖는 비중이 어느 정도인가를 가늠하게 한다.

김성남의 필명은 소로마다. 1975년 동화 「비둘기」가 소년중앙에 입선되면서 등단한다. 그 이전에 『학원』 등에 작품을 발표하면서 탄탄하게 필력을 키웠다. '남강문우회' 등을 이끌면서 『남강문학』을 창간(2009)하는 등 저력을 과시하고 있다. 2005년에는 동화 「유리구슬은 잠들지 않는다」로 제19회 영남아동문학상을 수상하기도 했다.

김문홍은 1976년 『한국문학』 신인상에 중편소설이, 『소년 중앙』에 동화가 당선되면서 소설가와 동화작가로 활동한다. 이후 연극, 영화에도 관심이 높아 극작가로서 활동도 한다. 또한 부산아동문학인협회 카페에 '아동문학통신'(작품평, 시론時論 등)도 연재하면서 아동문학에 대한 반향과 관심을 고조시키고 있다. 장편동화집은 『미래특공대』(2006. 해성)까지 9권이다. 장편소년소설인 『미래의 아이들』(2005)은 부산아동문협 홈페이지에 연재하기도 했다. 이 외에도 소설집 『흰나비 환상』(1983) 외, 희곡집 『세한도에 봄이 드니』(2006) 외 그리고 연극평론집, 극작실기론 등이 있다. 이주홍문학상(2007)을 수상하기도 했으며, 창작희곡 「수직환상」을 비롯하여 지금까지 20여 편이 공연되기도 했다. 『미래 특공대』는 서기 2100년을 시대 배경으로 하고 있다. 거리마다 독재자의 명령에 따르는 사이보그 경찰이 순찰을 하는 테크노피아시티에서 벌어지는 이야기이다. 인간의 두뇌에 작은 칩을 넣어서 중앙 통제실에서 관리하도록 하는 장치를 만드는가 하면, 사람의 마음을 꿰뚫어볼 수 있는 기계까지 만든다. 그러나 그런 시대에도 감성적이고 아름다운 시를 소개하며 자연의 위대함과 정신적인 풍요로움이 뭔지를 보여주기도 하는, 작가의 상상력이 돋보이는 미래과학소설이다.

최영희는 1977년 중앙일보 신춘문예에 시조가, 이듬 해 동아일보 신춘문예에 동화가 당선되면서 등단한다. 창작동화집은 『행복한 그네』(2001), 『교실을 지키는 허수아비』(2004. 아동문예), 『넌, 누굴 닮았니?』(2007. 해성) 그리고 『빨간 우체통의 비밀』(2009. 해성) 등 7권이다. 『행복한 그네』로 제22회 이주홍아동문학상을, 동화 「항아리를 담아 온 고향」으로 제8회 한국아동문학상을 수상하기도 하였고, 괄목할 만한 문학 활동과 작품성을 인정받아 2005 부산문학상을 수상하기도 하였다. 『빨간 우체통의 비밀』은 '나의 동화 속의 인물과 이야기들도 상상이다. 그렇지만 우리들이 언제 어디서나라도 만날 수 있고, 언젠가는 이루어질 수 있는 아름다운 상상이다.' 라고 했듯이 상상의 세계를 형상화하고 있다. 이 동화집에는 새끼 고양이의 죽음을 '무지개 다리를 건너갔다'는 아름다운 말로 이야기할 만큼 애완동물에 대한 사랑을 표현한 「무지개 다리를 건너간 고양이」와 초등학교 앞 우체통의 눈을 빌려서 주변의 일상을 맑고 고운 꿈으로 승화시킨 「빨간 우체통의 비밀」 등 8편의 동화가 실려 있다.

김재원은 1977년 『소년중앙』에 동시 「여름 냇가」가 당선되면서 동시인으로 출발한다. 1983년 부산 MBC 아동문학상에 동화가 당선되면서 동화작가로 변신한다. 1986년 경향신문 신춘문예에 동화가 당선되고, 제11회 계몽아동문학상과 이어서 영남아동문학상, 해강아동문학상을 수상하면서 동화작가의 위상을 확실히 굳힌다. 또한 제23회 이주홍아동문학상, 2007 부산문학상 수상의 영예도 차지한다. 지금은 '글나라 아동문학연구소'를 운영하면서, 아동문학연구는 물론 어린이 글쓰기, 어른을 위한 동화창작 지도에도 힘쓰고 있다. 그의 문하에서 역량 있는 신인들이 많이 배출되고 있으며, 그들이 부산 동화의 르네상스 시대를 만들어내는 주역이 되고 있다. 장편동화집 『똥쟁이, 너도 진돗개니?』(2007. 섬아이)까지 6권을 상재했으며, 글짓기 지도서 『친절한 글짓기 선생님』등도 있다. 『똥쟁이, 너도 진돗개니?』는 제1회 불교청소년 우수포교도서 대상을 차지한 작품집이다. 강아지 한 마리를 통해 잃어버린 여유를 되찾게 해주는 감성동화인데, 할머니 품처럼 따뜻하고 넉넉한 정서가 가득 담긴 이야기를 간결하면서도 생동감 넘치는 문체에 담고 있다. 온갖 말썽을 부리는 강아지(금별이)는 똥쟁이였지만 시간이 흘러 믿음직한 존재가 되어가는 과정을 통해서 믿고 기다려 주는 것이 얼마나 필요한 지를 깨닫게 한다. 또한 모든 생명체는 자연과 어우러져야 한다는 것도 가르치고 있다. 어쩌면 금별이는 우리 모두의 가슴속에 남아 있는 자연에 대한 동경과 인간미, 아련한 옛 추억을 상징하는지도 모른다.

윤옥자는 1979년 동화 「엄마 두꺼비」와 「훈이의 눈물」이 『아동문학평론』에 추천되면서 데뷔한다. 색동어머니회 등을 이끌면서 동화구연가로도 활동하고 있다. 그의 박사 학위(동아대학교 대학원) 논문을 바탕으로 하여 편찬한 『동화 구연을 위한 표준 발음 지도』(1997. 육일문화사)는 동화 구연 및 표준발음을 위한 지도서이기도 하다. 이에는 동화구연을 위한 표준발음지도, 표준 발음 지도의 실제 그리고 말하기 듣기 지도와 부록으로 자신의 창작 구연동화 32편도 실려 있다. 창작동화집은 『119 물방울』(2002. 아동문예), 『참새가 된 할아버지』(2002. 아동문예) 등 10여 권이다. 『119 물방울』은 구연동화집인데, 우리들의 생명물, 미리 듣는 엄마 목소리(태교), 자연 사랑 나라 사랑, 사랑과 봉사와 희생의 기쁨, 근면 성실 협동 배려하는 마음 그리고 진리와 생명의 성경 말씀 등 주제별로 나누어 43편의 동화가 실려 있다. 제4회 천동아동문학상, 부산여성문학상 등을 수상했다.

강추애는 1980년 부산 MBC 신인문학상을, 이어서 울산 MBC 신인문예상을 차지한다. 해강아동문학신인상을 수상했고, 창작동화집 『두레박으로 퍼 올린 이야기』등이 있다.

김영호는 1983년 부산 MBC 신인문학상을 수상하면서 등단한다. 창작동화집 『마음을 씻는 세탁소』 『날개를 달아드립니다』 『주롱공원의 새소년』(2002) 그리고 『선생님, 그기 아니라예』(2008. 아동문예) 등 4권을 상재했다. 월간 『사진』 초대작가이기도 하다. 그의 작품들은 일선 교육현장에서 겪은 이야기와 신앙생활의 주변에서 얻어진 소재들이 많아 작가의 따뜻한 응시가 돋보이기도 한다.

곽종분은 동시인이기도 하며 동화작가이기도하다. 1984년 『아동문학평론』에 동화가 추천되어 등단한다. 동시집 『싱가포르 아기 새』(1995. 아동문예) 등이 있으며, 창작동화집 『별의 빰』 『눈꽃이 피는 날』 그리고 『로봇에게 숙제를 맡겼어요』(2000) 등 수 권이 있다. 『로봇에게 숙제를 맡겼어요』에는 19편의 동화가 실려 있고, 대부분 아동과 생활하면서 겪었던 체험을 바탕으로 교훈의 메시지를 강하게 담고 있는 동화들이 많다. 2007년에는 탐미문학회가 창립 30주년을 맞아 제정한 문학운동21탐미문학상 제12회 아동문학 부문 수상자가 되기도 했다.

배홍태는 1985년 『소년』에 동화가 추천되면서 등단한다. 동화집으로 『나도 할 수 있어요』 『아이비가 들려주는 이야기 나라』 그리고 『초등학생이 꼭 읽어야 할 인성동화』(2006. 토마토북) 등이 있다. 『초등학생이 꼭 읽어야 할 인성동화』에는 자연과 인간을 생각하는 31편의 창작동화가 실려 있다. 어린이들의 올바른 인성 형성에 도움을 줄 만한 주옥같은 동화들이 실려 있고, 생생한 자연의 세계도 경험할 수 있는 동화집이다.

백영현은 1987년 경향신문 신춘문예 동화부문과 조선일보 신춘문예 동시부문을 동시에 석권한다. 이미 부산 MBC 신인문예상에 수필로 당선되기도 했다. 창작동화집 『굴참나무와 오색딱따구리』(1997) 등이 있다. 현재는 민들레문화원 원장으로 있으면서 주말 대

안학교인 민들레 해보기학교를 운영하고 있다.

오정임은 1987년 부산 MBC 신인문예상으로 등단한다. 창작동화집 『감나무가 깨었어요』(2000. 아동문예)로 제23회 부산아동문학상을 수상했다. 이 동화집에는 12편의 동화가 수록되어 있는데, 자연과 인간의 따뜻한 교감, 건강한 주제의식과 간결한 문체 그리고 나무랄 데 없는 작품 구성으로 완성도가 높은 동화가 실려 있다.

손수자는 1988년 『아동문학평론』으로 등단한다. 창작동화집 『하늘 별꽃』(2000. 아동문예), 『하나는 바람돌이』(2002. 한국독서지도회), 『눈물꽃』(2006. 해성), 『꽝꽝나무와 막대 사탕』(2006. 청개구리) 그리고 장편동화집 『하늘이네 교실 이야기』(2007. 아동문예) 등이 있다. 동화창작에 보인 남다른 열정으로 제1회 눈높이 아동문학상 수상 이후, 동화 「황금 소나무」로 제23회 한국불교아동문학상을, 제8동화집 『눈물꽃』으로 영남아동문학상을, 2009년에는 『하늘이네 교실 이야기』로 제29회 이주홍문학상을 수상한다. 『하늘이네 교실 이야기』는 '일학년 동화'라는 명칭을 달고 있다. 그림책의 형태는 아니지만, 작품을 창작하는 작가와 부모에게 유아동화의 중요성을 일깨워 주고, 이야기의 서사 구조와 문체, 유아의 심리적 특성에 대한 통찰, 화법의 친근성 등 유아동화가 지녀야 할 특성을 모두 함께 아우르고 있다는 점에서 의미 있는 시도라고 평가할 수 있다. 작가가 교단에서 체험한 사실을 주인공 하늘이를 통해서 독백체 형식으로 그려낸 동화다.

서하원은 1989년 부산일보 신춘문예 동화가, 이어서 1993년 제3회 『어린이동산』 중편동화도 당선된다. 또한 장편동화 「UFO를 따라간 외계인」으로 제5회 문학동네 장편동화에 당선되고(2004), 동화 「황금두꺼비가 된 아이」로 제3회 건국대 창작동화상에 당선(2005)되는 저력을 보인다. 제12회 해강 아동문학상 수상 이후 제19회 부산아동문학상도 수상한다. 장편동화집 『죽음의 계곡』(1990) 이후 단편동화집 『아프리카 새깜디』(1999), 장편동화집 『UFO를 따라간 외계인』(2004) 그리고 장편동화집 『황금두꺼비가 된 아이』(2005) 등이 있다. 창의학습동화 24권을 7인 공동 저술(2002)로 간행하기도 했다. 그는 『죽음의 계곡』 『황금 불상을 찾아라』 등 추리나 모험소설을 꾸준하게 썼고, 이 분야의 개척자라 할 수 있다.

배혜경은 1991년 부산일보 신춘문예를 통해 등단한다. 창작동화집 『가로등 이야기』(1997)로 제20회 부산아동문학상을 수상했다. 이어서 『달팽이 시계』(2002)에 이어 『착한 아이 사세요』(2005. 아동문예)를 간행한다. 『착한 아이 사세요』에는 모두 11편의 동화가 실려 있다. 동화마다 전달 방식은 다양하지만, 아이들의 이야기를 담아내려는 작가의 노력이 나타나 있다. 이 동화집속에 들어있는 「착한 아이 사세요」는 버릇없는 아이들이 너무 많아서 착한 아이를 만드는 약을 개발하여 그 약과 아이들 사이에서 일어나는 이야기를 기발하고 재미있게 그려내고 있다.

김진향은 1993년 부산일보 신춘문예로 데뷔한다. 창작동화집 『별나라 별장 할아버지』(2002. 아동문예)가 있다.

류석한은 1993년 부산 MBC 아동문학대상에 당선되어 등단한다. 장편동화 『잃어버린 태백산맥』 창작동화집 『가시와 향기』(2000. 세종출판사) 등을 상재한다. 『가시와 향기』에는 14편의 동화가 실려 있는데, 그 중 「가시와 향기」는 제22회 부산아동문학상 수상작이다. 심사평에서 '서사 구조가 탄탄하며 입체감을 주어 읽히게 하는 흡인력을 지니고 있다'고 했으며, '외형적 아름다움의 허망성과 내면적 아름다움의 성숙이라는 인류 보편적 주제를 비록 건조하지만 다이내믹한 문체로 무난하게 형상화하고 있다'고 했다.

소민호는 1994년 『동화문학』 신인상을 수상하면서 데뷔했고, 현재 『어린이 글수레』 편집 주간을 맡고 있다. 첫창작동화집 『호박벌 이야기』(1996) 이후, 본격해양동화 『형제섬의 비밀』(1998) 창작동화집『작은 솔씨의 고집』(2001), 『기분 좋은 거짓말』(2003), 『어린이 서유기』(2007) 그리고 장편동화집 『꿈꾸는 돌콩이』(2007. 일곱난장이) 등이 있다. 1998년 부산문학상을, 동화집『작은 솔씨의 고집』으로 제24회 부산아동문학상을 수상했다. 심사평에서 '군더더기 없고 막힘없는 문체로 환상적인 동화의 분위기를 보여 주고 있는 그의 작품은 우리 어린이들에게 꿈과 용기를 심어 주면서, 아동문학의 밝은 미래를 예고해 준다'고 했다. 『꿈꾸는 돌콩이』는 판타지 기법을 통한 일종의 우화 형식의 작품이다. 인간에게서 버림받은 개 돌콩이의 신산스러운 삶의 여정을 통해 가족의 해체, 가족 구성원 간의 성 역할 문제, 모성의 정체성, 공동체적 삶을 통한 화해와 상생, 애완견의 유기 등이라는 인간세계의 현실적 문제를 빗대어 은유하며 풍자하고 있다. 이 작품은 '지금 이곳'이라는 우리의 현실적 공간에 바탕을 두고 인간세계의 부조리한 삶을 다루고 있기 때문에, 엄격한 의미에서는 독립적 시·공간의 설정에 의한 창조적 판타지로서의 본격적 판타지 동화와는 그 궤를 달리 하고 있다.

김원자는 1994년 『아동문예』와 1997년 부산일보 신춘문예를 통하여 등단한다. 꾸준히 동화를 발표하면서 교단에서 겪는 아이들 주변의 이야기를 감성적으로 그려내고 있다.

황경숙은 1994년 부산 MBC 아동문학대상(동시부문)을 수상하고, 이듬 해 『아동문예』에 동화가 당선되면서 동화작가로 재등단한다. 첫동화집 『동글동글 조약돌』(2005. 아동문예)에는 12편의 동화가 들어있다. 교단에서 겪은 삶을 감동과 지혜를 엮어 재미있게 동화로 형상화하고 있다. 요즘은 아동문학 연구에도 심혈을 기울이고 있다.

2) 1995년 이후의 동화작가

이장호는 1995년 국제신문 신춘문예를 통과한다. 첫창작동화집 『솟대오리의 꿈』(2005. 21문학과 문화)은 부산문협이 주최하는 제3회 영광독서 토론회 주제 작품집이기도 하다. 주로 장애우에 대한 사랑, 외로움과 가족의 아픔에 대한 치유를 주제로 하고 있다. 2004 교원문학상을 수상하기도 했다.

김인봉은 1996년 국제신문 신춘문예에 당선되어 등단한다. 첫창작동화집『산토끼 토끼야 어디를 가느냐』(2004. 아동문예)와 『상어와 하모니카』(2007. 두손컴)가 있다. 동화 「돌이 된 머슴」으로 제28회 부산아동문학상을 수상한다. 그는 한 편의 동화시에 가까운 동화를 창작하고 있으며, 문장의 단락에 의한 시간과 공간의 확장을 꾀하는 장면 전환이나 판타지와 현실의 감각적 결합 등은 타의 추종을 불허할 만큼 우수하다는 평가를 받고 있다.

계간 『새싹문학』 제108호(2009 여름호)에 동화작가 한정기 특집이 실려 있다. 화제의 작가, 미래의 작가라고 소개한 것처럼 한국에서도 주목받는 동화작가다. 그는 1996년 부산일보 신춘문예로 등단하여, 창작동화집 『홀씨의 꿈』(1999)에 이어 장편소년소설 『멧돼지를 잡아라』(2004. 다섯수레), 장편추리동화『플루토 비밀결사대 1편, 다섯 아이들이 모이다』(2005. 비룡소), 『플루토 비밀결사대 2편, 팔색조의 비밀』(2006년. 비룡소), 장편소년소설 『큰아버지의 봄』(2006년. 한겨레 아이들) 청소년 소설 『나는 브라질로 간다』(2008. 비룡소) 그림책 『남극에서 온 편지』(2008. 비룡소), 위인전 『강감찬』(2008. 비룡소), 해양과학문고 『바다의 정글 산호초』(2008. 지성사) 그리고 『플루토비밀결사대 3편, 안개속을 달리다』(2009. 비룡소) 등을 발간했다. 『플루토 비밀결사대 1편』으로 2005 비룡소 황금도깨비상을, 『큰아버지의 봄』으로 제1회 5.18 어린이 문학상을 수상한다. 그리고 『플루토 비밀결사대 2편』은 제29회 부산아동문학상 수상작이다. 『플루토 비밀 결사대1』은 5학년 또래의 초등학교 어린이들이 논리적인 추리에 의한 모험 정신으로 국제적인 도자기 도굴범의 범인을 색출하고, 아울러 이에 얽힌 살인 사건의 전모를 밝히는데 결정적인 단서를 제공하는 흥미진진한 내용의 아동 추리 소설이다.

이채울(이혜영)은 1997년 『어린이동산』 장편동화공모전에 당선됐다. 창작동화집 『내 동생 반쪽이』(2002)와 『도시로 간 작은 배』(2004. 청개구리)가 있다. 『도시로 간 작은 배』에는 7편의 동화가 실려 있다. 그의 작품들은 언뜻 보기에는 생활동화인지 아동소설인지 구별하기가 어렵지만, 작품 속에 나타나는 판타지가 생활동화의 멋을 잘 보여주고 있다.

안재영은 1998년 『한글문학』을 통해 등단한다. 창작동화집 『노란 조약돌』이 있다.

안미란은 1998년 제6회 '눈높이아동문학상'을 거친 후, 2001년에는 제5회 좋은 어린이책 원고 공모전에 장편동화「씨앗을 지키는 사람」으로 수상의 영예를 차지한다. 창작동화집『너 먼저 울지 마』『철가방을 든 독갭이』『너만의 냄새』그리고『무적의 용사 쿨맨』(2009. 사계절) 등이 있다.

김상곤은 1999년 부산일보 신문문예에 동화로 당선된다. 이미 1993년『한국수필』에서 신인상을 수상한 수필가이기도 하다. 저서로 산문집『가을의 창가에서』, 칼럼집『자갈치』등이 있고, 창작동화집『웅어의 전설』(2007. 해성) 등이 있다.『웅어의 전설』은 제30회 부산아동문학상 수상작품집이다. 심사평에서 '바다에 대한 애정이 동화 편편에 묻어있고, 낙동강을 오가며 사는 희귀어종인 웅어 가족의 슬픈 이야기를 그린「웅어의 전설」은 바다에 버려진 비닐봉지 하나가 바다 생물들에게 얼마나 무서운 존재로 변할 수 있는지 생생하게 보여주는 것으로 환경보호라는 주제가 잘 녹아있었다'고 했다.

신주선은 1999년 MBC 창작동화 대상을 수상하고, 2002년 부산일보 신춘문예에 당선하는 저력을 보인다. 주인공의 심리묘사나 갈등과 화해를 이끌어내는 수완이 돋보이는 동화를 많이 쓰고 있다. 창작동화집『물미르 이야기』가 있다.

최영향도 1999년『어린이동산』중편동화에 당선하여 등단했고, 그의 동화에는 봄처럼 따뜻한 마음이 묻어나고 있다.

김미경은 2000년『한맥문학』으로 등단하여,『문학도시』편집차장을 지내기도 했다. 창작동화집『강으로 간 붕어빵』(2004. 대산)이 있다. 이 동화집에는 8편의 동화가 수록되어 있는데, 대부분이 외롭고 어두운 곳에 따뜻한 눈길을 주어 사랑의 모닥불을 피워 올리고 있는 작품들이다. 그 중 「도둑맞은 사랑」은 속이고 속는 현실의 단면을 풍자적으로 묘사하고 있는 아동소설이고, 나머지 7편은 모두가 판타지를 통해 현실을 우화적으로 비유하고 풍자하는 순수 동화들이다.

2000년 『한맥문학』으로 등단하여, 2003년 제21회 새벗문학상을 차지한 김미숙도 만만찮다. 참신한 소재를 바탕으로 환타지를 끌어내는 수법이 비범하다.

우차희도 『한맥문학』으로 등단하여 고향처럼 따스한 동화의 세계를 가꾸고 있다.

최미혜는 2001년 국제신문 신춘문예에 당선하여, 창작동화집 『하늘 계단 구름 계단』을 상재하고, 꾸준히 동화 창작을 하고 있다. 이 동화집에는 6편의 동화가 실려 있는데, 현실과 환타지의 조화가 잘 이루어진 수작들이 많다.

최경희는 2002년 『아동문예』로 통해 데뷔한다. 늦깎이로 등단하였지만, 창작 활동이 왕성하다. 창작동화집 『하늘을 날아온 자장면』(2004), 『욕심꾸러기 왕과 생쥐 가족』 그리고 『하늘나라 우편번호』(2007. 세계문예) 등이 있다. 『하늘을 날아온 자장면』은 13편의 동화가 들어 있는데, 진중한 문체 속에 들어있는 구수하고 포근한 사랑의 숨결을 느낄 수 있는 작품들이었으며, 『하늘나라 우편번호』에는 11편의 동화가 들어 있는데, 착하고 여유로운 주인공의 성격이 작가 자신의 심성과 닮아 있어, 작가의 인간과 사회에 대한 시각이 얼마나 낙관적이고 긍정적인가를 알 수 있게 한다.

2002년 『어린이동산』 중편동화공모전에 당선하고, 독서지도를 전문으로 하는 '도서관옆 신호등' 대표로 있는 이상미는 유머러스한 감각으로 유익하고 재미있는 동화를 많이 쓰고 있다.

석영희는 2002년 국제신춘문예를 통해 등단하여 『어린이글수레』 편집을 맡고 있다. 차분하게 자신의 동화세계를 개척하면서 순수동화를 쓰고 있다.

이은(김경남)은 2003년 『어린이동산』 중편동화공모전에 당선되었고, 이어서 2007년 제15회 MBC 창작동화대상에서 「수런거리는 빈집」으로 장편동화 부문에 당선되어 문학적 열정과 저력을 알린다. 장편동화집 『앵무새의 선물』(2009. 계림북스)은 앵무새 마치와 하영이의 이야기이다. 하영이는 마음의 문을 꽁꽁 닫아버린 어린이였지만, 우연히 회색앵무 마치를 만나게 되면서, 마치와의 교감을 통해 사랑과 책임감을 배워간다. 멀게만 느껴졌던 가족과의 거리도 점차 가까워진다. 하영이가 앵무새를 기르면서 일어나는 귀여운 사건들과 따뜻한 가족의 이야기가 펼쳐진다.

2003년 창작동화집 『비타민 동화집』을 출간하면서 동화를 쓰기 시작한 박성철은 왕성한 창작활동을 하고 있다. 지은 책으로 『도봉투 들고 학교가는 날』 『오바마 아저씨의 꿈의 힘』 그리고 『천재를 뛰어넘은 연습벌레들』등이 있다.

신지은은 2004년 국제신문 신춘문예에 당선된다. 이후 제2회 황금펜아동문학상과제13회 눈높이아동문학상을 수상한다. 우리 동화문학에서 좀체 시도되지 않고 있는 역사적 소재를 취재하여, 그것도 현실의 리얼리티를 다룬 아동소설이 아니라 현실과 판타지의 접변을 통한 동화로 완성해 내는 동화작가다. 장편동화집『꼬리 빵즈』(2006. 대교출판), 『어름삐리』 등이 있다. 『꼬리 빵즈』는 눈높이 어린이문학상 수상작인데, '문화대혁명'이라는 중국 역사의 격동기 속에서, 우리 민족이 겪은 삶의 애환을 다루고 있다. 꼬리 빵즈('꼬리'는 고구려 또는 고려, 빵즈는 막대기의 뜻으로 조선족을 얕보거나 놀릴 때 쓰는 말) 인 주인공 동혁이의 시선을 통해 거짓말을 일삼는 '비판 대회'를 비롯한 조선족의 비참한 삶을 사실적으로 보여준다. 그 속에서도 우리 민족의 역사를 알아가는 모습이 가슴 따뜻하게 펼쳐진다.

2004년『아동문학평론』으로 등단하여『어린이글수레』편집인으로 활동하고 있는 박미경도 동심의 본질을 다루는 동화를 많이 쓰고 있다.

김동영은 2004년 우리교육 주최 어린이 책 작가상으로 등단한다. 장편동화집『은어의 강』(2005. 우리교육)과『고래아이 불똥』(2007. 낮은산) 등이 있다.『은어의 강』은 고향인 하동 섬진강에서 어릴 때 경험이 바탕이 되었고,『고래아이 불똥』은 고래와 친구가 된 전설적인 아이 불똥의 이야기를 동화로 꾸민 것이다. 이 동화집은 선사시대의 역사적 상상력을 불어넣었다는 소재적 측면에서, 요즈음 소심하고 왜소한 우리 아이들에게 도전적 모험 정신과 생명에의 외경심을 불어넣었다는 내용적 측면에서 한국 동화문학의 지평을 열었다는 평가를 받고 있다.

2004년『아동문학연구』로 등단한 박진희는 동화구연과 낭송 전문가다. 창작과 구연을 위한 연구소를 운영하며 재능 기부는 물론 발표회를 갖기도 했다.

2006년 국제신문 신춘문예에 당선한 정녕희도 시적 환상과 같은 동화를 빚고 있으며, 2009년 제7회 푸른문학상의 새로운 작가상에 동화 「푸른 목각인형」으로 수상한 문선희 등도 기대되는 동화작가다.

박현숙은 2006년 대전일보 신문문예를 통과하였고, 왕성한 창작활동을 하면서 동화집도 계속 출간하고 있다. 창작동화집 『오천원은 없다』, 장편동화집 『나쁜 어린이 좋아요』(2009. 계림북스), 『콩쥐 엄마 팥쥐 딸』(2009. 미래아이) 등이 있다.

2007년 제1회 해양문학상 동화부문에 당선되고, 이듬해 한국안데르센아동문학상 금상 수상으로 화려하게 등단한 김재석도 장편소년소설집 『마린 걸』(2009. 청어람주니어)을 출간하면서 동화작가로서의 기반을 다져나가고 있다.

그림책 「입이 똥꼬에게」로 2008년 제14회 비룡소 황금도깨비상을 수상한 박경효는 그림책 작가로 이름이 나고 있다. 제2그림책 『구렁덩덩 새 신랑』(2009)은 출간과 함께 원화전(영광도서)도 개최하여 찬사를 받았다.

2008년 한아(한희정)는 MBC 창작동화대상 단편부문에서 「바다건너 불어온 향기」로 대상을 차지하여 젊은 작가로 촉망받고 있다.

또한 『아동문예』를 통해 등단한 최혜진(1996), 최보은(1999), 강경희(1999), 김경순(2000), 박남숙(2000), 남순(2004), 엄명희(2004), 권춘애(2005), 한미화(2007), 장분례(2007) 그리고 최영숙(2008) 등이 순수동화 창작에 전념하면서 문학적 기량을 펼치고 있다. 기대되는 작가들이다.

박남숙은 아동문학 전문 출판사 푸른책들과 동화읽는가족이 우리 아동문학의 미래를 열어갈 새로운 작가를 발굴하기 위해 마련한 제4회 푸른문학상(2006)에 중편동화 「가면놀이」로 새로운 작가상을 수상하기도 했다. 권춘애는 전각 작가로써 전시회도 가졌다.

1998년부터 시행한 부산아동문학신인상에는 황미숙(1998), 박혜자(1999), 허명남(2000), 이자경(2001), 안덕자(2002), 배유안(2003), 우경신(2005), 강숙(2007), 양경화(2008), 곽미영(2009) 등이 수상했는데 저력과 패기가 넘치고 있다.

허명남은 2003년 국제신문 신춘문예에 이어 MBC창작동화대상에 장편동화 「놋그릇과 고려범 납닥발이」로 가작 당선의 영예를 안았다. 수상동화집(공저) 『내 친구 꼬꼬』(2005. 금성출판사)가 있다.

이자경은 동화 「주인공처럼? 아니, 주인공답게」로 제5회 황금펜아동문학상을 수상하면서 능력을 과시한다.

안덕자는 2006년 『어린이동산』 중편동화 공모전에 입상하고, 2007년도에는 국제신문 신춘문예에도 당선하는 저력을 보인다.

배유안(배영순)은 2003년 『어린이동산』 중편동화 공모전에 입상하고, 2006년 불교신문 신춘문예를 두드리더니, 장편동화 「초정리 편지」로 제10회 창비 어린이책 창작부문 대상을 차지한다. 장편동화집으로 『초정리 편지』(2006. 창비), 『화룡소의 비구름』(2008. 한겨레아이들) 그리고 『스프링 벅』(2008. 창비청소년문학) 등이 있다. 특히 『초정리 편지』는 훈민정음의 실험과 세종대왕의 일화에서 역사적 상상력을 발휘하여 빚어낸 동화이다. 이 동화집은 스테디셀러가 되어 꾸준히 판매되고 있다. 『화룡소의 비구름』은 정철의 「관동별곡」을 모티브로 하여 저술하였고, 『스프링 벅』은 관성을 제어하지 못한 채 벼랑 끝 아득한 바다로 떨어져 본말전도의 생을 마감하게 되는 영양 스프링 벅처럼 목표 없이 질주하는 세상에 대한 연민의 시선으로 쓴 장편소년소설이다.

3. 탄탄한 기반의 동시문학

1) 동시인과 동시집

주성호는 1972년 『아동문학』지에 동시 「비닐하우스」가 당선되면서 등단한다. 첫동시집 『꿈나라의 집』(1974) 이후, 『숲에는 바람이 살고, 숲에는 별이 살고』(1985), 동화시집 『별동별』(1992), 『일등은 쓸 수 없는 시』(1994), 『봄 여름 가을 겨울』(2006) 그리고 『동시야 놀자』(2009. 아동문예) 등 6권을 상재한다. 『동시야 놀자』는 그의 동시 100편을 가려 뽑은 선집이다. 제5동시집 『봄 여름 가을 겨울』은 제7회 최계락문학상 수상작품집이다.

> 할머니께서 오신 날은/ 빈둥빈둥 누워서/ 게으름을 피울 수 있는 날입니다.//
> 할머니께서 오신 날은/ 어른들 옆에 붙어 앉아/ 세상 이야기를 들을 수 있는 날입니다.//
> 할머니께서 오신 날은/ 신나게/만화를 볼 수 있는 날입니다 / 이렇게 / 텔레비전을 볼 수 있는 날입니다.//
> 할머니가 오신 날은/ 어머니가 답답해 죽는 날입니다.
>
> \- 주성호 「할머니 오신 날」 전문

최계락문학상 심사위원단은 '주 시인의 작품들은 동심이라는 정점으로 곧장 회귀하는 것이 아니라 동심을 향하면서 더 큰 시원의 세계를 상상하고 있다'며, '이는 동시의 독자를 어린이에게 한정하지 않고, 인사人事와 자연의 합일을 이끌면서 나아가 선시풍을 지닌다는 평가를 받은 최계락 시인의 문학과 맥이 닿는다'고 평가했다.

선용의 첫동시집 『가을바람』이 출간된 것은 1972년이다. 이를 등단 기점으로 보는 것이 옳다. 1971년 소년세계에 실린 「봉황새 알의 기적」은 중국문학 번역작품이기 때문에 이는 번역작가로서의 출발이다. 첫동시집『가을바람』 이후 제15동시집 『해바라기와 아이들』(1998)까지 그의 동시집에 대한 평론과 작품세계는 평론집 『서정과 동심 세계를 위하여』(2001. 대산)를 통하여 일목요연하게 정리했다. 그 후에도 동심시집 『초롱꽃 피는 아침』(2002. 대산), 『바다보다 더 파란 섬아이 가슴』(2003. 세종출판사), 『그 해 가을 바다』(2005. 세종출판사) 그리고 『고 작은 것이』(2008. 세종출판사) 등 수 권을 출간하여 왕성한 필력을 과시하고 있다. 그는 동시집 표지마다 '선용 동심시집'이라고 표현하고 있는데, 동심을 바탕으로 한 서정시라는 의미도 있지만, 동시를 통하여 동심을 확산시키고 싶은 소망도 크기 때문이라 할 수 있겠다. 부산시 문화상을 비롯하여 제6회 부산시 예술상, 제3회 방정환문학상, 제7회 설송문학상 등 수상 경력도 화려하다.

> 잔디밭에는/ 잔디만한/ 바람끼리 와서 논다//
> 뒹굴기도 하고/ 공차기도 하고//
> 일 바쁜 개미등/ 타기도 하고//
> 발 뻗고 누운 해님/ 행여 깰까 봐//
> 기침도 꾹 참고/ 뒤꿈치도 들고//
> 잔디밭에는/ 모여서/ 논다//
> 잔디 닮아/ 손이 파란/ 아기바람이
>
> \- 선용 「잔디밭에는」 전문

또한 선용은 자작시 동요곡집 『고추잠자리』등 19권을 출간했다.

대한민국 동요대상도 수상한다. 창작동요 CD 음반도 5개, 창작동요 발표회도 3회를 가졌다. 또한 번역서도 70여 권이나 되며, 어학교재 『표준 중국어』등이 있다.

1974년 『부산아동문학』 2집에는 세 분의 동시인이 등단한다. 이주홍의 추천을 받은 김용석, 안수휘, 정진채의 추천을 받은 박지현 등이 그들이다.

김용석은 1975년 『소년』지에 재추천을 받는다. 동시집 『갯마을』 『나무의 일기』(1987) 그리고 『꽃바구니에 담은 시』(1999) 등 세권을 상재하면서, 틈틈이 서정성 있는 작품을 발표하면서 건재를 과시하고 있다.

안수휘(1933~1989)는 1978년 『아동문학평론』을 통하여 재평가를 받는다. 동시집 『별이 된 미루나무』(1981. 소문출판사)가 남아있으며, 현대아동문학상 등을 수상하였다. 자연의 아름다움과 인정이 듬뿍 담긴 동시를 많이 썼다.

> 거울을 닦는다 / 때 묻은 이야기/ 닦아 낸다.//
> 친구들과 다투어/ 토라진 이야기//
> 안개 서린 입김으로/ 말갛게/ 환하게//
> 누나도/ 동생도/ 환해진 웃음//
> 맑아 오는 거울 면에/ 밝아오는 내 마음//
> 거울을 닦는다./ 내 마음을 닦는다.//
> 은빛 나랫깃이/ 퍼덕이는 아침.
>
> \- 안수휘 「거울」 전문

박지현은 동시집 『햇병아리 산비둘기』(1983), 『풀잎 노래』(1987), 『거울 앞에서』(1992) 그리고 『남의 이름표를 달고 있는 전봇대』

(1999)을 상재하면서 꾸준히 시작활동을 하고 있다. 순수한 동심을 동시로 형상화한 수법이 뛰어나 찬사를 받고 있다. 부산아동문학상, 한국아동문학상 등을 수상했다.

울음을 참으려고/ 애를 썼지만//
별님이 /먼저 알고/ 눈물이 글썽//
슬픔을 잊으려고/ 애를 썼지만//
달님이/먼저 알고/ 수심이 가득.

- 박지현「슬픈 어느 날」 전문

공재동은『부산아동문학』창간(1973년) 당시부터『새교실』추천 작가로 인정받으면서 작품을 발표했다. 1977년『아동문학평론』을 통해 재등단하고, 1979년에는 중앙일보 신춘문예에 시조가 당선되면서 시조시인으로도 활동한다. 첫동시집『꽃밭에는 꽃구름 꽃비가 내리고』(1979) 발간 이후,『새가 되거라 새가 되거라』(1981),『별을 찾습니다』(1984),『단풍잎 갈채』(1988),『바람이 길을 묻나봐요』(1995),『별이 보고 싶은 날은』(2003),『보물찾기』(2006) 그리고『꽃씨를 심어놓고』(2008. 해성) 등 8권과 시조집『휘파람』(1991) 등을 출간했다. 2006년(봄호)에는 계간『오늘의 동시문학』이 선정한 '오늘의 한국 동시를 이끌어가고 있는 작가 20인'에 오르는 영예를 차지했고, 2008년에는 조선일보가 '한국의 애송동시 50편'을 뽑아 매일 아침 동심의 창을 열었는데, 그의「별」이 선정되기도 했다. 그의 문학적 업적은 제12회 세종아동문학상, 제10회 이주홍아동문학상, 제3회 최계락문학상, 제8회 부산문학상 그리고 제16회 방정환문학상 등의 굵직한 수상으로 더욱 빛나게 되었다. 또한『아동문학 무엇이 문제인가』(1998) 등 평론집도 출간했다.

> 즐거운 날 밤에는/ 한 개도 없더니/ 한 개도 없더니//
> 마음 슬픈 밤에는/ 하늘 가득/ 별이다.//
> 수만 개일까./ 수십 만 갤까.//
> 울고 싶은 밤에는/ 가슴에도/ 별이다.//
> 온 세상이/ 별이다.
>
> \- 공재동「별」 전문

최만조는 1977년『아동문예』로 등단한다. 1980년『바다에 살자』(3인동시집)를 출간한 이후,『농악소리』(1998),『아파트에 내리는 비』(2003. 생각하는 사람들) 등 5권을 상재한다. 한국 동시문학상, 제22회 불교아동문학상 본상, 실상 문학상 본상, 제19회 영남아동문학상 그리고 아동문학의 날(2009. 5.1) 기념으로 수여하는 '아동문학 본상'을 수상하기도 했다. 한편 동시조 분야에도 등단을 하여 동시조 발표도 많이 하고 있으며, 부산아동문학인협회 카페에서 '갈뫼사랑방'을 운영하면서 왕성한 작품 활동을 보여주고 있다.

> 밤하늘은/ 그리움을/ 담는 그릇이다.//
> 별들의 웃음/ 반짝반짝/ 가득 담아놓고//
> 오늘 밤에도/ 정다운 소리/ 조용히 듣는다.//
> 도시로 이사간 친구/ 지금 쯤/ 무얼할까?//
> 밤하늘/ 총총한 별을/ 쳐다보고 있을까?
>
> \- 최만조「밤하늘」 전문

손월향은 1977년『소년중앙』문학상을 수상하면서 동시단에 들어선 여류시인이다. 동시집『미술시간』(2004. 아동문예)이 있다.

하얀 도화지에/ 어제 소풍 갔던/ 작은 산을 그렸습니다.//
초록빛 크레파스가/ 다 닳도록/ 무성하게 잎을 색칠합니다.//
잎새마다 초롱초롱 이슬을 달고/ 하늘 가득/ 하얀 구름도 띄웠습니다.//
산새 소리가 살아 오르고/ 도란도란 이야기꽃도 피어납니다.//
교실 창밖/ 햇살 한 자락도 날아 들어/ 금방 바탕색으로 번져가는/
미술 시간

- 손월향 「미술시간」 전문

이 동시집으로 제26회 부산아동문학상을 수상하였는데, 그는 섬세한 정서를 바탕으로 수채화 같은 느낌을 주는 동시를 쓰고 있다.

김종완은 1978년 『아동문예』 『아동문학평론』 천료를 통해 등단한다. 동시집 『꽃이 필 시간』으로 제14회 부산아동문학상을 수상하였고, '맥파' 동인으로 활동을 꾸준히 하고 있다. 제2동시집 『해야, 놀다 가거라』(2002. 21문학과 문화)를 통하여 그의 문학적 역량을 다시 인정받는다.

강현호는 1979년 『아동문예』에 동시 「까치밥」으로 등단한 후, 1982년 조선일보 신춘문예에 동화 「별」이 당선된다. 그러나 동화보다 동시쓰기에 전념한다. 동시집 『나이테』, 『닮았어요』(2002) 등이 있다. 제24회 한국교육자대상 수상 기념으로 발간한 『동심을 켜는 등불』(2005. 세종출판사)은 동시, 동화 그리고 수필 등을 모은 문집이다. 교직생활을 퇴임하는 기념문집의 성격도 띠고 있다. 늘 털조끼처럼 따스한 느낌을 주면서 깔끔하게 형상화한 동시를 많이 쓴다.

바람들이 모여서/ 보물찾기를 한다.//

아, 새싹!/ 아, 버들개지!/ 야호, 개나리!/ 아싸, 진달래!//
바람들이/ 하얀 쪽지에 적힌 저마다의 보물들을/ 큰 소리로 외쳤다.//
해님이 상으로 바람들에게/ 따뜻한 털조끼를 입혀줬다

- 강현호 「봄바람」 전문

민홍우는 1979년 『아동문학평론』에 동시조로 등단하면서 부산 동시조의 텃밭을 일군다. 시조집 『박꽃』 등이 있다.

박일은 1979년 『아동문예』를 통해 등단한다. 제1동시집 『풀빛 고향바다』(1987)를 간행한 후, 『아침나라 여행』(1997), 『예순 개의 바다』(2001), 『엄마와 보물상자』(2004) 그리고 『주름살 웃음』(2006, 청개구리) 등 8권을 상재한다. 제8동시집 『주름살 웃음』은 한국동시문학회가 '올해의 좋은 동시집'으로 선정하기도 했다. 계몽아동문학상, 한국아동문학상, 제17회 이주홍 아동문학상 그리고 제11회 설송문학상 등을 수상했다.

해가 뜨는 것은/ 가장 고운 색깔을/ 꽃잎에게 드리기 위해서다.//
그래서,//
꽃밭이 흩어진/ 시골 끝까지/ 햇살을 데리고 가 준다.//
꽃잎이 있는 것은 /가장 고운 해님을/ 우리에게 보이기 위해서다.//
그래서,//
마당도 없는/ 도시의 우리 집까지/ 꽃잎을 데리고 와 준다.

- 박일 「해와 꽃」 전문

이국재는 1979년 『아동문예』에 작품이 추천되어 등단했고, 동시집 『오륙도』 『들국화 필 무렵』(1995) 등을 발간하면서 튼튼이 서정성 짙은 작품을 발표하고 있다. 또한 글쓰기 지도서 『친절한 글짓기 선생님』등도 간행했다.

강구중은 1979년 『아동문예』에 동시 「해운대 아침」으로 등단한다. 첫동시집 『꿈을 터뜨리는 봄불』(1995) 이후 『달맞이꽃』(1997), 『꽃길을 걸으며』(1999), 『갈숲에 해가 뜨면』(2001)에 이어 제5동시집 『풀잎에 쓴 편지』(2004. 세종출핀사)을 상재한다. 제5동시집은 사진작가인 아들 강운석의 사진이 동시를 더욱 빛나게 했다. 한 때 귀울림이 심하여 괴로워한 때도 있었지만, 이를 극복하고 작품 활동을 하면서 제6동시집 『대추 한 알』(2009. 세종출판사)을 출간하였다. 언어의 절제미가 돋보이는 동시를 많이 쓰고 있다.

> 황금 들판에/ 숨죽이고 서 있는/ 지킴이//
> 땀 흘려 가꿔 온/ 한 해 농사/ 지킨다고//
> 날마다/ 산새와/ 눈싸움을 벌인다.//
> 외로워도/ 농부들의 풍년 꿈에/ 가슴 설레며//
> 가을을 안고 서있는/ 외다리/ 허수아비
>
> \- 강구중 「허수아비」 전문

구옥순은 1981년 부산 MBC문학상을 수상하면서 등단한다. 교단에서 겪은 아동들의 삶의 모습을 순박한 시심으로 승화시켜 서정성 짙은 동시를 많이 발표하고 있다. 발표한 작품들을 정선하여 출간한 동시집 『오른손과 왼손』(2009)이 있다.

> 내 짝이 벌을 선다./ 운동장 열 바퀴다.//
> "선생님, 제가 다섯 바퀴 돌아 줘도 됩니까?"//
> 고개 끄덕이는 선생님을 보며/ 둘은 사이좋게 운동장 트랙을 돈다.
>
> \- 구옥순 「벌」 전문

김종순은 1982년 부산 MBC문학상에 동화 「반딧불」이, 『아동문학평론』에 동시 「복슬이」가 당선되면서 등단한다. 그 후, 창작 활동을 왕성히 하면서 입지를 분명히 했다. 제3동시집 『따뜻한 우유』(2002)로써 제25회 부산아동문학상을 수상했다. 연이어 제4동시집 『마음을 여는 열쇠』(2003)를 발표한다. 제5동시집 『어린 새싹의 외출』(2008. 청개구리)은 제28회 이주홍 아동문학상 수상작품집이다. 이주홍문학재단이 수상자를 발표하면서 천진하고도 깊은 서정을 잘 담아냈다는 평가를 받아 지역 문학계에 활력을 불어넣었다고 했다.

> 햇살이 달려와 입 맞춰 주고/ 바람이 지나가며 꼬집어 주고/ 별빛이 내려와 부벼 줄 자리//
> 사과는/ 빰으로/ 그 자릴 만든다.//
> 온 몸이/ 온통/ 빰뿐인 사과.
>
> - 김종순 「사과」 전문

조명제는 1982년 『월간문학』 『아동문예』에 동시가 당선되면서 등단한다. 써레 동인으로 활동하고 있으며, 제 20회 한정동 아동문학상을 수상했다. 동시집으로 『갈숲의 노래』(1983), 『날고 싶어요』(1987), 『꽃으로 피리라』(1989) 그리고 『꽃씨의 겨울잠』(1992) 등이 있다. 그의 동시는 다정다감하면서 강한 생명력을 느낄 수 있다.

> 엄마 아빠 안 계신 밤/ "오빠야, 무섭제?"//
> "안 무섭다./ 니가 있는데 머가 무섭노."//
> "나도 안 무섭다./ 오빠야가 있는데 머가 무섭노."//
> 밤하늘 오누이별/ 창가에 기대서서/ 미소짓고 있다.

- 조명제 「오누이」 전문

최향숙은 1983년 동시집 『집보는 햇살』로 등단한다. 이후 『소년』 『월간문학』등을 통하여 문단 역량을 인정받는다. 동시집 『우리집은 책방 내 이름은 소은이』 『솔가지에 걸린 바다』 『빨간 뿔테 쓴 고양이』 『달력 위의 숫자들』(2009. 세종출판사) 등을 출간했고, 시집도 『무리』 『바다 피리』 『나의 동반자는 사랑이야』 등을 상재한다. 한국창작동요제 등에 그가 작사한 동요들이 수차례 입상하기도 했다. 실상문학상 본상, 아동문학의 날 기념 아동문학 본상을 최만조와 함께 수상한 바 있다. 그의 동시는 여성의 감성으로 그리움을 형상화한 소재가 많기 때문에 공감을 얻고 있다.

> '뜸북뜸북 뜸북새'/ 부르던 엄마/ 뜸부기가 그리워 날아가셨다.//
> 밤이 지나 새벽이 와도/ 오시지 않는 / 엄마! 엄마! 우리 엄마!//
> 빨간 댕기 동그마니 내려놓은 채/ 눈물 한 방울 이슬로 보이시며/ 휑하니 세상 뜨셨다.//
> 기다려도 오지 않는 임을 찾아/ 뜸북뜸북 부르며/ 날아가셨다.
>
> - 최향숙 「뜸부기」 전문

권수환은 1983년 『아동문예』 문예상으로 등단한다. 동시집 『그리운 어머니 오시는 길은』(1986) 등이 있다.

1983년 부산 MBC신인문학상에 당선하고, 1990년 『아동문학』을 통하여 실력을 인정받은 김연숙도 나름대로 동시세계를 구축하여 서정적 동시를 발표하곤 한다.

성성모는 1984년 『아동문학평론』을 통해 등단하여 꾸준히 작품을 발표하고 있다. 제15회 부산아동문학상을 수상하여 저력을 과시

한다.

이상문은 1986년 부산 MBC가 주관한 신인상으로 등단하여 문단의 주목을 받는다. 첫동시집 『꽃망울붓』(1988)을 상재한 후, 『하늘 길들이기』(1996), 『열두그루의 나무』(1999), 『고향 찾아가는 나무』(2003) 그리고 『바다누리 아이누리』(2008.세손) 등 7권을 상재한다. 우화적 상상력을 동원한 동시들도 많이 발표했고, 독특한 유머와 재치를 발휘하여 건강한 이미지로써 설렘과 긴장을 주는 동시들도 많다. 작품성을 인정받아 제7회 새벗문학상을 필두로 제10회 영남아동문학상, 제21회 부산아동문학상, 제1회 한국바다문학상 그리고 제3회 은하수동시문학상 대상 등을 수상한다.

> 나무가 무슨 말로/ 새를 불렀길래//
> 새 한 마리가/ 힘차게 날아와/ 나뭇가지에 앉을까?//
> 나무가 새에게/ 어떻게 해줬길래//
> 새가 저리 기분이 좋아/ 날개를 파닥이다가/ 짹재그르 짹재그르 노래 부를까?
>
> \- 이상문 「나무와 새」 전문

배소현도 주목받는 여류동시인이다. 1984년 『아동문학평론』을 통하여 등단한 이후 동시집도 여섯 권을 상재했다. 그런데 2000년에 제2동시집 『미운 덧니 하나』를 간행한 이후, 제6동시집 『가슴에 뜬 무지개 하나』(2004. 21문학과문화)를 발간하기까지 매년 동시집 『쪽배 하나』(2001), 『몽당연필의 속삭임』(2002), 『따라온 풀숲』(2003))을 간행하는 저력을 과시했다. 제6동시집으로 제10회 부산문학상을 수상했다. 수수하고 순수한 동심과 통찰력이 돋보이는 동시를 많이 쓰고 있다.

> 제 몸/ 열 배도 넘는/ 먹이를/ 잘도 끌고 가구나.//
> 영차!영차!/ 혼자 안되면 둘이서/ 둘이 안되면 셋이서/ 셋이 안되면….//
> 도울 식군 /얼마든지 있지.//
> 저 큰/ 먹이 덩어리.//
> 개미집 땅굴 입구/ 막힐까 겁나는데//
> 영차!영차!/ 꼬마 욕심쟁이들/ 겁도 없이 끌고 있구나.
>
> \- 배소현의 「개미 구경·2」 전문

박안숙은 1990년 부산 MBC 신인문학상에 당선되고, 이어서 『아동문학평론』을 통해 등단한다. 동시집 『까치둥지』 『외갓집 풍경』 그리고 『아빠와 함께 가는 고향길』(1996) 등이 있다. 제16회 부산아동문학상(1994)을 수상한다.

『백수문학』(1991)을 통하여 등단한 강길환은 시인으로도 활동 중이다. 『농민문학』에도 동시가 당선되는 등 문학적 입지를 확보해 간다. 동시집 『아파트 고추밭』(1997)으로 개성있고 독특한 동시세계를 구축하고 있다.

신덕엽은 1991년 부산 MBC 아동문학상 동시부문에 당선된다. 그 후 시인으로 등단하여 동시와 시를 두루 써오면서, 제5시집 『꽃이 나무를 키우다』(2007. 세종출판사)까지 출간한다. 인간과 자연에 대한 사랑을 동심적 발상으로 형상화하고 있는 작품들을 많이 만날 수 있다.

1991년 『동양문학』에 시로, 1996년 『아동문예』에 동시로 등단하여 시와 동시를 쓰면서 글쓰기 이론서와 시집을 출간한 바 있는 박

기환도 꾸준히 시작 활동을 하고 있다.

김승태는 1993년 부산 MBC 아동문학상을 수상한 이후, 제1회 부산아동문학신인상(1998)을 수상하면서 동시인의 위치를 확고히 한다. 첫동시집 『그런 재미 모를 거야』(2005. 21문학과 문화)를 발간하고 제28회 부산아동문학상을 차지한다. 곱고 애틋한 정서가 흐르는 아름다운 동시세계를 구축하고 있다.

> 선생님이/ 친구들이/ 네 이름을 부르면/ 내 귀가 먼저 듣는가 봐.//
> 멀리서 부르는데도/ 아이들이 큰 소리로 떠드는데도/ 잘 들리는 걸 보면//
> 네 이름이 내 마음에 자리 잡고 있다가/ 귓바퀴로 먼저 나와/ 울려 퍼지나 봐.//
> 너보다 먼저/ 내 마음이/ 활짝 열리는 걸 보면.
>
> \- 김승태 「네 이름을 부르면」 전문

오선자는 꾸준히 작품활동을 해왔다. 1994년 『한글문학』과 이듬해 『아동문예』를 통하여 등단했다. 첫동시집 『노래 숲의 아이들』(1995) 이후 『입맞추는 햇실』(1997), 『꽃을 깨우는 엄마』(2001) 그리고 『쨍쨍 해님의 말씀』(2006. 아동문예) 등을 상재했다. 제3동시집 『꽃을 깨우는 엄마』는 제23회 부산아동문학상을 수상시집이다. 그의 시의 속성은 사랑과 순수다.

> "사랑해-"/ "사랑해-"/ 자꾸 외쳐야지.//
> 그러면/ 온 산/ 푸르른 사랑 넘칠 테니까.//
> "고마워-"/ "고마워-"/ 자꾸 외쳐야지.//
> 그러면/ 온 세상/ 고마운 마음 넘칠 테니까.
>
> \- 오선자 「메아리」 전문

2) 1995년 이후의 동시문학

구용(본명 김구용)은 1996년『동화문학』과『아동문예』에 동시가 당선되면서 등단한다. 그 동안 동시집『숙제 안 하고 학교 간 날』(1996)을 비롯하여,『붕어빵 장수』(1997),『새들의 합창』(1999),『인숙이 누나』(2000),『들길을 걸으며』(2002),『꽃들의 노래』(2003),『내 고향 사람들』(2004),『바닷가 오막살이』(2004) 그리고『앵두가 익을 무렵』(2008) 등 수많은 동시집을 상재했다. 이처럼 왕성한 문학 활동으로 제24회 한국아동문예상 그리고 제27회 부산아동문학상을 수상했다.

> 바닷가 사는 우리 집/ 갯벌은/ 어머니의 텃밭/ 눈이 오나 비 오나/ 물때 맞춰 우리 어머니/갯 벌에 나가/ 바지락 백합조개 캐지요.//
> 바닷가 사는 우리 집/ 바다는/ 아버지 논밭/ 거친 파도 헤치고/ 사계절 우리 아버지/ 바다에 나가 고기잡이 하지요.
>
> - 구용「바닷가 마을」전문

김점삭도 1996년『아동문예』로 등단한다. 사물의 존재의미를 형상화하면서 소중한 것을 안겨주려고 애쓰고 있다.

같은 해에『아동문예』로 등단한 김정순도 꾸준히 작품세계를 넓혀간다. 제1동시집『개미의 소풍』(2003)으로 교단에서 겪은 생활의 이야기를 차분하고 담담하게 동시로 형상화한다.

최정수도 같은 해에『아동문학』을 통하여 등단한다. 제1동시집『두 얼굴』(1997)로 존재가치를 밝혀놓았다.

윤동기는 1998년『백수문학』, 1999년『소년문학』지에 동시가 당선되면서 등단한다. 첫동시집 『소모는 아이』(2008. 아동문예)로 제31회 부산아동문학상 수상의 영광을 안았다. 순박하고 따스한 동심세계를 잘 포착하여 형상화하고 있다.

> 어두운 밤에/ 하얀 눈이 내렸어요.//
> 어두운 밤에/ 어두운 밤에/ 누가 하얀 세상을 만들었을까?//
> 우리들이 모두 잠자는 사이/ 꿈속에서 나쁜 마음/ 지워버리고//
> 새 아침에, 새 세상에/ 모두 오라고/ 하느님이 밤새워 만드신 나라.
>
> - 윤동기 「눈 온 날 아침」 전문

정갑숙은 시적 상상력이 놀랄 만큼 뛰어나다. 1998년 『아동문예』로 등단하여, 이듬해 동아일보 신춘문예를 두드린다. 첫동시집 『나무와 새』(2001)에 이어 제2동시집 『하늘 다락방』(2004)은 제4회 은하수동시문학상 신인상 수상 작품집이기도 하다. 심사평에 '작품에 담겨 있는 생각(그 철학적인 의미)에서는 정갑숙의 그것을 앞지르지 못한다'고 하면서 단연 다른 동시집에 비하여 우수했다고 적고 있다. 제3동시집 『개미의 휴가』(2006. 청개구리)는 '올해의 좋은 동시집'이었고, 제22회 영남아동문학상을 수상하는 계기가 됐다.

> 엄마와 아기가/ 맨 처음 사용한 전화기는 탯줄이었어요.//
> -엄마, 배고파요./ -음, 그래. 먹을 것을 내려주마. /-엄마, 음악 듣고 싶어요./ -음, 그래. 음악 보내주마.//
> 엄마와 전화로 한 비밀통신으로/ 아기는 몸과 마음 포동포동 자랐지요.//
> 아기가 태어나고 /통신한 자리엔 흔적이 남았어요./ 배꼽이라는 흔적말예요.
>
> - 정갑숙 「전화기와 비밀통신」 전문

박선미의 저력은 굉장하다. 1999년 부산아동문학신인상을 받은 후, 창주문학상 수상 그리고 부산일보신춘문예(2007)에 당선되는 등 끊임없이 자기 계발에 힘쓴다. 첫동시집 『지금은 공사 중』(2007. 21문학과 문화)으로 제7회 오늘의 동시문학상을 수상한다. 흔히 볼 수 있는 사소한 일상을 시적으로 형상화시키는 수법이 돋보인다. 그만이 지닌 상상력과 사물에 대한 접근 방법이 독특하다.

> 선생님은/ 날마다/ 뜨개질을 하신다.//
> 보물찾기 예쁜 쪽지/ 야영 때 본 별자리를 엮어서/ 색깔 고운 무늬를 넣고//
> 운동회 때 힘찬 함성/ 학예제 때 멋진 합창으로/ 빛깔 고운 무늬를 넣으신다.//
> 어쩌다 잘못 꿴 코는/ 풀었다가 다시 짜고/ 또 다시 짜서/ 새 학년 소중한 밑거름 되라고//
> 선생님은/ 일년 내내/ 뜨개질을 하신다.
>
> \- 박선미 「뜨개질」 전문

정민아는 1999년 『아동문학평론』과 『한맥문학』을 통하여 등단한다. 첫동시집 『자운영 향기로 피는 아이들』(2001)과 제2동시집 『바다뜰의 아이들』(2003)을 상재한다. 섬세한 서정을 여성 특유의 감성으로 노래하고 있다.

이창안은 1999년 『아동문예』로 등단하여, 동시집 『가조도 이야기』 그리고 『달을 먹는 귀뚜라미』 등을 펴냈다.

꾸준하게 자신의 동시세계를 확보하면서 왕성히 활동하고 있는 동시인들이 많다. 1996년 『동화문학』을 통해 등단하여 자연에 대한 애착을 잘 형상화하고 있는 이세경, 1997년 『시와 시론』을 통해 데뷔하여 정감어린 동시를 발표하면서, 부산 남구의회 의원으로 활동하고 있는 송순임, 1999년 국제신문신춘문예를 통과하여 『어린이 글수레』를 발행하면서 동심과 삶의 교직을 통한 깔끔한 동시를 발표하고 있는 최복자, 2000년 『한맥문학』을 통하여 등단하여 어린이집을 운영하면서 종교성(카톨릭)과 동심이 깔려있는 동시를 쓰고 있는 정재분, 2001년 『아동문학평론』을 통해 등단하여 순수한 시심으로 차분히 동시세계를 열고 있는 차영미, 2001년 대구매일신문에 동시가 당선되고, 이듬 해 부산일보 신춘문예에 시로 등단하여 시인으로서, 동시인으로 대단한 활력을 하고 있는 김춘남 그리고 2009년 부산일보 신춘문예를 통과한 조윤주 등.

또한 부산아동문학신인상을 수상한 이민화(2001), 조무호(2004), 정미혜(2006), 김자미(2007), 주순옥(2008), 김성애(2009) 등 기라성 같은 동시인들이 버티고 있다. 그들의 활동이 기대된다.

특히 이민화는 이미 1997년 『현대시조』와 부산일보 신춘문예로 등단한 시조시인이기도 하다. 동시조집 『목련꽃이 피었어요』(2001. 세종출판사)는 전통적인 시조의 가락에 천진한 동심을 잘 녹여서 표현하고 있다. 민홍우, 백승수에 이어 부산 동시조 문학을 이끌고 있다. 조무호는 『어린이 동산』 중편동화 공모전에도 당선하는 저력을 보인다.

이 시기에 세 분의 동시인이 타계한다. 원로 두 분과 신인 한 분이다.

박돈목(1922~2002)은 60년대 『새소년』으로 등단하여 대표동시 「산의 말씀」과 동시집『할아버지 옛동산』(1996. 빛남) 등 4권을 남겼다.

산의 말씀은/ 작년에도 올해도/ 꼭 같은 말씀//
솔바람 소리도 산의 말씀//
바위 밑에 꼴꼴/ 흐르는 개울물 소리도/ 산의 말씀//
붉게 타는 진달래도/ 산의 말씀//
산의 말씀은/ 작년에도 올해도/ 꼭 같은 말씀

- 박돈목 「산의 말씀」 전문

조유로(1930~2004)는 50년대 후반에 등단하여, 시와 시조, 동시에 이르기까지 나름대로 독보적인 문학세계를 가지고 활동했다. 시집 『부동항』 등 11권을 상재했는데, 그 중 10권은 동시집이다.

대 숲/ 에는 /대 이파리/ 만큼/ 참새가/ 많고,//
강물/ 에는/ 강 여울/ 만큼/ 붕어도/ 많고,//
원두막/ 에는/ 외수박/ 만큼//
할아버지/ 손주도/ 많다.

- 조유로 「대 숲에는」 전문

박정숙(1947~2006)은 제5회 부산아동문학신인상(2002년) 수상자다. 만년에 등단하였지만 순박한 심성으로 맑고 깨끗한 동시를 써서 주목을 받았다. 동화구연가로 더 유명하다.

새벽이면 해님은/ 엄마처럼/ 일찍 눈을 떠요//
꽃을 피워야 한다고/ 나무를 돌봐야 한다고//
키 작은 풀꽃들 /하나하나 보살피며/ 씨앗 잘 여물라면서/ 포포포 입김 얹어 주고//
벌레에게 물려 아파하는/ 열매들의 상처도 치료해/ 아물게 해주면서

/ 쏟아내는 금빛웃음//
해님만 곁에 있으면/ 나무 숨소리가 살아나고/ 단풍잎 빛깔이 고와져서/ 세상은 아름답게 빛나요.

- 박정숙 「금빛 웃음」 전문

4. 전망과 과제

부산아동문학인협회에 등록(2009. 8 현재)되어 있는 아동문학가의 숫자는 122명, 부산문인협회에만 가입했거나 개인적으로 문학활동을 하고 있는 이들이 수십 명이 된다. 아동문학가의 숫자가 늘어나면서 '동시분과'와 '동화분과'로 나누어야한다는 이야기가 대두되기도 했다. 현재도 '동화작가'와 '동시인'으로 구분지어 부르는 것도 그렇게 되어가는 과정이 아닐까? 그러나 그렇게 나누는 것이 문제가 아니다. 아동문학이 산문(동화)과 운문(동시)를 모두 수용한 문학이기에 얼마나 풍부한가. 그리고 동심을 추구하는 목적이 같기 때문에 굳이 분파히어 각을 세울 필요는 없을 것이다

문제는 아동문학의 권익을 제대로 찾는 일이다. 신현득은 월간문학(2009.7)에 「아동문학의 권익운동을 주장한다」는 글을 실었고, 공재동은 문학도시(2009.7·8)에 「동심의 시대와 아동문학」이란 글을 발표했다. 공통된 주장은 문명에 지친 현대인이 돌아갈 곳은 동심의 세계이기 때문에 아동문학(『반지의 제왕』『헤리포터와 마법사』와 같은 동화 같은 환타지 문학 포함)이 독자를 가장 많이 확보하고 있지만, 현대문학사에서 아동문학이 제외되어 있고, 문학평론에서도 도외시하고 있다는 것이 안타깝다는 것이다. 특히 윤석중은

박목월의 스승이고, 윤석중이 『청록집』간행을 도왔던 그런 역사적 사실마저 그가 아동문학가이기 때문에 거론조차 안 되고 있다고 한다. 아동문학가들은 좋은 문학으로 대응해야겠지만 문학평론가들은 아동문학도 일반문학의 한 장르라는 인식을 가지고 심도 있게 다루어 주어야 한다.

부산의 아동문학은 그 기반부터 잘 다져져 있고, 그 정신과 역사가 면면히 흐르고 있기 때문에 전망도 무척 밝다. 또한 부산에서 발행되는 『어린이문예』 『어린이글수레』 그리고 『열린아동문학』 등 아동문학잡지들은 아동문학의 촉매제 역할을 톡톡히 하고 있다.

문단의 질서도 잘 형성되어 서로 끌어주고 밀어주는 관계가 잘 되고 있다. 아동문학 카페에서 김문홍은 서평, 시론이나 아동문학 이슈 등을 중심으로 '아동문학통신'을 연재하면서 아동문학에 대한 감각을 벼리고 있고, 아동문학연구소 등에서 신인 양성에도 힘쓰고 있다는 점이다.

동인활동은 '맥파'동인이 왕성한 활동을 하면서 선도 역할을 하고 있다. 동인지도 벌써 제23집을 발행하고 있다. '5인의 동시인'도 기지개를 켜고 있다.

해결해야 할 과제도 있다. 독자와 함께 하는 이벤트도 있어야 한다. 어린이 글잔치 등이 있긴 하지만 좋은 문학이 독자와 함께 할 때 그 가치가 빛난다면, 동시낭송, 동화구연, 동시화전, 동화와 그림 전시회 등 독자와 함께 호흡하는 적절한 프로그램도 운영되어야 한다. 아동문학 패널 같은 작품 토론회도 정기적으로 이루어져야 한다. 대표 작품 몇 편이 곧 그의 얼굴이 되어버린다면 발전과 성과는 기대할 수 없다. 출판의 지원도 확대되어야 한다. 이것은 아동문학뿐만 아니라, 문학을 더욱 활성화시키는 방안이기도 하다. IT 시대에 맞는 사이버 문학 활동 방안도 마련해야 하고, 적극적으로 권장하고 활용해야 한다. 또한 동화문학에 비하여 다소 빈약한 동시문학의 활성화 방안도 고려해야 하고, 아동문학의 페미니즘 화化를 염려하는 것은 아니지만 여성에 비해 남성의 진출이 미약한 것도 고려해야 할 사항이다.

숲이 우거지면 바람도, 그늘도 좋은 법이다. 부산의 아동문학도 푸른 바람과 푸른 그늘을 거느리고 있고, 푸른 하늘을 향하여 날로 싱그럽게 자라나고 있다. 그렇기 때문에 그 전망도 밝고, 진취적이라 할 수 있겠다.

(『부산문학사 제2권』 2009)

아동시 창작과 지도 실제

1. 동시와 아동시

1) 동시

틈만 나면 게임한다고/중독이라 하지만//
난, 학교 갔다 와서 할 뿐/난, 학원 갔다 와서할 뿐/난, 밥 먹고 할 뿐/
난, 똥 싸고 할 뿐//
학교도안가학원도안가밥도안먹어똥도안싸/틈도 없이 하는 게 중독
이지//
틈도 없이 잔소리하는/엄마가 중독이지

- 강기화 「중독」 전문

2) 아동시

우리 어머니는/미역 말리기를 해요.//
내가/엄마를 찾아가면/웃으면서 일하시는데//
집에 돌아오면/웃음이 끊겨요.//
손이 아픈지/손을 만지면서 얼굴을 찌푸릴 때는/걱정이 돼요.//
아침에 어머니가 나가는 걸 보면/속상해요.

- 안준영 (용암초 5년) 「우리 어머니」 전문

3) 차이

아동화는 아동이 그린 그림이다. 화가가 아동화처럼 표현해도 아동화라고 하지 않는다. 문학에서는 동시와 아동시를 혼용하고 있다. 동시는 문학의 한 장르지만 아동시는 문학 교육의 결과물이다. 왜 혼용되고 있는 것일까? 아동시를 발표하면서 어른의 가필이 수준을 높여버렸거나, 동시인들은 아동 독자를 배려해서 너무 쉽게 표현하여 아이들 작품으로 착각하게 하기 때문이다.

동시와 아동시는 구분되어야 한다. 동시는 아동문학가가 동심적 정감을 바탕으로 하여 썼다. 문학성(비유, 의인, 상징, 행과 연 등)이 있기 때문에 표현이 정돈되어 있고, 스토리의 깊이가 느껴진다. 직관이 아닌 관념(사상, 철학 등)적인 것이 될 수 있다. 구어체를 바탕으로 하면서 방언이나 속어를 사용할 수 있지만 그것이 표현 효과를 올리게 한다. 소재나 표현이 다양하다. 일상의 체험을 바탕으로 의도나 암시가 내포될 수 있다.

이에 반하여 아동시는 아동이 자신의 생활을 중심으로 시의 형태로 표현한 글이다. 순수하고 자연발생적이다. 직관(감각)으로 보고, 그 느낌을 표현하기 때문에 단순하다. 구어체나 일상어, 방언이나 인터넷 용어들을 사용해도 되지만 어린이 말투로 쓴 것이다. 상상력이 가미되면 더 좋은 동시가 될 수 있다. 일상의 체험을 바탕으로 하지만 단편적인 생활의 모습들이다.

2. 글쓰기 교육의 목적

1) 문학가를 양성하거나 좋은 창작을 위한 것이 아니다. 글과 가까운 생활인이 되도록 해야 한다. 문학교육이 창작 위주로 흐르면 오히려 글 쓰는 일이 부담스럽거나 더 어렵게 한다. 글(일기, 편지, 감상문, 메모, 문자 메시지, 카톡 등)과 가까워지도록 해야 한다. 일본인들의 메모습관은 참 본 받을 만하다.

언젠가 비행기 참사 때 추락한 비행기 잔해에서 어느 일본인 남자가 추락 직전에 써 둔 메모가 감동시킨 적이 있었다.

"여보, 그동안 행복했었소… 그리고 아이들아 잘 살아라…"

이런 평범한 문장이지만 그의 수첩에 적어 놓은 것을 유품으로 찾아내서 공개가 되었다. 그 여행객은 비행기 고장부터 추락 시까지 아수라장 패닉상태에서도 자기의 인생을 차분히 정리하며 그 짧은 순간을 메모했었다.

글쓰기 교육은 메모하는 습관을 기르는 일이다. 특히 동시를 분석하고 해부하여 동시의 멋을 무시하는 교육 방법은 오히려 문학과 멀어지고, 메모하는 습관마저 앗아가는 것은 아닐까? 특히 고등학교 문학교사가 하는 수업방법은 문학을 죽이는 일이다.

메모 습관을 가지면 문학 작가가 되는 일도 쉽지만 글과 관련한 작가(여행, 맛 칼럼, 방송, 광고 카피라이트, 작사자 등)가 될 수 있는 계기가 될 수 있다. 후에 자서전이라도 남겨야 한다면 꾸준히 메모할 일이다.

지도사례도 훌륭한 저서가 될 수 있다. 이 글을 쓸 때 참고로 했던 '시인되는 11가지 놀이'(안차애 지음. bookin)도 시사랑반 아이들의 시 짓기 수업 사례를 모은 것이다.

2) 독서 습관을 형성하는데 있다. 세상에서 가장 앞선 모바일을 선보이는 회사가 애플사이다. 애플사의 표어가 'Think Diffrent'이다. 이 때문에 스마트폰이나 PC 제품이 끊임없이 발전하고 진화를 계속한다. 남다르게 생각한 것을 새로운 기술로 발전시키니까. 그래서 21세기는 상상력이 경쟁력이라고 한다.

상상력을 키우는 교육이 절실한 시기다. 상상력이란 현실 너머의 또 다른 세계를 바라보는 눈이다. 어떻게 키워야 할까? 해답은 책 속에 있다. 책에는 남다른 생각, 엉뚱한 상상력, 특별한 체험과 새로운 지식까지 들어 있다. 그래서 책을 상상력의 창고라고 하지 않는가. 지금은 똑같은 학생이지만 책을 많이 읽은 학생이 21세기 경쟁력에서 당당히 이길 수 있고, 성공할 수 있는 사람이 될 것이 분명하다. 교과서는 독서를 유도하는 안내서일 뿐이다.

3) 추상적이긴 하지만 심미적 감성을 함양하는데 있다. 좋은 동시를 외우고 쓰거나 시화작품을 만들어보는 일은 아동들의 감성과 미적 감정을 기르는 최고의 방법이다.

3. 아동시 지도의 단계

1) 이해 단계

시는 소리 내어 읽는 낭송문학(민요, 전래동요 등)에서 발전했다. 소리 내어 읽으면서 리듬감에 젖어보고, 시가 갖고 있는 분위기나 정서를 느껴야 한다. 시는 한 번 읽어 이해되는 문학이 아니다. 음식도 씹을수록 맛이 다르듯이 거듭 읽으면 새로운 맛을 느낄 수 있다. 암기하게 하면 가장 좋다. 서양에서는 암기교육이 영재교육의 일환으로 이용된다고 한다. 동시 속에 들어있는 상상력을 배워주기 위해서다.

2) 감상 단계

각자 느낀 것을 스토리텔링 하는 단계다. 토론이나 감상을 발표하는 방법으로 하면 된다. 주제, 소제와 제재 그리고 교훈적인 요소 등을 살펴보면 좋겠지만 직감이나 직관에 의지하여 느낀 것도 중시해야 한다. 교과서에 실린 작품을 중시하면서 확대해 나가야 한다. 몇 년 전에 교과서(읽기 1-2)에 오른 졸시 「김장하는 날」이다.

손가락 맛이/더 좋은 가 봐요.//
김치 한 가닥/찢어/입에 넣고//
할머니도/쪽-/엄마도/쪽-//
손가락을 빨거든요.

- 박일 「김장하는 날」 전문

손가락 맛이란 손맛이다. 맨 손으로 김치를 담글 때 볼 수 있는 장면이다. 김장하는 일도 가족 행사다. 김치를 담다가 손주가 다가가면 김치 한쪽을 찢어 입에 넣어주신다. 기똥찬 맛이다. 손가락에 양념들이 아까우니까 쪽- 빨 수밖에 없다. 그런데 교과서 삽화가 고무장갑을 끼고 있었으니 이 동시를 제대로 이해시킬 수 없었을 것이다.

이 동시의 주제 덕목은 '김장할 때 가족의 정겨운 모습'이라면 주제문은 '가족은 화목해야 한다'다.

감상 단계에서는 다양한 시도를 할 수 있다. 제목을 주지 않고, 제목을 찾아내게 하는 방법(다양한 반응이 일어남), 단어의 부분들을 삭제하고 그 속에 의미를 연결할 수 있는 단어를 넣기 등이다.

이 동시의 제목은 무엇일까?

> 민재는 해외여행 갔고/민영이는 제주도로 여행갔다./아빠 가게 하루도 쉴 수 없어/나 혼자 여행간다.//
> 오늘 일정은/초량1동 고려단과학원에서/외국인을 만나고/복지관 공부방에 들어/동생을 데려와/분식집에서 저녁 먹는 일//
> 하루가 참 빡빡하겠다.
>
> \- 김자미 「방학」 전문

시어를 찾아내는 활동도 할 수 있다. 동시 속에 빈 칸을 만들고 의미가 연결되도록 낱말을 찾아내게 한다.

3) 창작 단계

동시를 써보게 한다. 자연스럽게 자신의 체험이 솔직하게 드러난 것들은 다 좋은 동시들이다. 동시도 시처럼 어려운 것은 아닐까 하는 관념을 버려야 한다. 다음과 같은 아동시들은 문제작(?)이다. 아름다운 수식어로 치장한 것, 어른의 감정, 애매모호한 말투나 한자어의 남용, 비현실적 논리, 아동들의 상식 밖의 표현, 지나친 감정의 노출 등이 나타나는 경우 등이다.

4. 아동시 창작의 실제

1) 제목과 관련하여 상상놀이

제목을 주면 먼저 소재와 주제를 스스로 결정해야 한다. 주제가 잡히지 않으면 글을 쓸 수 없다. 가령 '비'라는 제목을 받았을 때 비와 관련된 지식이나 체험들을 떠올리게 하고, 상상력을 동원하게 한다. 소재는 무궁무진하다. 보는 방법과 상황에 따라 느낌이 달라진다. 상상력은 지식보다 중요한 것임을 주지시켜야 한다.

①비는 땅으로만 떨어진다(체험).-땅 위에 있는 것들을 보고 싶고 가지고 싶나 보다, 땅은 씻어낼 게 많은가 보다. (상상력=엉뚱한 생각?)

②체육활동을 못하게 한다.-하늘의 수업종을 빨리 쳐서 빗방울 학생들 하늘 교실로 들어가게 했으면 좋겠다. 우리들이 운동장 사용할 수 있도록

③비가 오면 흙탕물이 흐른다.-하늘도 세탁기 돌렸나? 하늘 땟물이 쏙쏙 빠진다.

④비 온 뒤 새 잎이 많이 났다.-비도 푸른 덧셈을 잘한다. 나뭇잎들이 더 푸르러졌다.

⑤비는 마음대로 뛰논다.-비는 좋겠다. 우리 엄마처럼 꾸중하는 사람이 없으니까.

⑥봄비는 조용조용 내린다.-나뭇가지와 땅이 다치지 않아야 새싹이 트니까.

⑦봄비 온 후 새싹들이 깨어났다.-봄비는 알람시계.

⑧연못에 동그라미 그린다.-동그란 입으로 노래하고 있다. 모두 만점을 주려고.

⑨유리창에 그림을 그린다.-비는 화가. 아마 피카소 같은.

⑩소풍날 비가 내렸다.-소풍을 방해하는 심술쟁이

이런 상상력도 발휘하게 해야 한다. 느낌을 쓰라고 하지만 느낌이란 게 사실이나 체험에 남다른(엉뚱한) 생각을 가져보는 것이다.

①립스틱(소재)-엄마가 입술에 칠한다.(사실, 체험)-엄마 입술이 꽃잎이다. 말씀마다 향기가 나겠다.(상상, 느낌)

②나무-나무 밑에 가면 시원하다.-나무속에 선풍기가 들었다.

③구름-솜사탕 같은 게 자꾸 변한다.-누가 솜사탕을 뜯어먹고 있다.

④아기 양말-빨랫줄에 걸린 아기 양말을 보니 웃음이 난다.-웃음을 빨았나 보다.

⑤키다리 아저씨-남보다 키가 크다.-의자 하나 갖고 다닌다.

⑥원고지-글을 써서 담아 놓았다.-글의 바구니

⑦엄마-잔소리를 많이 한다.-잔소리 주머니를 차고 있는 캥거루.

⑧벚꽃-꽃이 환하게 피었다.-꼬마전구를 켰다.

⑨파도-푸른 아이들이 달려온다.-슛, 골인! 했는지 바닷가에서 뒹

군다.

⑩단풍-머리에 빨강, 노랑 물을 들였다.-엄마 허락 받느라 고생했겠다.

이런 류의 학습지를 만들어 활용하면 좋을 것이다.(예1) 쓸거리(소재나 주제)의 확보 없이 무엇을 쓸 게 있겠는가.

상상력이 펑!			
소재	사실이나 체험	상상력이 펑!	기타
장미	1. 학교 울타리에 줄장미가 피었다. 2. 벌과 나비들이 놀고 있었다.	1. 함께 장난치며 놀고 있었다. 2. 아마 웃으면서 놀았나 보다. 3. 장미는 많이 웃어서 예쁜가 보다.	

줄장미가/학교 울타리에/피어 있어요.//
벌, 나비들이/날아 와/장난치며 함께 놀아요.//
하하하, 호호호/웃으며 놀아서//
장미는/언제나/예쁜가 봐요.

-「장미」 전문

2) 가정법을 이용하기

'만일'이란 붙여보면 상상력이 크게 작용한다. '만일 내가 칠판이라면?' '만일 내가 나무라면?' '만일 내가 피노키오라면?' 등 이런 가정문을 제시하고, 그에 대한 생각을 산문으로 쓰게 한다. 산문을 연과 행을 나누면서 정돈시키면 동시가 된다.

3) '나'(또는 '너') 사랑 시짓기

①내 이름 삼행시 짓기

나: 나는 달리기를 잘한다.
형: 형들보다 더 빠르다.
식: 식사도 잘해서 운동회 때 1등할 거야.

②'나는 ~이다'

나는 놀이터다./ 준영이가 축구하자고 하면/ 같이 놀아 주고/ 지혜가 미끄럼타자고 하면/ 같이 놀아주는/나는 놀이터다.

나는 손수건이다./동생이 울고 있으면/눈물을 닦아준다./내 짝지 손에 물감이 묻으면/얼른 닦아주고 싶다.

③'내 마음에는'

내 마음에는 청개구리가 있다./엄마가 학원가라고 하면/ 가고 싶지 않다./엄마가 공부하라고 하면/ 게임하고 싶다./내 마음에는 청개구리가 사나 봐.

④'나는 ~될 거야'

나는 요리사가 될 거야./엄마가 외로울 때/웃음을 요리해 주고//
아빠가 힘들 때/행복을 요리해 주고//
사랑하는 사람들에게는/꿈을 요리해주는 요리사가 될 거야.

4) 나처럼 생각하기

①나처럼 생각하고 행동하고 말하게 하기

> 동생하고 나하고/날린 비눗방울/둥실둥실/하늘로 올라가네./ "현정아! 나 하늘 여행한다."/기분이 좋은지/둥실둥실 떠가네.('비눗방울')

②입장 바꿔 생각해보기

> 학교 갔다 오면/ "동하야! 수고 했다./얼굴 씻고 푹 쉬어라."//
> 학원 가려고 하면/ "동하야! 오늘은 좀 쉬고 내일 가렴."//
> 내가 엄마라면//
> 늦잠 자도 깨우지 않고/하고 싶은 게임/실컷 하게 할 거다.('내가 엄마라면')

5) '본 것'과 '겪은 것'을 중심으로

체험한 것 중에서 인상 깊은 일에 대한 생각과 느낌, 상상을 산문 형식으로 쓴 후, 다시 시로 써보게 한다.

①무엇을 쓸까?(소재)-본 것, 대화한 것, 직접 겪은 일(서툴고 미숙한 행동에 반성을 곁들이면 좋다), 새롭게 발견하거나 관찰한 것(고쳐야 할 것, 비리, 특별한 것 등이 글감으로 좋다), 떠오른 생각이나 상상(작은 분노의 표출, 요구, 희망사항) 등

> 할아버지 조끼에/토끼가 새겨져 있다./ "할아버지! 참 귀여워요."/했더니/"그럼 내 애완동물 캣이야."/하신다./"예? 캣이 아니고 레빗인데요."/했더니/"그런가? 내 손주 영어도 잘하네." 하시면 웃으신다.

('할아버지 토끼')

저쪽에서 동네 아저씨가 오신다./그냥 갈까? 말까?/가까이 오신다./모른 척 그냥 지나쳤다./집에 와서도 자꾸 마음에 걸린다.('인사')

내가 이학년 때/뒷산 체육공원에 가서 친구들과 놀았다./소나무에/'자연보호'라고 쓴 판자가/걸려있었는데/큰 못이 박혀 있었다.('자연보호')

②어떻게 쓸까?(형식)-알맞은 비유를 써서 표현한다. 그림 그리듯이 묘사한다. 생동감이나 실감나게 표현한다. 리듬을 살려 부드러운 문장으로 쓴다.

이런 학습지도 도움이 될 것이다.(예2)

앗! 동시를 만났어요	
언제 : 5월 어느 날	**어디서** : 아파트 옆 풀밭
한 것, 본 것, 느낀 것 ① 동생과 풀밭에서 네 잎 클로버 찾기 ② 네 잎 클로버는 행운을 준다. ③ 동생이 먼저 찾았다. ④ 동생이 행운을 다 차지할까 봐 심술이 났다.	
내가 쓴 동시 동생과 나는/풀밭에서/네 잎 클로버 찾기를 했다.// 행운을 가져다준다는/네 잎 클로버// 여기 있을까/저기 있을까// "야, 찾았다!"/동생의 고함소리// 동생이 행운을 다 차지할 것은 아닐까/괜히 화가 났다.	

6) 동시의 형식은 자유

①**형태상**–자유 동시, 산문 동시, 정형 동시(동시조, 동요 등)

②**내용상**–서정 동시, 생활 동시, 관념 동시

③**주제의 배치**–주제가 앞에(연역적), 주제가 뒤에(귀납적), 주제가 앞뒤에(양괄식)

④**서술 형식**–서사 형식, 묘사 형식, 대구 형식, 대조 형식, 가정 형식, 반복 형식(예)

> 우리 엄마는 난로지요./겨울바람 찬바람에 얼어서 들어가면/환한 웃음 뜨거운 국밥으로 녹여주지요.
> 우리 엄마는 난로지요./친구와 싸우고 화가 나 집에 가면/따뜻한 가슴으로 안아주지요.

7) 동시 활용

내가 쓴 동시나 암기한 동시들은 그림을 그려서 스크랩하고, 학기 말, 학년 말 등에 전시하면 좋을 것이다. 동시 낭송(또는 암송) 대회, 동시화그리기 대회(동시에 대한 나의 느낌도 첨부하면 좋다) 등도 개최하면 좋겠다. 일기, 감상문(동화책, 영화 등) 등도 동시로 쓰게 해도 좋다.

5. 끝맺으며

문학은 인생을 담아내는 그릇이라고 한다. 산전수전 다 겪어도 그리운 것은 어린 시절에 입력된 정서세계다. 동시는 바로 그런 세계의 구현이다. 동심은 가족, 친구와 이웃의 따뜻한 체온은 물론 고향에 대한 그리움도 느끼게 한다.

요즘 아동들은 추억도 없을 것 같다. 소 몰고 산에 가기, 지게 지고 땔감해오기, 풀피리, 버들피리, 보리피리 부는 일, 진달래 꽃잎, 찔레 순 따 먹기, 고구마, 참외, 수박 서리, 미꾸라지 잡기, 천렵, 자치기, 구슬치기, 고무줄놀이, 숨바꼭질, 잡기놀이, 수건돌리기 등 동네 아이들 끼리 모여서 하던 놀이도 거의 경험하지 못하고 있다. 이제는 학교에서 추억이 될 만한 교육을 해야 하지 않을까? 동심은 초심이다. 초심을 잃으면서 도덕과 예의도 무너지고 두려운 사회를 만들고 있는 것은 아닐까? 아동시 지도가 필수가 되어야 하는 것은 그 속에 초심이란 동심을 일깨우기 때문이다.

우선 좋은 동시를 골라야 한다. 좋은 동시란 가볍게 읽어서 '에나(진짜) 좋다'라고 느껴지는 것이다. 시는 고상한 것, 아름다운 것, 형이상학적인 것 그리고 어려운 것이라는 관념을 벗어던져야 한다. 읽어서 걸리는 게 있으면 좋은 동시가 아니다. 동시의 소재가 동심이니까 오히려 아동들이 더 잘 느낄 수 있다.

> 자꾸/눈살 찌푸리지 마//
> 얼마 전까지/난/밥이었어/김치였어/된장이었어.
>
> \- 성환희 「똥」 전문

> 축구 잘 하는 민기/충남 당진으로 전학 가고//글 잘 쓰는 혜민이/충남 서산으로 전학 가고//멋진 친구/두 명이나 선물 받은/충청도는 좋겠다.
>
> - 남은우 「좋겠다」 전문

수평선도 보는 위치에 따라 느낌이나 길이의 차이가 있다. 창작도 보는 각도에 따라 다 달라진다. 아동들이 자신의 체험과 생각을 자유롭게 표현할 수 있는 지도가 곧 창작 교육이다. 해강의 동시 교육이 아동들의 심미적 감성, 좋은 동심과 상상력을 함양하는 계기가 되리라 믿으며, 이 바람이 강하게 불어서 한국의 모범사례가 되었으면 좋겠다.

(2017. 해강초 교사 연수)

역설의 문학, 그 다스림

아동문학은 역설(paradox)의 문학이다. 쉬워야 하니까 어려운 것이다. 그 쉬움과 어려움을 어떻게 다스리고 극복해야 할 것인가?

동시의 경우, 시성詩性을 강조하면 난해해지고, 유아성을 존중하면 유치해져 버리고, 서정을 중시하면 문제의식이 결여될 수 있고, 윤리를 강조하면 따분하면서 재미가 없어지고, 재미와 재치를 중시하면 문학성이 옅어지고, 서경을 노래하면 아름답지만 동시의 이상이나 목적은 아니라는 생각이 들고…. 어린이다움이나 그 눈높이는 어느 정도이며, 문학적 동심이란 무엇인가?

그러니까 잘 다스려야 한다. 쉽지 않게, 어렵지 않게…. 가끔 그 한계가 모호할 때가 있지만 아동문학만의 특별한 문학성과 묘사가 본격문학으로 그 위상을 분명히 하리라.

『문학도시』(2020. 5~10)에 실린 작품을 읽었다. 먼저 동시 두 편을 소개한다.

> 겨울나무가
> 산비탈에
> 우두커니 서 있는 것.

우산 든 네가
정거장에
꼼짝 않고 서 있는 것.

우두커니
꼼짝 않고 서 있어도

괜찮다
보기 좋다
기다림은.

- 이상문 「기다림」(8월호) 전문

감정이나 정서가 결핍하면 계몽적 설교에 머물 수 있다. 3연까지만 해도 그저 평범한 설교쯤으로 생각할 수 있다. 그런데 마지막 연에서 시적 상황이 확 달라진다. 앞의 서사는 괜찮고, 보기 좋은 기다림을 위한 전주곡이었다. '기다림'이 이렇게 멋진 시어였던가? 어려운 단어 하나도 없어도 어렵지 않게 가슴을 울리지 않는가.

사람 안 살면
다 빈집인가.

도란도란

뜰에는 무화과가 익고
아기사과도
볼이 붉었다.

야옹 야옹

들고양이 부부도
아기들 데리고
이사를 왔다.

사람 떠나면
다 빈집인가.

- 공재동 「빈집」(9월호) 전문

설의적 물음부터 심상찮다. '사람 떠나면 다 빈집인가'. 무화과, 아기사과는 물론 들고양이들도 터를 잡는다. 그렇다면 그게 빈집인가. 동심의 눈으로 확대하고, 여과시키니까 빈집까지 포근하고, 아름답고, 생명력을 넘치게 한다.

이우철의 「숲 속 일기1」 (5월호)는 '숲은/숨 쉬는 목관악기'라는 은유로 시작한다. 악기라는 비유만으로 숲이 어떤 곳인지, 전하고 싶은 메시지가 무엇인지 알 만하다. 그러나 감동이란 작가와 독자가 공감대를 형성할 때 나타난다. 다 아는 사실과 별로 새롭지 않는 비유만으로 공감을 얻을 수 있을까?

이둘자의 「어둠」(7월호)은 진한 울림이 있다. '밝음을/쉬게 하느라//쉬이 쉬이/조심스레 다가든다'로 시작한 것부터 '오늘/하루 수고했어//잘할 수 있어/잘하고 있어' 하면서 밝음을 격려까지 해주는 것까지 정말 새롭고 멋지다. 마지막 연에서 '편지 두고/새벽녘으로/떠난다'고 했는데 '편지'는 왜 썼을까? 완벽한 문학은 시어 하나까지 진중해야 한다. 그러나 그는 리듬을 잘 살려낼 줄 안다. 동시는 리듬이 중요하다.

조혜경의 「파마머리」(7월호)는 익살스럽고 재미있다. '성게처럼 삐죽삐죽/화가 난 머리'에 마술을 부리고, 마법의 가루를 뿌리고, 주문을 넣어 '예쁜 꽃 모자'를 만들어낸다. 그러나 그 뿐이다. 문학은 재미가 있어야 하지만 감동과 동반해야 한다. 재미는 즉흥적이고 감각적인 것이긴 하지만 감동은 가슴 속에서 일어나는 정서적 반응이다. 재미와 익살을 어떻게 문학으로 승화시켜야 할지 깊은 고민이 필요하다.

구옥순의 「마술사 부레옥잠」(9월호)은 그 특징을 잘 표현했다. '팔뚝에 공기주머니 하나씩 달고/물 위에 동동 떠다니다가' 여름 땡볕 아래 새끼를 치고, 보랏빛 꽃도 피우기도 한다. 어쩌면 마술일 수 있다. 문학은 체험한 것을 작가의 내면에서 재발효시키고, 숙성해서 새로운 세계를 창조하는 것이다. 작품에는 작가의 고뇌까지 읽혀지는데 가볍게 쓴 것은 가볍게 읽힌다.

윤동기의 「부모님 은혜」(10월호)는 제목부터 설교적이다. 한때 교단문학에서 교훈과 계몽을 위주로 한 문학을 하기도 했다. 그러나 지금은 아니다. '하늘의 해가 닳아 사라지고/바다가 말라 사라진다 해도/이 땅에 낳게 해 주신 은혜/사람이라면/잊지 말아야 한댔어요.'라는 내용을 말하고 싶으면 그러한 이미지가 떠오를 수 있도록 비유, 상징, 대유(제유나 환유)나 패러디 등을 사용하여 형상화시켜야 한다. 방향을 바꾸지 않으면 상투적으로 이런 류의 글을 쓰게 된다는 것을 명심해야 한다.

동화는 아이들의 이야기 같으면서도 어른들의 삶이나 사회의 문제들을 반영한다. 그러나 동심의 구현이라는 일차적 목표에 머무는 것이 아니라, 휴머니즘과 인간성의 회복이라는 기능도 무시할 수 없다. 부산 동화의 저력은 대단하다. 탄탄한 미학 구조를 보여주기 때문에.

강추애의 「아름다운 세상입니다」(5월호)는 비둘기 자매를 통해서 형제우애를 강조하고 있다. 동생은 못생긴데다 다리까지 절룩거린다. 그래서 밉고, 상대하기도 싫어진다. 그러나 동생은 예쁜 언니를 둔 것이 자랑스럽다. 형제간의 다툼과 미움을 소재로 한 것은 다소 진부한 느낌이 들기도 하지만 동화도 일상의 낯익은 장면을 소재로 하니까 공감이 간다.

> 동생에게 좀체 말을 걸지 않던 언니가 동생의 어깨에 넌지시 기대며 입을 열었습니다.
> "애, 엊저녁도 굶었다. 어디 가서 뭐든 좀 가져오너라."
> 동생은 엊저녁만 굶은 게 아니라, 어제 온종일 굶어 허리가 굽을 지경이었지만
> "응, 언니! 내가 나가서 누가 흘린 거라도 있으면 주워 올게."
> 하며 망설이지 않고 집을 나섰습니다.
> '멋진 언니나 점잖은 엄마가 남의 것을 빼앗아 먹을 수도 없는 노릇이야. 씩씩한 내가 우리 집 식구를 먹여 살려야지.'
> 동생은 배고픈 허리를 부여잡고 마음을 단단히 먹으며 높은 산등성이를 넘어, 낯선 산마을에 닿았습니다.
>
> \- 강추애 「아름다운 세상입니다」 부분

동생의 노력과 헌신은 처절하다. 언니와 엄마에게 사랑받고, 인정받기 위해서다. 너무 가혹하다는 생각이 들 정도다. 그러나 아름다운 세상은 그냥 오는 것이 아니라 고난을 겪고, 획득한 기쁨이었다.

류석환의 「을숙도 풍경화」(6월호)는 제목이 주는 서정과 판이하

다. 을숙도의 아름다운 풍경 속에서도 죽음의 덫이 놓여있기 때문이다. 청둥오리 가족의 이야기를 다룬 생태동화다. 생태주의는 환경, 녹색, 생명 등의 개념을 모두 포함하고 있다. 요즘 환경 문제가 사회적 이슈가 되고 있기 때문에 '생태주의 문학'은 지구와 환경을 보호하는 차원에서 중요하게 다루어져야 한다.

> 아빠 청둥오리는 올무에 걸린 엄마를 발견했다. 엄마 청둥오리는 눈물만 뚝뚝 흘릴 뿐 아무런 말도 하지 못했다. 셋째 청둥오리는 엄마를 보자 미친 듯이 올무를 물어뜯었다. 그러나 아무 소용이 없었다. 그럴수록 올무가 더욱더 옥죄어질 뿐이었다. 보다 못한 아빠 청둥오리가 셋째를 부둥켜안았다. 저만치 버둥거리다 고통 속에 죽어간 막내가 나뒹굴어져 있었다. 이제 엄마 청둥오리도 얼마 가지 않아 올무를 놓은 밀렵꾼에게 발견될 것이었다. 그리고 청산가리를 넣은 콩을 먹고 죽은 막내 청둥오리도 밀렵꾼들이 가져갈 것이었다. 그래도 넷째가 없는 것이 불행 중 다행이라고 생각하며 아빠 청둥오리는 발길을 돌렸다. 울부짖는 셋째를 끌다시피 데리고 갔다.
>
> - 류석환 「을숙도 풍경화」 부분

올무, 독약, 밀렵, 비닐봉지와 쓰레기까지 을숙도를 삶의 터로 잡은 동물들에게는 생명을 위협하는 무기가 되고 있다. 이 동화는 그런 것에 대한 고발이다. 경제는 먹고 사는 문제지만, 환경은 죽고 사는 문제 아닌가. 기상 이변이나 재해를 비롯하여 코로나 19 사태도 인간에게 주는 자연의 경고라고 한다.

장분례의 「가시연꽃」(6월호)도 생태동화 범주에 넣어도 되겠다. 이 동화는 가시로 사는 가시연꽃 때문에 벌어지는 일종의 해프닝인데 무당개구리가 그 잎에 앉아보곤 가시투성이인 그와 절연한다. 그러면서 빌딩숲이 울창한 도시에 오게 되고, 도시의 비정함도 체험한다.

아, 그런데 이게 웬일이에요.
키 큰 나무들처럼 우뚝 솟은 빌딩숲의 수족관에 갇히고 말았어요.
무당개구리는 점프와 물솟기를 해 보지만 깊이 가라앉기만 했어요.
"아아, 새로운 세상이 열린다면 하늘은 더 푸르겠지?"
죽은 듯 눈을 감고 틈을 엿보다 펌프 배관을 타고 나와 풀숲에 숨어들었어요.

- 장분례 「가시연꽃」 부분

사회생활을 하다보면 가시연꽃처럼 개성이 강한 친구들도 있다. 그러나 가시연과 물총새와 무당개구리가 어울려 사는 시내처럼 서로 어울리면서 사는 사회가 아름답다는 것을 강조하고 싶다.

무당개구리가 가만, 가만 말했어요. 가시연과 물총새와 무당개구리가 어울려 사는 시냇가!
그 고향이 얼마나 아름다운지 상상이 가시나요.
"슬픔을 먹고 꽃을 피운 가시연. 고마워!"
무당개구리와 물총새와 물풀들이 입을 모아 탄성을 지르자, 와안한 꽃등불이 켜지고 향기가 연못을 뒤덮었어요.

- 장분례 「가시연꽃」 끝부분

최경희의 「어린 병사」(8월호)는 실화를 토대로 재구성한 소년소설이다. 환경이나 교육 문제가 아니라 한국전쟁 당시에 체험했거나 할 수 있었던 내용이다. 휴머니즘을 바탕으로 하여 훈훈한 느낌을 갖게 한다. 사상이나 이념을 초월하여 따뜻하게 느껴지게 하는 것은 탄탄한 구성력과 필력이리라. 춘자 언니랑 산으로 버섯 캐러 간다. 동굴에서 신음이 들리고, 부상당하여 북으로 올라가지 못한 '어린 병사'를 만난다.

> 그날 밤, 언니는 영 잠을 자지 못했다. 벌떡 일어나 한숨을 푹 쉬기도 했다. 이튿날도 우리는 먹을 것을 챙겨 산으로 갔다. 춘자는 제사 음식 남은 거라며 떡과 부침개도 챙겼다. 나는 아버지가 두고 간 헌 점퍼를 챙겼다. 그 인민군 오빠가 추워 보였기 때문이다.
>
> "우리 미숙이 제법이야. 잘했어."
>
> 언니는 내 등을 툭 치며 칭찬했다. 닷새째 되는 날도, 우리는 음식을 챙겨 동굴로 갔다. 동굴 속엔 아무도 없었다. 기운을 차려 북으로 간 것일까? 그렇다면 참 다행이라고 생각했다.
>
> - 최경희 「어린 병사」 부분

요즘 아이들이 '동굴 속 인민군' 이야기에 공감하지 못한다 하더라도, 남북 화해의 무드를 조성하는데 작은 기여라도 하지 않을까.

손수자의 「파란 주전자」(10월호)는 동화의 진수를 보여준다. 아이슬랜드를 방문하는 기회가 생겼다. 조교가 "박사님, 오로라도 좋지만, 그 도시에 가거든 꼭 카페 파란 주전자에 들렀다 오세요."라고 부탁했었다. 그곳에서 페르시안 유리 주전자가 있고, 꼬리를 바싹 세운 고양이 문양을 만난다. 평소 페르시안 고양이를 사랑하기 때문에 그 문양을 만나면서 영감을 얻은 것은 아닐까?

> 파란 앞치마를 두른 누군가가 오고 있었어요. 그리고 주문서를 탁자 위에 사뿐 놓더군요. 고개를 들고 주문하려다가 나는 깜짝 놀라고 말았답니다.
>
> 유리 주전자에 새겨진 고양이, 꼬리를 바싹 세운 파란 주전자 속 고양이였어요.

> "어머나!"
> 나도 모르게 입을 가렸어요.
> "메뉴판입니다."
> 목소리가 하도 맑아 새가 지저귀는 것처럼 들렸어요.
>
> \- 손수자 「파란 주전자」 부분

카페에 가기 전에 요술 카드 넉 장을 뽑는다. 두 번 째 카드가 환상에 세계에 들어가게 했다. 고양이 종업원들의 접대를 받고 차를 마시며 그 세계를 즐긴다. 바질 차가 식으면서 환상도 끝난다. 그 세계에서 깨달은 것은 아름다움을 느낄 줄 아는 태도였다.

> 난 아름다운 순간을 즐기지 못했어요. 빙하가 만들어 준 다이아몬드 해변에서 본 얼음 조각의 반짝거림, 절벽에서 보았던 아름다운 새 퍼핀, 폭포 위로 생긴 동그란 무지개를 보면서 사진만 찍었지요. 아까운 순간들을 경험하면서, 아름다운 것은 관심을 바라지 않는다는 것을 알지 못했어요. 나는 아름다운 풍경을 보면서 아름다움에 대한 태도가 부족했지요.
>
> \- 손수자 「파란 주전자」 부분

이 동화를 읽고 하늘을 바라보면 새삼 하늘이 아름답다는 것을 느끼게 될 게다. 문장도 감성적이라서 한 편의 시를 읽는 느낌이었다.

역설이란 para(초월)와 doxa(의견)의 합성어다. 이것은 아이러니와 함께 고대 그리스에서 수사학의 용어로 이미 사용되어 왔으며, 19세기 낭만주의 시대에서는 아이러니와 혼동하여 사용되었고, 20세기 신비평가인 브룩스(C.Brooks)는 '시의 언어는 역설의 언어다'라고 하여 현대시의 구조 원리로 내세우기까지 했다. (김준오, 『시론』 pp318~319).

진술하고자 할 것이 '얄밉다'인데 오히려 '귀엽다'라고 진술하면 아이러니고, '살고자 하는 자는 죽을 것이고, 죽고자 하는 자는 살 것이다'라는 진술처럼 진술 자체가 모순이면서 그 속에 진리가 숨어 있는 경우가 역설이다.

아동문학을 역설이라 한 것은 '쉬우니까 어렵다'라는 이 명제 때문이다. 어린이 독자가 있으니까 마땅히 쉬어야 한다. 쉽다고 유치해서는 안 된다. 성장이 빨라진다고 어른스러워도 안 된다. 때로는 다른 문학과 한계가 모호할 때가 있지만 쉬우면서 어렵다는 과정을 잘 극복하면서 아동문학만의 정체성을 확보해야 한다. 그러니까 잘 다스려야 한다.

사실 쉽게 표현한다는 것이 쉽지 않다. 그래서 아동문학은 누구나 할 수 없는 어려운 문학이다.

(『문학도시』 2020. 10)

II

- 동시를 썼기 때문에, 윤동주
- 동요시인 남대우
- 황순원의 동시와 아포리즘
- 하늘같은 자존감과 절묘한 은유들
- 위험 앞에 매달려있는 빗방울의 한가로움
- 존재만으로 반짝거리는 동시
- 환희의 노래, 그 파장력

동시를 썼기 때문에, 윤동주

1. 답답한 시대와 『소년少年』

2007년 하반기부터 '신시 100년'의 표어를 내걸고 시문화운동을 벌여나가고 있다. 육당의 「해海에게서 소년少年에게」가 발표된 지, 금년(2008)이 꼭 100주년이 되는 해이기 때문이다. 이를 계기로 시에 대한 인식이나 관심이 높아졌으면 좋겠다.

「해海에게서 소년少年에게」는 신시의 효시다. 창가의 형태를 탈피하였다곤 하지만 각 연과 행을 대비시켜 보면 어떤 정형의 율-창가의 탈을 확실히 벗지 못한-이 나타나기도 한다. 그 형태상의 어설픔 때문에 신체시라는 이름으로 신시의 효시로 잡고 있다. 그러나 그것이 어찌 동시는 아니겠는가.

육당(1890~1957)이 『소년少年』지를 창간할 당시 만18세였다. 그 나이 때문에 출판사 대표도 될 수 없어 그의 형 최창남의 이름을 끌어들였다. 『소년』지는 최창남의 이름으로 발행했고, 「해海에게서 소년少年에게」은 무기명이었다.

『소년』지 창간에 대하여 조연현은 『한국현대문학사』에 다음과 같이 적고 있다. '목전에 가까워오는 한일합병이라는 비통한 정치적인 암흑에 직면하여 국가가 민족의 장래를 소년에게 의탁하려는 계몽적인 의도가 뚜렷이 표시되어 있다. 잡지의 제명을 『소년』이라 한 이유도 이로써 알 수 있다.'라고.

그렇다면 소년은 누구인가? 이에 대하여 어린이라고 말하는 이는 거의 없다. 『소년』지 영인본을 낸 박순재는 이 독자와 관련하여 '반드시 나이 어린 소년을 대상으로 한 것만은 아닌 것이며 널리 청장년에게까지도 읽혔던 교양지로서 개화 운동 전달의 기수였으며 신문화 계몽으로 일관된 것이었다.'라고 하여 소년의 범위를 상당히 넓혀놓았다. 결국 계몽이라는 목적에 맞추었기 때문에 넓어질 수밖에 없었을 것이다. 대다수의 문학평론가도 같은 견해를 보인다. 그렇게 정리되어야 「해海에게서 소년少年에게」가 신시의 효시로써 아무런 장애가 없기 때문이다.

필자는 그에 대하여 왈가왈부하고 싶지 않다. 그래도 「해海에게서 소년少年에게」는 동시에 더 가깝다는 논리를 펴고 싶을 뿐이다.

그 이유는 『소년』지에도 소년의 범위를 분명히 밝혀놓고 있다는 점이다. 「갑동이甲童伊와 을동이乙童伊의 상종相從」에서 갑은 15세. 을은 9세로 밝혀 놓았다. 그러니까 '소년'은 9세에서 15세의 연령층이다.

또한, 『소년』의 창간 취지에도 '우리 대한으로 하야곰 소년의 나라로 하라. 그리 하랴 하면 능히 책임을 감당하도록 그를 교도하여라'라고 하였다. 이것은 을사보호조규 이후로 국내 현실이 암울해지고 답답해지는 현실에서 소년의 교도를 통하여 조국의 미래를 본 것이 아닌가 싶다. 그러니까 「해海에게서 소년少年에게」도 미래의 한국 소년을 위한 메시지였다. 그는 청장년이나 기성인을 교도할 만한 나이도 아니었으니까.

청년을 위한 잡지 『청춘青春』을 1914년에 따로 발간한 것만 보아도 소년은 소년일 뿐이다. 그렇다면 「해海에게서 소년少年에게」는 동시의 효시라고 보는 것이 옳지 않을까?

2. 동시를 썼기 때문에, 윤동주 –동시는 그의 시의 뿌리였다.

윤동주를 회상하는 것만으로 순결해진다. '죽는 날까지 하늘을 우러러/ 한 점 부끄럼 없기를' 소망하며 살아온 분이니까. 그렇게 걸어간 길을 우러러본다.

윤동주(1917~1945)는 생전에 시집을 발간하려고 했다 한다. 조선일보에 연재한 '애송시 100편' 중 윤동주의 「서시」를 48번 째 소개하면서 문태준 시인은 다음과 같이 썼다. '종교적인 순교의 의지로도 읽히고, 독립에의 의지로도 읽히는 등 다양한 해석의 층위를 갖고 있는 이 시를 쓴 것은 1941년 11월로 알려져 있다. 윤동주는 1941년 자선 시집을 내려고 했으나 주변에서 시국을 염려해서 시집 출간 연기를 권함에 따라 뜻을 이루지 못하고 일본 유학길에 올랐다. 1943년 7월 치안유지법 위반으로 일본 경찰에 체포됐고, 징역 2년형을 선고받아 출감을 기다렸지만 불운하게도 해방을 불과 반 년 앞둔 1945년 2월 16일 후쿠오카 형무소의 차디찬 바닥에서 옥사했다.' 이런 시국 때문에 그는 물론 그의 시도 요시찰 대상이 되었다. 그러니까 출판은커녕 시 한 편 발표도 어려울 수밖에 없었다.

친일 문제는 아직도 정리되지 않은 상황이지만, 윤동주의 지순하면서 고고하게, 여린 것 같아도 강직하게 일제강점기라는 어둠과 황폐한 시대를 초월하고 극복하려는 행위는 우리 후세들이 그의 문학 사상 선양만으로 어찌 다 보상이 될 수 있을 것인가.

윤동주는 동시를 썼기 때문에 시인으로써 더 빛날 수 있었다. 동시의 순결성이 그의 시의 뿌리였기 때문이다. 또한 10대 후반에 동시를 썼는데, 동시가 그의 동심과 순결성을 형상화시키는 그릇으로 적합했기 때문일 것이다. 『가톨릭 소년』 등에 동시를 발표했다.

인터넷 검색창에 뜬 『가톨릭 소년』은 '1934년 천주교 만주·연길 교구에서 창간했다.(중략) 발행인은 아펠만(Appelmann) 신부, 주간은 김구정金九鼎, 평론가 서상렬, 화가 구본웅, 교육자 장내원 등이 편집에 참여했다. 주로 교회사, 서양사, 과학기술, 청소년 문제에 관한 논문을 싣고, 동화, 동요, 동시 등의 아동문학 작품도 실었다. 1938년 일본에서 창간된 어린이잡지 『빛』이 우리나라에 무료로 배포되자, 발행부수가 급격히 줄어들어 경영이 어려워졌고, 또 총독부로부터 일제를 선전하는 글을 실으라는 압력을 계속 받아 1940년 폐간'된 어린이 잡지다. 그러니까 고향에서 발행하고 있는 이 잡지는 윤동주의 문학성을 키우는데 일조했다고 볼 수 있다.

요즘에도 동시를 쓰는 시인들이 많아지고 있는 것은 퍽 고무적인 일이다. 시의 표현 영역의 확대가 필요했기 때문이리라. 계간 『어린이글수레』 격월간 『어린이문예』에서도 '시인이 쓴 동시'를 한 편씩 올리고 있고, 시인들의 동시집 출간(안도현 『나무 잎사귀 뒤쪽 마을』, 최승호 『말놀이 동시집』, 신현림 『초코파이 자전거』, 김기택 『방귀』, 이기철 『나무는 즐거워』 등)도 꾸준히 늘고 있는 것만 보아도 알 수 있다. 정지용, 박목월, 김상옥 등 유명 작고 문인들도 동시를 발표했었다.

잠시 외국으로 눈을 돌려보자. 극히 일부의 조사이긴 하지만 문학에는 성인과 아동의 차별이 있을 수 없다는 것을 보여준다. 미국 문학의 개척자 마크 트웨인도 「톰소여의 모험」「허클베리 핀의 모험」 등을 발표했고, 영국의 스티븐슨도 「보물섬」과 동시집 『동시의 꽃밭』 등을 내었다. 1907년 영국의 커플링은 동화 「정글북」으로 당당하게 노벨문학상을 받기도 했다. 1912년 노벨상 수상자인 독일의 하우트만은 동화극 「한넬레의 승천」「파파는 춤춘다」 등을 썼고, 인형극도 창작하기도 했다. 1913년 노벨상 수상자인 인도의 타고르도 동시집 『초승달』을 펴내기도 했다.

「동시를 썼기 때문에, 윤동주」라는 제목은 어쩌면 그가 동시를 통하여 동심과 휴머니즘 지향의 순백한 시 세계를 확보할 수 있었고, 동시를 통하여 주권운동을 한 계기가 되었다는 것을 암시하고 싶었기 때문이다. 동시가 그의 시의 뿌리였으니까.

3. 동시를 쓴 이유

윤동주는 시와 더불어 동시도 썼다. 딱히 시와 동시라는 장르를 의식하고 쓴 것은 아니라고 생각한다. 독자를 의식하기보다 모티프에 따라 시와 동시가 된 것이 아닌가 싶다. 그러니까 동시는 시와 이질적이거나 하위 개념이 아니었다. 시든 동시든 시의 범주 안에서 동일시했다. 동시와 시의 구분은 방법론상의 편의를 겨냥한 수단일

따름이지, 문학의 본질적 국면을 외면한 것이 아니라는 것이다.

윤동주가 훌륭한 동시를 썼다고 해서 굳이 동시에 대한 호감을 가질 필요는 없다. 문학의 한 장르로써 올바르게 인식만 하면 된다.

윤동주가 동시를 본격적으로 연구한 논문은 문학평론가 최명표다. 그는 「원시적原始的 평화平和의 훼절毁節과 심리적心理的 대응對應」이라는 제목의 윤동주 동시론(계간 『아동문학평론』 1992년 봄, 여름, 가을호)을 발표했다. 일부 인용하면 다음과 같다.

'그가 본격적으로 동시류의 창작에 나선 이유는, 대략 네 가지로 요약될 수 있다. 첫째, 평양의 객지 생활이 주는 허전한 고독감을 들 수 있다. 인간이 본래의 고향을 떠나 타관살이 할 적에 가장 위로가 될 수 있는 것은, 부모형제가 살고 있는 고향을 그리워하는 회귀욕일 것이다. 이것이 원시적 평화가 숨 쉬는 유년기를 노래하는 동시류의 창작 에너지로 발전적 발산을 거듭하였을 것이다. 둘째, 당시 윤동주가 다니던 숭실중학교는 신사 참배를 거부한 명목으로 일제에 의해 강제로 폐교 조치된다. 그는 이 조치에 앞서 자퇴하고, 용정으로 돌아가게 되었다. 그가 귀향하였을 적에 그는 이른바 불령선인으로 낙인찍혀 일제 관헌의 요시찰 인물이 되었을 것이다. 그런 일신상의 위험에 처한 윤동주는 이로부터 벗어나고자 동시류의 창작에 적극 나섰을 것이다. 셋째, 당시 윤동주는 자기 나름대로 확고한 시론을 갖고 있었다. 그는 시 「공상空想」을 1935년 10월에 발간된 『숭실활천崇實活泉』에 발표하면서, 문익환의 시를 보고 무안을 주었다고 한다. 따라서 윤동주는 이 시기에 상당한 시론을 구비하였으며, 그것이 동시류의 창작을 후원하였다고 할 수 있다. 넷째, 윤동주는 1935년에 발간된 『정지용 시집』을 애독하였다. 이 시집은 편제상 특이한 점이 있는 바, 동시류를 유명한 성인시와 동열로 묶고 있다. 이 점은 윤동주에게 많은 시사를 주었을 것이다. 이러한 이유들이 복합적으로 작용하여 그로 하여금 동시류의 창작에 전력하게 하였던 것이다.

이런 시작상의 변화는 그의 시적 방향을 구획하면서, 그만의 고유한 시세계 구축에 본격적으로 나서고 있다는 신호로 인정할 수 있다. 왜냐하면 그의 동시류는 뒤에 쓰여지는 시편들의 원형적 구실을 하기 때문이다. 그러므로 동시류를 포괄적이나마 정리하는 일은, 그의 시세계를 올곧게 이해하는데 유효할 수 있다. 윤동주가 쓴 동시류는 대략 35편에 달하며, 시기적으로는 1935년 12월 24일부터 1941년에 걸쳐 있다. 이 무렵에 그는 평양의 숭실중학교와 광명중학을 거쳐 연희전문학교에 갓 입학한 뒤였다.'

4. 몇 편의 동시

윤동주의 동시는 약 35편이 되기 때문에 읽을 만한 동시들도 많다. 『한국대표동시 60』(2005. 한국헤밍웨이)에는 「눈」이 실려 있다.

지난 밤에
눈이 소복이 왔네.
지붕이랑
길이랑 밭이랑
추워한다고
덮어주는 이불인가 봐.

그러기에
추운 겨울에만 내리지.

-「눈」 전문

한국명작동시선정위원회가 엮은 『100년 후에도 읽고 싶은 한국 명작동시』(2005. 예림당)에는 「오줌싸개 지도」가 실려 있다.

빗줄에 걸어 논
요에다 그린 지도는
간밤에 내 동생
오줌 싸서 그린 지도.

위에 큰 것은
꿈에 본 만주 땅
그 아래
길고도 가는 건 우리 땅.

-「오줌싸개 지도」 전문

『한국명작동시마을』(1994. 아동문예)에는 「귀뚜라미와 나와」가 실려 있다.

귀뚜라미와 나와
잔디밭에서 이야기했다.

귀뜰귀뜰
귀뜰귀뜰

아무에게도 알으켜 주지 말고
우리 둘만 알자고 약속했다.

귀뜰귀뜰
귀뜰귀뜰

귀뚜라미와 나와
달 밝은 밤에 이야기했다.

-「귀뚜라미와 나와」 전문

아동문학평론가 김용희, 박덕규가 조선일보에 '5월의 동심'. '6월의 소망'이란 타이틀로 연재한 동시들을 한 권에 묶은 『너의 가슴에 별 하나 빠뜨렸네』(2000. 청동거울 간)에는 「호주머니」가 실려 있다. 이 동시는 계간 『오늘의 동시문학』(2008 봄)이 한국동시 100주년 기념으로 기획한 『한국 동시 100년에 빛나는 100편의 동시』(2008. 예림당)에도 실려 있다.

넣을 것 없어
걱정이던
호주머니는

겨울이 되면
주먹 두 개
갑북갑북

-「호주머니」 전문

5. 그의 동시 세계

위의 동시들을 통하여 작품 세계의 일면을 고찰해보고자 한다. 그는 '모든 죽어가는 것을 사랑'한 분이다. 일제 강점기라는 죽어가는 암울한 시대도 죽음에 굴하지 않고 강직하게 살아온 분이다. 해설이 오히려 진부한 느낌이 든다.

「눈」은 '덮어주는 이불'이다. 눈은 추워하는 지붕, 길과 밭을 덮어주기 위한 수단이었다. 당시의 시대상이 겨울이 아니었던가. 그 상황을 어떻게 해서라도 덮어버리고 싶었다. 여기에 동원된 것이 「눈」이었다. 마지막 연을 다시 읽어보면 '그러기에/ 추운 겨울에만 내리지.' 하였다. 봄눈도 있다. 그러나 그것은 아니었다. 오직 겨울 눈만이 추운 겨울을 덮어줄 수 있다고 본 것은 겨울과 맞서고 싶은 시인의 의지를 엿볼 수 있는 것이다. 윤동주의 애민, 애족의 정서를 엿볼 수 있다.

「오줌싸개 지도」에 대해서는 다음과 같은 해설이 붙여 놓았다. '시인은 독립운동가였습니다. 독립운동가였기 때문에 시에다 그 뜻을 숨겨 두었습니다. 이 작품은 아기가 있는 집에서 흔히 있는 일을 글감으로 했습니다. 동생이 오줌을 싸서 요에 지도가 생겼습니다. 그것을 두고 하나는 만주 땅, 하나는 우리 땅이라 했습니다. 우리 땅을 말할 수 없었던 시대였는데, 짧은 시귀에 우리 땅을 찾자는 뜻을 숨겨 둔 것입니다.'라고.

「귀뚜라미와 나와」에 대해서는 최명표는 이렇게 기술했다. '윤동주의 내성적 성격이 뚜렷이 드러나 있다. 다른 시편에는 이야기가 노출되어 있는 반면에, 여기서는 시치미 떼기로 일관하고 있다. 대화 내용을 남에게 쉬 공개할 수 없는 시대나 상황은 분명히 바람직스런 것이 아니다. 그것은 어린이의 언어생활에서 보더라도, 유년기가 아닌 소년기나 청년기로 넘어가는 시기의 화자의 입장을 시화한 것이다. 다른 사람에게 알릴 수 없는 비밀은 결국 자기에게 불안감으로 엄습해온다. 이 시로 인하여 윤동주는 더 이상 원시적 평화

의 세계만을 노래할 수 없는 시대적 조건에 직면하였거나, 자아를 반추하는 습벽을 체질화하였는지 모른다.'

「호주머니」에 대해서는 엮은이들이 신랄하게 평가하고 있다. '한국의 시인일 뿐 아니라, 일본, 중국에서도 널리 사랑받는 윤동주 시인이 스무 살 때 쓴 시입니다. 윤동주를 일컬어 흔히 "별의 시인"이라고 하지요. 맑고 순수한 이상의 세계를 지향하는 그 시심의 바탕에 바로 동시의 세계가 자리하고 있다고 볼 수 있습니다. 호주머니에 무엇 하나 넣어 둘 것 없는 "가난"한 일상을 오히려 운치 있게 "풍족하다"고 말한 역설이 빛납니다. "주먹 두 개 갑북갑북" 할 때의 앙증스러운 질량감이 지금 눈 앞에 보이는 듯하지요. 윤동주는 서울 생활을 시작하던 무렵(1938년)부터 더는 동시를 쓰지 않습니다. 별을 꿈꾸고 노래할 수 없는 현실을 견디기 어려웠다는 얘기지요. 자신에게서 동시를 빼앗은 세상 앞에서 그는 점점 고뇌에 가득한 얼굴이 되어 갔지요.'라고.

6. 맺으면서

윤동주가 최초로 쓴 동시가 「조개껍질」(1935년. 만17세)이다. 정지용의 시집을 읽으면서 문학의 뿌리인 순수와 동심의 시심도 키웠으리라 생각하지만, 그의 시도 순결과 순진무구한 혼을 간직할 수 있었던 것은 기독교 신앙이었다. 성서에도 '진실로 너희에게 이르노니 너희가 돌이켜 어린 아이들과 같이 되지 않으면 결단코 천국에 들어가지 못할 것이다'라고 하지 않았는가. 그의 문학이 동심의 원형을 간직할 수 있었던 것도 그의 천성이기도 하겠지만 그의 신앙심이었다. 이는 그의 시도 이해할 수 있는 풍향계 역할도 하고 있기 때문이다.

끝으로 동시 두 편을 소개한다. 그의 최초의 동시이며 동심의식이 선명하게 표출되어 있는 「조개껍질」과 비유가 참신하여 동시의 멋을 잘 나타낸 「반딧불」이다.

아롱아롱 조개껍데기
울 언니 바닷가에서
주워온 조개껍데기

여긴여긴 북쪽 나라요
조개는 귀여운 선물
장난감 조개껍데기

데굴데굴 굴리며 놀다
짝 잃은 조개껍데기
한 짝을 그리워하네

아롱아롱 조개껍데기
나처럼 그리워하네
물소리 바닷물소리.

-「조개껍질」 전문

가자 가자 가자
숲으로 가자
달조각을 주우러
숲으로 가자.

그믐달 반딧불은
부서진 달조각

가자 가자 가자
숲으로 가자
달조각을 주우러
숲으로 가자.

-「반딧불」 전문

(2008 '윤동주선양회' 세미나)

동요시인 남대우

- 남대우 문집 『우리 동무』

제법 두툼한 책이다. 소민호 동화작가가 건네주었다.

"이 분은 동요시인인데, 『어린이글수레』에 소개하고 싶어서요."

나는 얼떨결에 책을 받았다. 제목은 『우리 동무』(1992. 정윤)였고, 지은이는 남대우(1913~1948)였다.

"잘 모르는 분인데…."

"그럴 겁니다. 읽어보시면 이 분의 가치를 아실 겁니다."

책을 펼쳤다. 삶의 모습이 표지 뒷면에 적혀있다.

'1913년 12월 16일 하동군 하동읍에서 출생. 1948년 10월 28일 36세를 일기로 별세'

여기까지 읽다가 한 시대를 앞서간 분이며, 요절하신 분이기에 아동문학사에도 거의 알려지지 않았다는 생각이 들었다.

'1931년 18세 때부터 아동문학에 뜻을 두시어 동화, 동요, 동시 등 아동문학에만 전념하셨으며, 1934년 1월 2일 동아일보 신춘현상문예 동화부문 「쥐와 고양이」로 당선되어, (중략) 동요로는 「눈놀이」 「고추먹고 팽팽 돌아라」 「바람」 「보리타작」 「산울림」 「박」 등 수백 편이 발표되었으며, 동시로는 「그리운 아버지」 「잠자는 애기」「학교 가는 길」「은구슬 금구슬」「기다림」 등 수백 편이 조선중앙일보, 만선일보, 동아일보 등 신문과 아동문학 잡지에 빌표되었다.'

1934년! 그 당시는 일제강점기 시대다. 일본은 1937년 2월부터 조선어(우리말) 말살 정책을 폈고, 이듬해부터 모든 학교에 우리말 사용을 금지했으며, 우리의 이름도 일본식(창씨개명)으로 바꾸기도 했다. 아동문학은 물론 다른 문학도 우리말로 표현할 수 없었기 때문에 문학의 암흑기이거나 수난기였다. 대부분의 문학가들은 우리말로 발표할 수 없었기 때문에 숨어서 글을 썼거나 해방 후(1945)에 발표하곤 했다.

남대우 시인도 그 시대를 겪은 분이다. 그런데도 이렇게 두툼한 문집의 글이 남아 있는 것은 얼마나 고마운지 몰랐다.

이 책은 시인이 돌아가시고 40여 년이 지난 후에 만들어진 것이다. 그러니까 유고집이다. 발간사를 보니 '눈물로 얼룩진 원고지 묶음을 풀며…'라는 제목이었다. 아들(남기욱)이 원고지 묶음을 가지고 다니다가 문학가 아버지를 잊지 못해 비로소 이 책을 발간한 사연이 적혀 있었다. 어쩌면 아버지의 꿈을 자식이 이루어 주었구나 생각하니 갑자기 가슴이 뭉클해지는 것이었다.

책은 3부로 엮었는데, 제1부는 동요시 모음, 제2부는 순순 동화 그리고 제3부는 현대시와 가사(노랫말)들이었다. 순수동화는 11편인데 비하여, 동요시(동시 포함)는 무려 284편이었다.

1920년대 우리나라에 발달한 문학은 동요시였다. 이 때 만들어진 동요 중에 지금도 부르는 것이 많이 있다. 방정환의 「형제별」, 윤극영의 「반달」「설날」, 한정동의 「따오기」, 이원수의 「고향의 봄」, 서덕출의 「봄편지」 그리고 류지영의 「고드름」 등.

동요시가 발달한 가운데 현대 동시도 쓰기 시작한 것은 1930년대부터다. 남대우 시인은 동요시와 함께 동시를 지었지만 동요시가 훨씬 많았다.

동요시는 노랫말이 될 수 있는 글이다. 그냥 동요라고도 한다. 곡을 붙이면 곧장 노래다. 동요시는 리듬이 있는 게 특징이다. 신현득 시인은 '동요곡을 위해서 창작되는 시'라고 정의했다. 그 리듬은 3·4조, 4·4조, 7·5조(6·5조, 8·5조) 등 글자수가 맞춰진다. 그렇다고 꼭 그 리듬에 맞는 것은 아니다. 읽어보면 리듬이 생기거나, 리듬에 맞춰 읽혀지면 동요시라고 할 수 있다.

우리 애기 방글방글
웃음지면은
엄마 아빠 걱정도
물러가고요
온 집안에 반가운 빛이
떠 돕니다.

-「우리 애기」 1절

읽으면 벌써 리듬이 생긴다. 이 동요시의 대표리듬은 '엄마 아빠 걱정도(7) 물러가고요(5)'에서 보듯이 7·5조다. 형태의 변형을 보이는 부분이 있지만, 리듬을 타는 동요시다.

동시들도 많다. 동시들이 동요시에 묻혀 있어 동시들만 뽑아서 동시집을 만들면 훨씬 문학성은 높아질 것이다.

꽁꽁 언 땅에
앙상한 나뭇가지.

그림자는 외로워 보인다
한결 쓸쓸해 보인다.

-「겨울」 전문

'그림자가 외로워 보인다'는 이 구절만으로 겨울나무지가 얼마나 쓸쓸하게 서 있는지 느껴지게 한다.

동화도 지었다. 주로 동물들을 의인화하여 지은 것이 많다. 「쥐와 고양이」 「염소와 토끼」 「벌과 호랑이」 등 제목만 보아도 알 수 있다. 「참외」 「우정」 그리고 「하모니카」 등 생활동화도 보였다. 특히 「쥐와 고양이」는 우리 국민들의 단합된 힘만 있으면 고양이 같은 일본도 물리칠 수 있다는 것을 암시한 우화다. 우화로써 암시할 수밖에 없었던 시대였으니까.

또한 어른들이 부를 수 있는 노랫말도 많이 지었다. 지금도 하동에 가면 두 개의 노래비가 서 있다. 하나는 섬진강 소공원이며, 하나는 평사리 공원이다. 하동에서는 「하동포구」 노래가 널리 알려져 있다.

하동포구 팔십 리에 물새가 울고
하동포구 팔십 리에 달이 뜹니다.
섬호정 댓돌 우에 시를 쓰는 사람은
어느 고향 떠나온 풍류랑인고

-「하동포구」 1절

어쩌면 남대우 시인은 아동문학가(동요시인)지만 '하동포구' 가요 작사자로 더 알려져 있다. 이 글을 계기로 아동문학가로서 인식

되고, 더 알려졌으면 좋겠다. 그리고 아동문학가로서 정당한 평가와 대우도 받아야 한다.

비록 짧은 삶이었지만, 많은 작품이 남아 있다는 것은 그의 문학 열정이 어떠했는지를 알게 한다. 그는 초등학교 교사(1942~1945)로도 근무했다. 아마 동요시를 즐겨 부른 것도 아이들의 삶의 모습을 절실하게 표현하면서, 아이들과 어울리고 싶었기 때문일 것이다.

동요시 몇 편과 동화 한 편을 소개한다.

새파란 어린 보리가
살며시 눈 이불을 걷고
사방에 귀를 기울여 봐도
그 심술쟁이
바람소리는 들리지 않는다.

새파란 어린 보리가
살며시 눈을 뜨고
머리 위를 쳐다봐도
그 험상궂은
구름송이 보이지 않는다.

-「봄」 전문

불일폭포는 무지개다
하늘에 맞닿은 흰 무지개다
단풍이 우거진 벼랑 사이로
폭포는 떨어져 구슬이 된다.

은구슬 조롱조롱

머리에 이고
무지개 다리타고
하늘에 오를까.

-「불일폭포」 전문

산도 산도 하얀 산
눈송이 펄펄

들도 들도 하얀 들
눈송이 펄펄

길도 길도 하얀 길
눈송이 펄펄

머리 머리 하얀 머리
눈송이 펄펄

-「눈송이 펄펄 전문

어느 부잣집 고방에 설날 때 먹으려고 해 놓은 떡을 쥐 몇 마리가 맛있게 먹고 있었습니다.

벼 나락만 까먹던 끝에 맛있는 떡을 보게 되니 이게 웬 복덩어리야! 하면서 정신없이 배가 터지도록 먹고 있다가 쌀 고방 지키는 고양이에게 들켰습니다.

쥐들은 벌벌 떨면서 숨을 곳을 이 구멍 저 구멍 찾아 눈알을 반짝반짝하고 있는데, 고양이가 어슬렁어슬렁 와서 몇 마리는 잡지 못하고 조그마한 새끼 한 마리를 잡았습니다.

"요놈아, 나도 못 먹는 떡을 네가 먹어! 네 놈 때문에 내가 주인에게 얼마나 소리를 듣는지 아느냐? 당장 한 입에 너를 먹을 테야…."

하고 고양이는 쥐를 한입에 먹으려고 하였습니다.

"친절하시고 어진 고양이님 내가 죽기 전에 꼭 할 말이 있으니 그 말 한 마디만 들어주시고 잡수십시오."

하고 벌벌 떨면서 쥐는 애걸하였습니다.

"무엇이 어째! 당장 죽을 놈이 말은 무슨 말이야?"

"아닙니다. 이 말씀만은 꼭 하고 죽어야 되겠으니 죽는 놈의 마지막 애걸이니 조금만 참으시고 이 말 한 마디만은 들어 주시고 잡수십시오."

하고 쥐는 눈물을 흘리었습니다.

"그래 죽는 놈의 마지막 소원이니 들 주마. 무슨 말인가 해보아라."

하고 물었던 몸뚱이를 내어 꼬랑이만 두 발로 붙잡고 있었습니다.

"친절하시고 어진 고양이님 대단히 고맙습니다. 할 말은 다른 것이 아니라 저…… 당신은 낯을 씻은 뒤에 나를 잡숫지 않으시렵니까? 점잖으시고 착한 고양이님들은 모두 무엇을 잡숫기 전에 낯을 씻고 먹던데요……."

"옳지, 네 말이 옳구나. 내가 하마터면 큰 망신을 할 뻔했구나. 진작 그럼 그리 말하지……."

하고 쥐의 달아난 꾀인 줄은 모르고 쥐 꼬랑지를 붙잡고 있던 발로 낯을 씻으려고 쥐를 잠깐 놓아 버렸습니다.

그러자 쥐는 이게 웬일이냐! 하며 뺑소니를 치면서

"하하하하, 참으로 당신은 점잖으신 고양이는 못 됩니다 그려."

하고 따라가면서 놀려대었습니다.

고양이는 놀리고 가는 쥐를 잡으려고 하였으나 이미 쥐는 자기 집으로 달아나서 잡지 못하고 입맛만 쩝쩝 다시면서

"이 놈, 보자. 이다음에는 네 놈부터 먼저 잡아가지고 단번에 먹고 난 뒤에 낯을 씻을 것이다."

하고 대단히 분해했습니다.

쥐는 죽을 뻔한 위험한 지경을 벗어나서 자기 집에 가니 여러 동문들과 아버지, 어머니들은 대단히 반가워하였습니다.

"나는 꼭 네가 즉은 줄만 알았다."

하고 같이 떡을 먹던 동무가 말했습니다.

"그 고양이는 분이 나서 어찌 할 줄을 모르더라……."

하고 달려온 쥐가 살아 나온 이야기를 하였습니다.

"설날이 닥쳐오니 우리들도 맛있는 떡도 먹어야 되겠고 집에서 가만히 놀면서 맛있는 요리도 먹어야 될 것인데……."

하고 큰 쥐가 말했습니다.

"그 부잣집 쌀 고방이 아니면 도저히 떡과 쌀을 가져올 수 없는데, 이번 일이 생기고 난 뒤라 고양이란 놈은 날마다 지키고 있을 것이니 어찌하면 좋겠는가?"

하고 다른 쥐가 걱정을 하였습니다.

"참으로 딱한 일이다. 이 동리에서 그 부잣집 고방에서 무엇을 훔쳐 먹지 못하면 무엇을 먹고 살아나갈까? 동리에 사는 사람은 많으나 부잣집을 빼어놓고는 모두 가난하여 자기 먹을 것도 없어서 굶주리곤 하는데 우리들 먹을 것이 있어야지……."

하고 모두 걱정을 하고 있었습니다.

"그러면 이 동리를 떠나서 다른 동리로 가면 어떠하겠소?"

하고 조그마한 쥐가 말을 꺼냈습니다.

"이곳을 떠나서 어떤 곳을 가느냐 말이다. 암만 먹을 것이 없어도 정들어 살던 곳이 kt지, 가기는 어디로 가……."

하고 불찬성을 하였습니다.

"우리 좋은 수가 있다. 그 고양이를 때려죽여 버리기로 하자."

하고 큰 쥐가 말을 하였습니다.

이 소리를 묵묵히 듣고 있던 다른 쥐가

"어찌 그 놈을 때려죽일 수 있단 말이냐! 혹 떼러 갔다가 혹 붙어 가지고 오는 모양으로 도리어 우리가 잡혀 먹힐 텐데……."

하고 반대를 하였습니다.

"그렇지 않다! 쥐가 한 마리씩 한 마리씩 그놈하고 싸웠다가는 우리 쥐 씨도 없게 된단 말이야……, 그러니……."

"그러면 어떻게 한단 말이야……."

"이렇게 해야 한다! 우리들이 하나씩 하나씩 떨어지지 말고 한데 뭉친단 말이야, 알았나?"

"그래 말을 해보아!"

"우리들이 한데 뭉쳐 가지고 그 놈을 때려눕히러간단 말이야……."

"그리하면 그 놈 고양이를 때려눕힐 수 있을까?……"

"때려죽이고말고 우리들은 서로서로 마음을 합하고 한데 뭉치어 나뭇가지를 하나씩 손에 들고 그 놈을 때려눕히러 가자……."

큰 쥐의 말을 들으니 그럴듯하였으므로 나머지 쥐들은 모두 그리하자고 약속을 하였습니다.

그런 후 며칠이 지난 어느 날 밤이었습니다. 쥐들은 제각기 손에 나뭇가지 하나씩 들고 한데 뭉치어 부잣집 쌀 고방으로 갔습니다.

쌀 고방에 가니 고양이란 지키고 있었습니다. 쥐들은 나무를 들고서 고양이에게 달려들었습니다.

고양이도 제 힘껏 쥐하고 싸웠으며 쥐들도 하나도 헤어지지 않고 한데 모여서 고양이와 싸웠습니다. 얼마 동안 고방 안에서 굉장하게 싸움이 계속되었습니다.

고양이는 한참 동안 쥐하고 싸우다가 나중에는 쓰러지고 말았습니다.

서로 합한 힘이란 참으로 놀란 만치 위대하여서 그 기운 세던 고양이도 쥐들에게 그만 지고 말았습니다. 고양이 한 마리를 당해내려고 쥐들도 말할 수 없이 애를 썼습니다.

그 후 쥐들은 고양이가 없어졌으므로 설떡하여 놓은 것이라든지 요리를 깜 없이 마음대로 훔쳐 가지고 설날에 잘 먹고 잘 놀았습니다.

- 동화 「쥐와 고양이」 전문

(『어린이글수레』 2009. 겨울)

황순원의 동시와 아포리즘

1.

조연현의 『한국현대문학사』(성문각)를 뒤지기 시작했다. 나의 외면에 반감이라도 가졌는지 퀴퀴한 종이 냄새가 오르고 있었다. 그래도 황순원(1915~2000)은 만나야 했다.

『삼사문학』이 자연 해방상태에 있을 1936년에 『창작』과 『탐구』의 두 동인지가 나왔다. 전자는 김병기, 황순원, 주영섭, 정병호, 장영기, 한천, 박동근, 신백수, 한적선이 그 동인이었고, 후자는 신백수, 정병호, 이용우, 이시우, 최인준, 주영섭, 한태구 등이 그 동인이었다. 『삼사문학』의 자연 해방과 함께 『삼사문학』의 동인이던 한천과 그리고 평양 근지 출신인 황순원, 주영섭 등과 합작한 것이 『창작』이었고, 『창작』이 동년 4월에 2호로서 다시 폐간상태에 들어가자 그 5월에 과거의 『삼사문학』 중심동인과 『창작』 중심동인들이 결합하여 새로이 내놓은 것이 『탐구』였다.

이 양지兩誌는 그 동인구성이 유사하고, 간행 시일이 같은 시기인 관계로 인해서 제호만 다른 동일한 동인지로 볼 수 있는 것이었다.

이 양지에 주로 시를 쓴 사람은 황순원, 주영섭, 정병호, 장영기, 한천 등이었고, 소설을 쓴 사람은 신백수, 조풍연, 이용우, 최인준 등이며, 희곡을 쓴 사람은 이시우, 박동근 등이었다.

이 때 만21세였다. '시를 쓴 사람은 황순원'이라고 했으니까 시를 먼저 쓴 것이 분명하다. 아마 시작업을 통하여 소설가의 꿈을 키우면서 삶의 경륜을 쌓아가고 있었으리라. 그 이전에도 작품을 발표한 적이 있었다. 1931년 『동광』이라는 잡지에서 시 「나의 꿈」을 발표하였다. 만16세였다. 참고로 『동광』은 1926년에 창간되었던 월간 종합잡지인데 편집 겸 발행인은 주요한이었다. 사회주의 운동을 표방하였던 잡지들에 맞서 안창호의 흥사단興士團을 배경으로 창간되었고, 1933년 1월 통권 40호로 종간된 잡지다. 민족주의의 입장을 대변하면서 문학작품도 많이 발표하였는데, 문예면에 활약한 작가로는 주요한, 이광수, 김억, 주요섭, 김동환, 김동인, 양주동 등이었다.

1940년 『황순원 단편집』을 간행하면서 소설가로서 입지를 분명히 한다. 그렇다고 완전히 시작詩作을 중단한 것은 아니었다. 시적 감정과 정서를 소중히 했기 때문에 시와 소설을 병행할 수 있었다. 아마 1931년부터 1940년까지는 시작에 더 집중한 시기였다. 시집 『방가放歌』(1934)와 『골동품』(1936)도 이 때 상재했었다.

1930년대는 일제강점기였지만 한국의 현대문학사에 있어서 지극히 중대한 시기였다. 조연현은 그 책에서 다음과 같이 서술하고 있다.

1930년을 전후해서부터 1935년을 전후한 그 전반기는 동인지문단시대가 사회적문단시대로 변하고, 습작문단이 작가문단으로 바뀌고, 순문학과 대중문학이 분립되어 문학의 예술적 경향과 오락적 경향이 확연해짐으로써 처음으로 한국의 현대문학이 일정한 수준에 도달된 시기이며, 1935년을 전후하면서부터는 그 후반기는 전반기의 문학적 수준이 확대 심화되는 동시에 종래까지 근대문학적인 성격 위에 놓여 있었던 한국문학이 처음으로 현대문학적인 성격을 띠기 시작한 때문이다.

2.

사춘기 성장통을 겪을 때 황순원의 「소나기」에 얼마나 매료되었던가. 시골 소년과 도시 소녀의 청순하고 깨끗한 사랑이 아직도 가슴을 찡하게 울리는 듯하다. 깔끔하고 간결한 문체도 극적 분위기를 조성하기도 했었다.

> 개울물은 날로 여물어 갔다.
>
> 소년은 갈림길에서 아래쪽으로 가 보았다. 갈밭머리에서 바라보는 서당골 마을은 쪽빛 하늘 아래 한결 가까워 보였다.
>
> 어른들의 말이, 내일 소녀 네가 양평읍으로 이사간다는 것이었다. 거기 가서는 조그마한 가겟방을 보게 되리라는 것이었다.
>
> 소년은 저도 모르게 주머니 속 호두알을 만지작거리며, 한 손으로 수없이 갈꽃을 휘어 꺾고 있었다.
>
> -「소나기」 부분

월간 『문학사상』(2010. 7)이 1931년 3월부터 1932년 4월까지 동아일보에 발표한 황순원의 동요 「봄싹」 등 8편과 단편소설 「추억」을 발굴했다고 밝혔다.

양지쪽따스한곧 누른잔듸로
파릇한풀싹하나 돋아나서는
봄바람살랑살랑 장단을맞춰
보기좋게춤추며 깨웃거리죠

보슬비나리면은 물방울맺혀
아름다운진주를 만들어내고
해가지고달뜨면 고히잠들고
별나라려행꿈을 꾸고잇어요

-「봄싹」 전문

황순원은 평양 근처인 대동군에서 태어났다. 평양 숭실중학에 다닐 때 '평양 글탑사 황순원' '숭중 황순원' 등의 이름으로 독자투고를 하기 시작했다. 이 때 발표된 작품들이 대거 발굴되었다. 권영민 서울대 교수는 '문단에서는 그동안 선생의 문필활동이 1931년 시 창작으로부터 시작됐다고 알려져 왔으나 이번 발굴로 그 범위를 한정할 필요가 없어졌다'고 했다.

16세에 시를 쓰기 시작하여 78세까지 작품을 쓴 황순원은 시 104편, 단편 104편, 중편 1편, 장편 7편을 남겼다. 황순원은 경희대 교수로 23년 6개월간 재직했다. 그의 제자인 김종회 교수는 시 104편 중 10여 편 이상을 동시풍의 시로 볼 수 있을 것이다. 그런데 여기에서 확실하게 '동시'라고 하지 않고 끝까지 '동시풍'이라고 하는 것은 과연 동시의 기준을 어디에다 둘 것인가에 대한 물음에 자신 있게 대답하지 못하는 나의 역량 부족일 것이다. '황순원이 시는 물론이고, 동시도 썼다' 이 부분에 대해선 학자들과 비평가에게 맡긴다고 했다. 동시작가 박두순도 이에 동의하면서 10여 편은 동시라고 확신하였고, 동시작가 서금복도 이를 규명하기 위한 노력을 했었다.

그렇다면 동시를 썼다는 것에 이의가 있을 수 없다. 어떤 작품이 동시이며 몇 편이 되는 것일까? 소설가 이문구는 황순원이야말로 '진정한 선비의 초상'이었고, '선비 정신의 요체는 바로 동심에 있었'기에 가능했을 거라고 했으니까 황순원의 동시도 예사롭지 않으리라.

3.

황순원의 동시는 아포리즘이다. 굳이 동시와 시를 구분하지 않고 시의 형식을 도입한 아포리즘 성격의 문장을 만든 것은 아니었을까! 아포리즘이란 삶은 체험적 진리를 간결하고 압축된 형식으로 나타낸 글이다.「팽이」를 '세월이 잠긴다'라고, 「빌딩」을 '하모니카 불고 싶다'라고 표현한 것 등을 보면 알 수 있다. 그런 성격을 다분히 띠고 있지만 동심의 정도에 따라 동시의 범주에 넣을 수 있는 작품들이 보였다.

제2시집 『골동품』은 제1시집 『방가』와는 달리 세상을 향한 울부짖음이 없다. 시집 서두에 '나는 다른 하나의 실험관이다'라고 적어놨듯이 『골동품』에서는 그동안 썼던 격정적인 시와는 달리 맑고 단아한 동시풍의 시와 만나게 된다. 『골동품』에는 동물초動物抄, 식물초植物抄, 정물초情物抄 세 부분으로 나뉘어서 22편의 시가 들어 있다. 여기서 동시를 가려냈다. 10편이다.

날개만
하늑이는
게
꽃에게
수염 붙잡힌
모양야

-「나비」 전문

'하늑이는'은 가볍게 느리게 흔들리는 모양이다. 꿀을 빠느라 정신없는 나비의 모습을 '꽃에게/ 수염 잡힌/ 모양'이라고 했으니 정말 아이스럽지 않은가.

이 집에는
비눗물 바가지 든
꼬마가 산다

-「게」 전문

게거품을 보면서 비눗물 바가지 든 꼬마가 살고 있기 때문이라고 했다.

2
자가
너를
흉내 냈다

-「오리」 전문

오리를 숫자 2에 비유한 것이 얼마나 멋진 동심인가.

이 초롱불엔
불나방이
안 모인다

-「꽈리」 전문

잘 익은 꽈리는 붉은 색을 띤 초롱 모양이다. 그래서 초롱불에 비유했지만 불나방이 달려들지 않는 불빛이라고 했다. 비유와 동심적 상상력이 뛰어난 작품이다.

이빨을 몽땅
드러내고
웃는다

-「옥수수」 전문

이빨 드러내고 순진하게 웃는 동생이 연상된다. 옥수수가 그런 동생이었나.

땅의
해에는
흑점이
더 많다

-「해바라기」 전문

태양의 흑점. 해바라기는 땅 위의 해다. 흑점이 많은 해다.

나를
혀 위에
굴리었다

-「앵두」 전문

깨물고 싶도록 탐스러운 앵두의 모습이 연상된다. 그러나 차마 깨물지 못한다. 깨물고 싶도록 탐스럽기 때문에.

별을
쓰느라
머리가
세었소

-「갈대」 전문

'별을/쓰'는 것이 좀 어렵지만, 묘사를 참신하게 하기 위한 작가의 고심이 엿보이기도 한다. 갈대는 빗자루처럼 생겼다. 밤마다 별을 쓸었기 때문에 머리가 세었다는 표현은 압권이었다.

연문을
먹고서
온몸을
붉혔소

-「우체통」 전문

우체통이 붉은 이유를 알겠다. 연문을 받아먹었기 때문이다. 사랑의 편지인 연문 때문에 동시가 아니라고 한다면 동시의 외연이 좁아질 수밖에 없다. 사춘기가 빨라지는 세상에.

한중간에 세면
능청맞은 소리
하나쯤 속여친다

-「괘종」 전문

괘종이 속여치겠는가. 아니다. 괘종의 소리를 세고 있는 화자가 잘못 세기 때문이다. 괘종이 능청맞은 게 아니라 능청스러워지는 화자의 동심이 미소를 짓게 한다.

4.

문학 교사로 재임하면서 김유정, 이효석, 김동리 그리고 황순원 등의 소설은 시적 서정과 감각을 중시한 문장이라고 가르쳤다. 그들의 시를 분석해 보거나 시와 소설의 문장 유사 관계 등을 고민해 본 적도 없이 지도서에 적혀 있는 대로 앵무새처럼 지껄인 것이다. 비로소 황순원의 소설 문체가 절제와 생략이 두드러졌던 것은 시로서 다져진 문장이 바탕이 되었기 때문이라는 확신도 얻게 되었다.

황순원의 동시는 10여 편 정도다. 제2시집『골동품』에 10편이 들어있고, 월간『문학사상』이 발굴한 작품이 있으니까. 그러나 아쉬운 면이 없는 건 아니다.「호박」「반딧불」「지도」「종달새」「코끼리」그리고「맨드라미」등은 동시풍으로 남겨 놓을 수밖에 없었다. 더 연구가 필요해서다.

끝으로 황순원의 오랜 친구인 원응서가 밝힌 황순원의 작가정신(『황순원 전집』제12권)은 후배 문인들의 귀감이 되고도 남으리라.

그대로 옮긴다.

언어 감각에 천재적 자질을 타고나 있으면서도 그렇게도 깨를 볶듯이 문장을 고소하고 함축 있게 담는 노력을 나는 이전부터 지금까지 보아왔고, 그의 초고를 노트에다 깨알처럼 쓰고 지우고 썼다가는 또 지워버린 자신도 후에 읽고는 무슨 말인지 몰라 할 정도의 숫제 잉크로 까맣게 뭉개진, 그의 초고노트를 나는 지금 한 권 간직하고 있다.

누가 황순원이란 작가를 물으면 나는 대답 대신 이 노트를 내보일 참이다. 이렇듯 그의 삶은 그의 작품은 실로 각고와 더불어 벗해왔던 것이다.

또한 동시작가 서금복은 황순원 문학관(경기도 양평군 서종면)을 방문하고 다음과 같은 후기를 남겼다.

문학관에 갈 때마다 교정부호와 서체 종류, 글자호수까지 빼곡하게 써놓은 원고뭉치 속에서 작품에 생명력을 불어넣기 위해 치열하게 싸운 작가의식 앞에 숙연해진다. '작가는 작품으로 말해야 한다'며 대패질 하는 시간보다 대팻날 가는 시간을 길게 가졌던 황순원이었기에 그는 일단 작품을 발표하고 나면 평가에 대해서는 신경 쓰지 않는 대범함과 자부심도 있었다.(중략)

황순원의 시를 읊조리며 소나기마을 언덕길을 내려온다. 오랜 세월 재직했던 대학에서 박사학위를 수여하겠다고 했을 때 '작가는 글로써 승부해야 한다'며 거절했다는 황순원. 그의 꽈리 같은 초롱불이 있었기에 세속적인 명예라든가 욕심 같은 불나방은 결코

범접하지 못 했으리라.

초가을, 소나기마을에서 열리는 문학제를 알리는 현수막이 펄럭거린다. 그 안에서 그가 자애롭지만 엄숙한 얼굴로 말하고 있다. 이왕 시작한 문학이라면, 치열한 작가의식으로 최선을 다하라고. 그리고 살면서 동심을 잃지 말라고.

(『오늘의동시문학』 2016 가을 · 겨울)

하늘같은 자존감과 절묘한 은유들

- 박두순의 『박두순 동시선집』

1.

2008년!

근대시 「해에게서 소년에게」(최남선)가 발표된 이후 100년이 되는 해다. 조선일보는 이를 기념하면서 한국인의 애송시 100편과 동시 50편을 선정하여 연재했다. 애송 동시를 연재하면서 '우리 시의 출발을 알리는 작품이 동시로 시작되었다는 점을 강조하'면서, '노래로 된 시, 교과서에 실린 시들이 오래 기억되는 것은 그 작품들이 많은 사람에게 읽혔기 때문이라며, 이번 연재를 통해 더 많은 동시가 독자와 만나길 바란다'고 했다. 박두순의 「하느님에게」는 28번째로 실렸다.

때 맞춰 비를 내리고
동네 골목길을
청소해 주셔서 고마워요.

그런데 가슴 아픈 일이 있어요.
개미네 집이

무너지는 것이지요.

개미네 마을은
그냥 두세요.

구석에 사는 것만 해도
불쌍하잖아요
가끔 굶는다는 소식도 들리는데요.

-「하느님에게」 전문

신수정 문학평론가는 '때 맞춰 비를 내려주신 하느님에게 감사를 드리는 한편, 개미네 마을은 그냥 두라고 요구한다. 비 때문에 개미네 집이 무너지는 것이 가슴 아프다는 것이다. 이런 주문을 넣을 정도라면 그의 하느님이 단순히 경배의 대상이기만 할 리가 없다. 그의 하느님은 분명 일용할 양식과 더불어 그 빵에 발라먹을 버터마저도 내려주실 분임에 틀림없다.'고 하면서 '일상에 만연해 있는 이 "하느님", 즉 우주적 조화의 세계를 직관적으로 묘파해 온 시인이다.'라고 했다.

2.

신神은 존재한다. 증명할 수 없으니까 더 거룩해진다. 그러나 대신할 수 있는 분을 보낸 것은 아닐까? 희생과 고통을 감내하면서 살아오신 우리들의 어머니가 신의 행동을 대신하는 분이라면, 신의 말씀을 대신하는 이도 있다. 신을 늘이면 시인이고, 시인을 줄이면 신이 되는 것도 우연은 아닐 것이다. 그렇다면 시인과 신은 동의어다.

평생을 바쳐 몇 편의 시를 남긴다 해도
누가 나의 시를 읽고
눅눅하고 어두운 마루 밑을 밝히는
귀뚜라미 노래만큼 곱다고 하겠는가.

허물 많은 사람이 쓴
시 한 줄이
정말이지 어느 쓸쓸한 아이의 가슴과
어두운 골목길에서
한 줄기 햇살로 비치겠는가.

-「누가 나의 시를 읽고」 2,3연

이게 겸손인가. 시인의 시가 어찌 귀뚜라미 노래 앞에서 무너지고, 귀뚜라미 노래만큼 곱지 않은 것으로 평가할 것인가? 시인의 존재감은 시로 나타난다. 결국 '쓸쓸한 아이의 가슴과/ 어두운 골목길에서/ 한 줄기 햇살로 비치'는 자존감이다. 그 자존감을 높이기 위하여 겸손이란 역설을 선택했다.

하느님은
저울을 들고 나타나신다

열매 하나 하나
무게를 재어 보곤
크기만큼
향기를 채우신다

열매들 곁에
우리를 세우시고
무게를 달아보시는 하느님

나의 무게는 얼마나 될지……
하느님이
저울에 올라서라 하신다.

-「가을에」 전문

하느님은 무게와 크기만큼 향기를 채우시는 분이다. 나의 무게는 얼마나 될까? 두려움이 생긴다. 행동 하나 하나에 무게를 재어보고 향기가 아니라 벌을 줄 것 같으니까. 스스로 조신하게 하는 이미지가 가슴을 서늘하게 한다. 요즘 동시가 소재의 확산을 시도하면서 오히려 아동들의 정서를 혼란하게 만드는 경향도 없진 않지만, 이를 경계하면서 이 동시가 주는 무게감이 얼마나 큰 감동인지 가늠하게 한다.

동시의 주독자는 아동이다. 미성숙을 전제로 하니까 친절한 진술을 하게 되고, 묘한 상상력이나 발상, 재지와 코믹한 표현이 그들에 대한 배려나 취향인 것처럼 포장하기도 한다. 그것이 동시문학의 본질일 수 없다. 시어야말로 문학적 언어의 정화 아닌가. 산문적 언어가 가지는 진술의 차원을 떠나 우주의 비밀과 신비로움에 접촉하면서 날카로운 만남을 제공한다. 동시문학도 이와 같다는 한결 같은 믿음이 생각의 깊이를 더하는 동시를 쓸 수밖에 없게 하는 것이었다. 그러니까 그가 걱정하는 것은 동시문학의 변질에 대한 두려움이었다.

하느님은 대충히와 적당히는 용납 못한다. 깊게 연애(「하느님의 연애」)를 한다. 박두순 시인도 사람들을 만난다. 깊게 연애를 한다. 꽃들을 깨우는 물세례 같은 시로써 화들짝 깨어나게 하고 싶다. 그런 프러포즈를 하는 하느님이 박두순이다.

3.

박두순 시인은 1949년 경북 봉화에서 태어났다. 두 살 때 한국전쟁이 터지면서 아버지가 행방불명이 됐으니 그 살림이 어떠했겠는가. 두메산골 고향은 가난을 체험하면서 동심을 키운 공간이었다.

아지랑이의
일렁이는 살결이 보인다
환한 물의 속살도 비친다.

산의 둥그스름한 어깨도
잘 보인다
푸름에 젖어
잔잔한 어깨.

슬쩍 했던 거짓말이
맘에 걸린다.

-「맑은 날」 전문

올곧게 살아왔다. 아지랑이의 살결과 환한 물의 속살 그리고 산의 둥그스름하고 푸른 어깨도 경험하고, 원시림처럼 순박한 자연을 체험한다. 그런 삶이었으니까 슬쩍 했던 거짓말도 맘에 걸릴 수밖에.

들판에 가득 내린
빗방울들

들판이 넓어
너무나 넓어

어디로 갈까
망설이네요

이리저리 살피며
떠다니네요.

넓은 세상 어디쯤에
걸어가는 나처럼.

-「망설이는 빗방울」 전문

꿈은 넓은 세상으로 가는 일이다. 그 꿈 앞에서 망설임이 일어난다. 세상은 만만찮은 곳이니까. 망설이며 흘러가는 물방울의 모습에서 세상 어디쯤에 걸어가는 자신을 발견한다.

이정석 시인은 박두순 론(「향기를 품은 태양」)에서 '사방으로 산이 둘러싸인 이런 산골 오지의 공간에서는 끊임없이 시각적 확산을 이루지 못하기 때문에 고향에서 유년시절을 보낸 박두순 시인의 성격과 태도에 자연스럽게 자아성찰적이고 명상적인 분위기가 형성되었을 것이다'라고 하면서, '이런 공간적 확산을 경험하기 어려운 두메산골에서는 메아리가 다시 제자리로 돌아오듯 눈빛이 자신의 존재로 즉 자기 자신의 내부로 되돌아오는 것이다. 협소한 환경이

주는 단조로움이 시각에 의한 공간 개념보다는 지각에 의한 인지 개념이 발달하고 확대되는 것이다.'라고 했다. 그렇다면 자연은 인지 능력을 발달시켜 체험적 공간을 무한한 상상에 의한 해방구로 확장시켜 준 것은 아니었을까. 「무지개 만들기」는 이를 뒷받침한다.

하늘나라 아이들이
무지개를 만드느라
소곤거려요.

"여기에 걸자."
"아니야, 거긴 잘 안 보여."

"이 정도 길이면 돼?"
"그건 짧아."

"나는 파란색 칠할게."
"나는 초록색,"

비가 그치자
둥그렇게
무지개 다리가 놓였어요.
동산 위에
다리가 놓였어요.

-「무지개 만들기」 전문

4.

집에 오는 길
소낙비가
와르르 쏟아졌다

형이 나를
와락 끌어안았다

그때 형이
우산이었다.

들에서 일하는데
소낙비가
두두두 쏟아졌다

할머니가 나를
얼른 감싸 안았다

그때 할머니가
우산이었다.

따뜻한 사람 우산이었다.

-「사람 우산」 전문

비유란 유사성과의 제휴다. 거리가 떨어진 두 대상이 만나는 찰나적 교감에서 새로운 인식과 충격이 발생하여 전혀 새로운 의미를 획득하게 된다. 이 동시에는 나(화자)와 형 그리고 할머니가 등장한다. 형과 할머니가 어찌 우산일 수 있는가? 이런 터무니없는 사실이 시어다. 우산이 가지는 외연에서 내포된 의미로 전화시킨 그 능력은 시인만이 갖는 특성 아닌가.

이 친구들이 좋다
내가 들어가 앉을
빈 자리가 있어.

선생님이 그래서
친구가 많으면 좋다고 했구나.

친구는 내가 들어갈 빈 자리다.

-「구멍과 빈 자리」 후반부

시는 산문으로 포착될 수 없는 신비의 세계다. 그러니까 '친구는 내가 들어갈 빈 자리'라고 해도 '아, 그렇구나!' 하면서 공감하고 감탄하게 한다. 이처럼 절묘한 은유가 시를 빛나게 하는 요인이라면 그 힘이 얼마나 강한지 박두순 시인을 다시 보게 한다.

사진 찍을 때 우린
꼭 등 뒤에 누군가를 세운다

산봉우리를 뒤에 세우고 찰칵
반짝이는 강물, 수평선과 파도를
뒤에 불러놓고도 찰칵,
졸졸 냇물 소리야 이리 와
그래 들판, 넌 내 뒤에 누워 있어도 돼
나무야 너도 뒤에 서
꽃들아 여기 보고 웃어, 찰칵

-야, 멋지네
이건 뒤의 너희들 보고 하는 말이지
너희들 때문에 덩달아
나까지 멋져 보이지
뒤에 서 준 너희들 때문에.

-「뒤」 전문

'뒤'라는 단어가 이렇게 멋질 수 있다니! 어쩌면 '뒤에 난 풀이 더 우뚝하다'라는 속담처럼 박두순 시인도 후진(우뚝해 질)들의 그 뒤에 서서 그들을 더 우뚝하게 해주고 싶나 보다.

또한 그가 탐색하는 것은 철학동시의 가능성이다. 김관식 문학평론가는 서평「생각하게 하는 철학동시의 가능성」에서 '오늘날 생각하기를 싫어하는 어린이들에게 나는 누구이며, 이 시대에 태어나 무엇을 해야 할 것인가 하는 철학적인 명제를 던져주는 시들이다. 철학적이고 종교적인 심오한 사상을 어린이들이 어렵지 않게 접근하기 위한 장치로 생활체험을 소재로 생각 끄집어내기를 시도한 동시집이다. 자신을 알기 위해서 타인과 더불어 살아가는 아름다운 세상을 만들기 위해서 어린이들에게 마음공부는 반드시 필요한 일일 것이다. 어린이의 사고의 폭을 확장시켜 줄 좋은 시집으로 동시에서도 철학시가 가능하다는 철학적인 동시의 가능성을 보여준 시집'이라고 했다.

친구들이 놀린다
잘 운다고
울보라고 놀린다

그렇지만 생각해 봐
내 눈에서 눈물을 없애 봐
눈물을 짜내버리면
내가 무엇으로 남겠니

그렇게 하면
너희들도 똑같을 거야
놀리지 마

울보라고 놀려도
그게 나야

너 아플 때 울어 주는
나야 나.

-「놀리지 마」 전문

나는 누구일까? '너 아플 때 울어 주는/ 나'는 울보다. 울보임을 밝히면서 자신의 정체성을 당당하게 드러낸다. 눈물이 없어지고, 너 아플 때 울어주는 내가 없는 세상은 얼마나 삭막해질까? 철학은 나와 남과의 관계, 나와 자연과의 관계 등의 문제를 깊이 생각하게 하는 것이니까.

5.

가슴에 묻었을 것이다. 너무 큰 아픔이기에. 『오늘의 동시문학』을 50호(2016년 가을/겨울호)로 마감하면서,

'50호 기념호 잔칫상이 기쁨이어야 하는데, 발행을 접어야 하는

안타까움으로 가득합니다.

2003년 봄에 창간호를 내고, 즐겁게 걸어왔습니다. 어느새 13년이 되었습니다. 창간호를 부산하게 준비하며 어리버리해 하던 때가 어제 같은데, 세월 참 빠르기도 합니다. 제 나이도 70이 다 되어가니까요.

돌이켜보면 보람된 나날이었습니다. 어떻게 하면 좋은 읽을거리를 실을까, 그 생각으로 늘 머리가 젖어 있었습니다. 작품과 비평이 균형을 잘 이룬 책을 내려는 강박관념 속에 지내 왔습니다. 이런 걱정의 덕분이었을까요, 그 동안 독자 여러분의 큰 사랑을 받고 그 힘으로 여기까지 왔습니다.'라고 했다.

『오늘의 동시문학』!

박두순 시인이 기획하고 주간한 한국 최초의 동시문학 전문지였다. 이 때문에 동시문학의 위상이 얼마나 높아지고 업그레이드되었는가. 이것만으로도 박두순 시인은 한국동시문학계의 작은 거인이라 칭송받을 만하다. 늘 머리가 젖은 채 노심초사한 그 세월에 뜨거운 박수를 보낸다. '언젠가 누가 이 책을 다시 이이시 만들어 주시 않을까 하는' 그 소망이 이루어지리라 믿는다.

아동문학은 어린왕자(화자이건, 독자이건)와 동행한다. 그들의 수준이나 취향이 바람이 되기도 하지만 문학은 갈대일 수 없다. 박두순 시인은 한결같이 문학의 정도를 걷는다. 시(동시)는 산문과 다른 차원의 신비를 품고 있기 때문에 관념이 노출되는 서술은 용납할 수 없다. 그래서 사고의 깊이까지 끌고 간다. 문학은 하늘같은 자존감이니까. 자아 성찰 성격의 철학동시 탐색도 이와 무관하지 않다.

이미지는 그림자거나 꿈이지만 새로운 세상을 경험하게 한다. 비유, 상징이나 묘사에 의해 이루어지지만 동시는 비유를 많이 수용할 수밖에 없다. 어린왕자와 동행해야 하니까. 비유는 이질적인 대상과의 결합이지만 경이로운 꿈을 꾸듯 충격(감동)을 주어야 한다. 시인은 이것을 노린다. 박두순 시인의 은유는 절묘하다. 그의 시가 더 빛나고 강렬한 이유는 이런 창조행위를 하기 때문이다.

(『열린아동문학』 2019 봄)

위험 앞에 매달려있는 빗방울의 한가로움

- 이묘신의 동시 세계

1.

주목해야 할 이유가 있다. 이름에 '묘'가 들어있지 않은가. 오묘, 신묘 아니면 기묘? 아무튼 묘한 느낌이 작용한다. 귀신 '신'은 아니겠지만 '신'도 절묘하게 다가온다.

그런데 귀신이 틀림없었다. 그를 주목하게 하는 글을 쓰려는데 그에 대한 정보가 전혀 없었다. 한국아동문학인협회 주소록을 뒤졌다. 없었다. 까페 '동시감상'(허동인 선생께서 생전에 집대성해 놓은)의 '작가별 작품보기' 방에서도 모습을 드러내지 않았다.

인터넷에서라도 찾아내고 싶었다. 그랬더니 묘한 이름 때문인지 동명이인이 없어 다른 사람들과 섞이지 않고, 그의 활동상이 베껴져 나왔다. 충북여성문학회와 여백문학회(총무) 등에서 활동하고 있으며, 책 읽는 사회문화재단 등에서 추진하는 작가와의 대화에도 초빙되어 학교방문도 많이 하고, 강연도 많이 하고 있는 명사(?)였다. 갑자기 귀신을 만난 것 같은 두려움이 느껴졌다.

그는 연전에 동시집 '책벌레 공부벌레 일벌레'(푸른책)를 상재했다. 2002년 MBC 창작동화대상을 수상했고, 2005년 푸른문학상 '새로운 시인상'을 수상하면서 아동문학가로 등장하였다.

2.

동시 6편을 받았다. 읽으면서 '위험 앞에 매달려있는 빗방울의 한가로움'이란 주제가 금세 잡히는 것이었다. 왜?

위험
매달리지마시오

성벽 앞에 세워놓은 푯말 아래
빗방울들이
쪼르르르 매달려 있다.

나처럼 말 안 듣는
빗방울들
여기에도 꼭 있다.

-「빗방울」 전문

그가 동시 소재로 찾아내는 것은 소소한 일상의 이야기들이다. 그러나 그의 가슴 안에 들어서면 평범한 일상의 이야기가 아니다. 그것들을 빗방울처럼 대롱대롱 매달아 놓는다. 바람 불면 훅 떨어질 수 있다. 이처럼 긴장과 낯설음으로 동시를 장식하는 수법에 익숙하기 때문이다.

그렇다면 그도 긴장하고 있는가? 아니다. 오히려 그 긴장을 즐기고 있는 것이다. 시적화자인 나는 말 안 듣는 개구쟁이다. 하지 말라는 것을 하면서 어떤 쾌감을 느끼는 그런 개구쟁이다. '나처럼 말 안 듣는/ 빗방울들/ 여기에도 꼭 있다.'라고 했으니까.

'꼭'이란 확신이다. 누구의 간섭을 불허하거나 아니면 간섭을 초월해버린 상태다. 그렇다면 시적화자는 자유가 아닐까? 일상을 시적 긴장감으로 몰고 가면서, 그 긴장 속에서 맘껏 자유를 즐기는 그런…. 그래서 위험 앞에 매달려 있는 빗방울의 한가로움이다.

불량식품 먹으면 안 된다고
머리는 그렇게 말하는데
침 꼴깍 삼키면서
혀를 파랗게 물들이는 사탕에
슬쩍 손이 간다

pc방에 가면 안 된다고
머리는 그렇게 말하는데
마음이 콩닥거리면서도
신나게 게임할 수 있는 pc방으로
슬금슬금 내 발이 간다

머리만 믿으면 안 되는 거다
불량식품 사 먹고
pc방에도 갔다 온 날은.

-「머리만 믿지 않기」 전문

흔히 보아온 소재이기 때문에 조금도 참신함이나 새로움이 없다.

그런데 제목을 보라! '머리만 믿지 않기'다. 내용이 평범해질 것 같으면 제목만으로도 긴장감이나 의아심을 불러일으킬 줄 안다. 인내와 참을성 없는 나는 오늘도 군것질을 하고, pc방으로 갈 수 있다. 으레 그렇게 가고 말았다. 나는 자유분방하니까.

그는 내용이든, 제목이든 평범한 일상의 소재들을 비범으로 바꿀 줄 알고, 긴장하게 만들면서 독자들을 주목시킬 줄 안다. 정말 귀신처럼 묘하다.

3.

언제부터 여기 있었을까?
내 손목시계

초침이 움직인다
혼자서 채칵채칵

초침을 움직이고
분침을 돌리고
시침을 옮겨놓으며
침대 밑에서 살고 있었다

벽시계와 똑같이
시간을 보내며
어둠 속에서도 놀지 않고
제 할 일 다 하며 산
내 손목시계!

-「찾았다」 전문

정말 별것 아니다. 휴대폰에 밀려 손목시계는 서랍 안에 갇히거나 버림을 받는 신세가 되었다. 그렇게 관심 밖에 놓인 손목시계를 어떻게 독자들의 관심 안으로 끌어들일 수 있는가. 그게 그의 기술이다. 다시 찾아낸 손목시계는 손목시계를 찾은 것이 아니라 우리가 허비하고 있는 시간(세월)이었다. 시간의 중요성을 모르고 살아가는 인간들에게 이 손목시계를 통하여 어떤 메시지를 전하고 싶었던 것이다. 오늘도 내 손목시계는 '벽시계와 똑같이/시간을 보내며/어둠 속에서도 놀지 않고/제 할 일 다 하며' 살아가고 있었다. 끊임없이 시간을 만들면서. 그런데 내 침대 밑에서 살고 있었다. 알뜰한 시간과 동거하고 있었으니까 그의 삶의 모습도 어떤 것이었는지 유추할 수 있다.

복숭아나무 가지마다
한창 피어나는 꽃

똑, 똑,
아버지는 꽃을 따버린다

-꽃이 많으면 열매가 볼품없지

버리는 아픔이 거름이 되는구나
나무는.

-「꽃 따주기」 전문

복숭아를 충실히 익히기 위해서 어린 꽃들을 골라 따준다. 삼척동자도 아는 상식이다. 그런 상식도 버리지 않는다. 그러나 열매가 되는 것을 위하여 수없이 많이 버리기도 했으리라. '버리는 아픔이 거름'이 된다는 것을 알고 있기 때문이다.

시계 소리
세탁기 소리
우리 엄마 고함 소리

오토바이 소리
버스 경적 소리
비행기 지나가는 소리까지
다 물리치고

맴 맴 맴 맴
맴 맴 맴 맴
고래고래 소리 지르는 매미야

네가 이겼다!

-「매미가 운다」 전문

매미 울음은 수많은 시인들이 다루어온 소재다. 흔하게 다루어 왔기 때문에 독특한 스타일의 긴장이 필요했다. 그것이 그의 동시의 특징 아닌가. 결국 매미 울음은 승리의 환호였다. 집에서 나는 잡다한 소리, 밖에서 들리는 소음 공해까지 깡그리 이겨낸다. 그래서 고래고래 소리 지를 수밖에 없다. 기특한 착상에 가슴이 서늘해지기도 한다.

밭고랑에 심어 놓은
옥수수 대가 움직인다
옥수수 밭도 흔들린다
서걱서걱 소리도 푸르게 흩어진다

뚝!
옥수수를 따는 그 순간
옥수수 밭 모든 움직임이
일시정지!

-「옥수수 밭」 전문

옥수수가 익어가는 주변의 모습과 익은 옥수수를 딸 때의 분위기를 생동감 있게 표현해내고 있다. '뚝!' 딸 때는 어떤가. 여기에 온 정신을 집중한다. 그렇게 따버리면 되지만 그 순간의 정적이 그에게는 싱싱한 시적 체험이 된다. 모든 게 일시정지 되고 말았다는 그 느낌이…. 이런 인상주의적 표현으로도 그는 생동감이나 생명감이 넘치게 그려내고 있는 것이다.

4.

이묘신!

귀신처럼 묘하게 착상을 하는 시인이다. 그 소재들은 소소하고 잔잔한 일상들이다. 그러나 그는 그 소재들을 언제 떨어질 줄 모르는 물방울처럼 대롱대롱 매달아 놓을 줄 안다. 시적 긴장으로 변용시키는 수법이 탁월하기 때문이다. 시적화자는 같이 긴장하는 것은 아니다. 그 긴장의 바다에서 한가롭게 수영을 하며 즐기고 있는 것이다. 그래서 위험 앞에 매달려 있는 빗방울의 한가로움인 것이다.

요즘 동시들이 깜찍한 착상이나 언어유희 등으로 말장난 같은 것들이 많아지고 있다. 동시가 많이 밝아지고 가벼워졌지만 동시가 갖고 있는 무게감이나 문학성은 허해지는 느낌이다. 그의 동시는 우리 동시가 가야할 길을 제대로 잡아주고 있는 것은 아닐까. 평범한 소재들을 시적 긴장이나 낯설음으로 형상화시키는 그 수법 말이다. 동시를 공부하는 이들이라면 그의 착상력과 시적 긴장감을 우리 동시에서 어떻게 응용해야 하는가를 눈여겨봐야 할 것이다.

그러니까 굳이 주목시키지 않아도 주목할 수밖에 없으리라. 워낙 작품성이 빼어나기 때문에. 그의 이름이 주는 묘함처럼 읽을수록 묘한 매력과 애정이 느껴진다.

(『오늘의 동시문학』 2012 여름)

존재만으로 반짝거리는 동시

- 유미희의 동시 세계

1.

'밤새/ 고시랑거리는 소리에/ 구구셈 숙제도/ 못하겠다'던 개구리 울음소리가 갑자기 내 가슴에도 모내기 끝낸 논이 있는지 몰려와 콩닥콩닥 울리는 것이었다.

유미희!

뇌리에 인각된 그의 동시들이 다시 일어서기 시작했다. 좋은 작품을 쓰는 분들을 소중하게 기억하고 있다는 것이 기특했다. 장마의 무더위에도 뒷산에 오르고 있다가 원고 청탁 전화를 받았다. 갑자기 개구리 울음소리가 터지기 시작했다.

외숙모가 낳은
아기는

처음으로

외삼촌에게는
아빠라는 이름을

엄마에게는
고모라는 이름을

나에게는
누나라는 이름을
새로 주었다.

이 세상 어느 가게에서도
살 수 없는 것을
선물로 가져왔다.

-「선물」 전문

한 편의 시는 무엇을 의미하는 것이 아니라 존재하는 것이라고 하던가. 아기가 이 세상에 와 준 것에 대해서 감사하고 감격해야 하지만 생뚱맞게 '선물'이란다. 그게 이 동시의 존재이유다. 굳이 의미를 따지지 않아도 감사와 감탄의 차원을 훌쩍 뛰어넘고 있으니까.

그는 존재를 위하여 동시를 쓰는 분이다. 이것은 의미의 차원을 넘어서는 형이상이다. 동시가 이만한 가치가 없다면 문학이라 말할 수 있겠는가.

2.

신작 동시 10편을 받았다. 열 번을 넘게 읽었지만 주제가 쉽게 잡히지 않는 것이었다. 그 이유를 생각해 보았다. 아마 동시 그 자체의 존재만을 위해서 쓴 것이었기 때문이 아닐까.

누나,
내가 빈둥빈둥 간다고?

길에서 해당화랑 달맞이꽃
다 보거든.

누나,
내가 건성건성 간다고?

갯가에서 비단조개랑 비틀이고둥
다 보거든.

딴청 피우며 걷는 것 같아도
내겐
자연도 학교거든.

-「학교 가는 길」 전문

누나는 내가 빈둥빈둥 걷거나 딴청을 피우며 걷는 개구쟁이나 무지렁이로 알고 있다. 그러나 그런 아이가 아니다. 나는 길에서 꽃도 보고, 갯가에서 조개도 볼 줄 아는 아이니까. 자연이 스승이라든지, 학교라는 비유는 흔히 쓰지만 '자연도 학교거든'하면서 투박하게 내뱉는 한 마디가 얼마나 강하게 다가오는가. 그의 동시가 주는 매력이다.

뽀옹!

세스랑게는
갯벌 집 쌓을 때
맨 꼭대기에 구멍 하나 뚫어 놓았어요.

밤이면
별빛 동무 놀다 가라고
달빛 동무 쉬어 가라고.

-「문」 전문

세스랑게는 갯벌 집을 지을 때 맨 꼭대기에 구멍 하나 뚫어놓나 보다. 그 구멍으로 밤마다 '별빛 동무, 달빛 동무'가 놀거나 쉬어가라고 한다. 상투적인 것들이어서 긴장감이 다소 이완되지만, 이럴 때 동시의 구조를 완벽하게 구축한다. 구조의 견고성이 보편적 공감을 이룰 수 있기 때문이다. 그래서 그의 동시는 그 자체만으로 훌륭한 성과이다. '태풍 덕에'에서도 구조의 견고성이 돋보인다.

고깃배들이
포구에
모였다.

눈 빨갛게 뜨고 멸치를 쫓던
대영호.

잠 안 자고 꽃게를 끌어올리던
연진호.

새벽부터 문어를 찾던
안동호가

뿔뿔뿔
며칠 째
흩어져 지내다가

가까이
얼굴 보며
모였다.

-「태풍 덕에」전문

3.

그래서 그 존재만으로 대단한 위력이 있다. 또한 참신한 소재와 긴장과 설렘을 주는 힘이 깔려 있다.

무슨
애들 걸음이
그러냐?

이 땅때기도
내 꺼!
저 땅때기도
내 꺼!
꾹꾹, 발 도장 찍듯 걷는다니?

히힛,
윗집 봉지네 할머니가
저한테 아빠걸음 닮았다는데요.

-「내 걸음걸이」 전문

아이의 발 도장 찍는 모습이 익살스럽다. 그 걸음걸이 모습에서 아빠와 닮은 모습을 찾아낸다. 그런데 제3자인 윗집 봉지 할머니가 말하게 함으로써 가족의 일체감을 더 강하게 만들어 놓는다. 그게 그의 여유이며 재치다.

뽀글, 뽀글,
부글, 부글……

내 주변에
넘치는 거품을 걷어낼래

책꽂이 자리만 차지한 안 읽는 책을 뽑아낼 테야
메일함에 다 읽은 편지도 비울 테야
'난 못해!'라는 내 안에 풀죽은 생각도 지울 테야

몇 밤만 자면 시작될
열한 살
내 인생을 위해

한 숟가락
한 숟가락
내 안을 맑게 걷어 낼래.

-「거품 걷기」전문

새해가 되면 새 꿈이나 각오를 적는다. 그런 보편적 사고를 마다하고 '거품 걷기'로써 새 꿈을 담고 싶은 것이 경이롭다. 화자인 열한 살 내 인생도 거품이 끼어 있었나 보다. 안 읽은 책에서, 메일함에서 그리고 풀죽은 생각 등에서. 거품은 새로운 각오를 실천하지 못했기 때문에 생긴 찌꺼기다. 세상에도 갖가지 거품들이 있다. 그런 거품(비리 등)들도 걷어내야 사회가 건강해진다는 메시지도 담고 있어 참여적 성격도 느껴진다.

복도에서
동우랑 코피 터지며 싸우는데
청소만 하는
은서,

새 핸드폰으로 게임 좀 했다고
누나가 내 머리 콩콩 쥐어박는데
부엌일만 하는
엄마

침묵은
나쁘다.

못 본 척
눈 꼭 감고 지나치는 거
더 나쁘다.

-「침묵은,」 전문

침묵은 나쁘다. 교실에서 친구들이 싸우고 있는데 어찌 내 몰라라하며 청소만할 수 있는가. 요즘 사회문제가 되고 있는 학교폭력이나 가정폭력 등에 대해 방임이나 방관하고 있는 것은 아닌지 고발하고 싶은 것이다. 이기주의가 팽배하면서 의리나 정의까지 사그라지고 있는 현실이 안타깝기 그지없다. 그러니까 외치고 싶다. '침묵은 나쁘다'라고.

> 가랑가랑 가랑비 왔다가면서
> 옆집 할아버지네 개똥참외밭에 불 켜 놓았다
>
> 노란 꼬마 꽃전구 아래서
> 방아깨비네 세 식구 오물오물 저녁밥 먹는다.
>
> -「개똥참외꽃」 전문

은유를 동원하는 방법도 독특하다. 단순한 표현만으로 문학을 완성하고 싶지 않았기 때문이리라. 그래서 원관념과 보조관념의 거리를 상당히 띄어놓고 있다. 가랑비는 불이며, 개똥참외는 전구다. 그렇게 켜놓은 전구 아래서 방아깨비네 가족들이 저녁식사를 한다. 한 폭의 아름다운 경치가 펼쳐진다. 서정동시의 매력을 맘껏 발산하고 있다. 그 매력 또한 그의 동시의 존재가치다.

4.

좋은 동시를 읽으면 존경심까지 든다. 기발한 착상력에 감탄하면서…. 그의 동시도 그랬기 때문에 제2회 연필시문학상과 제5회 오늘의 동시문학상을 차지할 수 있었으리라.

유미희의 동시는 그 존재만으로 빛이 난다. 소재의 선택이 참신하기도 하지만, 의미의 차원을 넘어서서 가슴을 울려주는 에너지가 느껴진다.

법정 스님의 말씀이 문득 떠오른다. '산다는 것은 끊임없이 자기 자신을 창조하는 일, 그 누구도 아닌 자신이 자신을 만들어 간다.'라는….

유미희!

동시를 사랑하는 모든 이들은 냇물이 조약돌을 반짝 웃으며 받아주듯이, 그의 동시를 빛나게 받아주고 있다는 것을 늘 명심해야 한다.

틈 많은 냇물이 부드러운 손으로
틈 없는 단단한 조약돌을 반짝! 웃으며 받아주었습니다.

-「물수제비」 전문

(『오늘의동시문학』 2012 가을)

환희의 노래, 그 파장력

- 성환희의 동시 세계

성환희는 동시계의 샛별이다. 2012년『아동문예』를 통해 등단한 후 벌써 세 권의 동시집으로 문학적 인정을 받고 있다. 또한 시집『선물입니다』(2014. 푸른사상)를 상재하면서 시인으로서의 걸음도 느리지 않다.

그의 동시 몇 편을 읽으며 그의 동시의 파장력을 느낀다.

천천히 가라
넘어진다

아빠가 말합니다
등 뒤에서

얘야, 조심해라

할머니가 말합니다
아빠한테

쉬엄쉬엄 가세요
어머니

엄마가 말합니다
할머니께

-「소풍」전문

아빠가 나에게, 할머니가 아빠에게, 그리고 엄마가 할머니에게 당부하면서 연결고리를 만들고 있다. 가장 염려되는 분은 할머니다. 결국 할머니에 대한 사랑을 표현하기 위하여 나와 아빠를 들러리로 세우면서 점층의 수법을 동원하고 있다. 엄마의 할머니에 대한 사랑이 절실하게 느껴지면서 경로사상을 되짚어보게 한다.

산길 걷다가 만났다
두 갈래 길

어디로 가야 할까
어디로 가야 바른 길일까

머뭇머뭇 멈춰 서는데

"반질반질 닳은 길로 가야겠지."
사람들 많이 딛은 길로 가자는
아빠 말씀

맞네 맞네 손뼉 치면서도

궁금해지는 길
닳지 않은 길

-「궁금한 길」전문

미국 시인 프로스트의 「가지 않는 길」이 연상된다. 이는 선택하지 못한 인생길에 대한 아쉬움을 노래한 것이다. 「궁금한 길」도 이와 주제는 비슷하다. 사람이 잘 다니는 길을 선택할 수밖에 없다는 것은 평범한 사람들의 보편적 생각일 게다. 그 때문에 궁금한 길, 닳지 않는 길을 놓치고 있는 것이다. 그러니까 모험심을 길러 궁금한 길을 가야한다는 역설적인 의미가 느껴지는 것은 아닐까.

자꾸
눈살 찌푸리지 마

얼마 전까지
난
밥이었어
김치였어
된장이었어

-「똥」 전문

동시는 표현과 소재의 한계성이 있다. 언어유희, 어려운 용어, 개그적 발상, 선정적이고 외설적인 표현, 어른들의 탐욕세계, 외로움이나 죽음의 두려움, 가정의 문제 등에서 자유로운 편이 아니다. 어린이 독자까지 감안해야 하기 때문이다. 또한 혐오감을 주거나 추잡한 언어를 사용하는 문제도 기피해야 할 때가 있다. 「똥」도 그런 류의 언어다. 그러나 성환희는 이에 담대하다. 어떻게 표현해야 문학이 되는지를 알기 때문이다. 이 동시가 어떤 불쾌감을 주는가? 오히려 기특한 발상에 고개를 끄덕거릴 수밖에 없게 한다. 얼마 전까지 밥이었고, 김치였고, 된장이었으니까.

우리집 오신 할머니
언제나 1박 2일

"내 새끼 얼굴 봤으면 된 거다."

닭 모이 주러 가신다
강아지 밥 주러 가신다
감자 심으러 가신다

핑계도 가지가지

우리집에서는 할매집 걱정
할매집에서는 자식 걱정
뭉게뭉게, 걱정 보따리
묶었다 풀었다 바쁜 할머니

-「1박2일」전문

할머니가 많이 등장한다. 아직도 살아계시는 노친과 고향땅에 대한 애정이기도 하리라. 할머니는 시인의 어머니다. 시적화자를 어린이에게 맞추니까 할머니일 수밖에 없다. 어머니에 대한 효도와 공경을 다하고 싶지만 어머니는 순순히 받아들이지 않는다. 그래서 1박 2일밖에 안 된다. 딸네 집에서 며칠이고 머물게 하고 싶지만 어머니는 이 핑계, 저 핑계를 대며 곧장 돌아가려고 한다. 그 모습을 '묶었다 풀었다 바쁜'이라고 절묘하게 표현했다.

모기장 안에 있는 나를
모기장 밖에서
한참이나 들여다보던 모기가
힝, 날아간다

나는 갇혔고
모기는 자유다.

-「안과 밖」 전문

시적화자인 나는 갇혀있다. 그럴 땐 그 갇힘에서 탈출하고 싶은 것이다. 모기가 부러운 것도 그 자유 때문이다. 자유는 날개다. '날개야 다시 돋아라. 날자, 날자, 날자, 한 번만 더 날자꾸나'하며 외치는 이상의 목소리가 들리는 듯하다.

일곱 살 은율이가 말했어요

"우리 백합반 선생님이
치마를 입고 오셨는데
나풀나풀 나풀거리지 뭐예요?
뭐가 숨어 있나 보려고
치마 속으로 쏙 들어갔더니,
우리 선생님이
어머 머 머 머 머! 이러면서
폴짝 폴짝 폴짝 뛰지 뭐예요?
저는 깜짝 놀라서
아무것도 보질 못했어요.
저는요 아직도 선생님의 치마 속이
정말 정말 궁금해요."

-「은율이」 전문

공룡능선을 타고 가는듯한 스릴이 느껴진다. 감히 선생님의 치마 속으로 들어가다니! 그러나 하나도 부끄럽지 않다. 오히려 웃음이 터진다. '저는 깜짝 놀라서/ 아무것도 보질 못했어요.' 하면서 은율이의 천진성을 문학으로 승화시키면서 이 엄청난 사고(?)를 잘 마무리시킨다. 선생님은 얼마나 놀랐을까? 생각만 해도 웃음이 또 터진다. 잔잔한 파장이 기쁨으로 울린다.

주로 가족, 내 주변과 일상에서 느낀 사랑과 애정을 주제로 깔고 있어 그의 동시는 밝고 건강했으며, 모두가 길동무가 되는 사회가 되길 소망하고 있었다.

또한 환희의 노래 아닌가. 환희란 즐거움과 기쁨이다. 환희의 노래였기에 그 파장력이 가슴을 울린다. 즐거움과 기쁨에 들뜬다.

(2016.9)

III

- 어린 왕자가 꿈꾸는 세상
- 사랑과 행복이 넘치는 아름다운 세상
- 비유와 감춘 것을 향기로 뿜어내는 노래, 그리고 사랑
- 한 알 밀알의 삶이 맺은 동시 열매
- '숨은 하느님'에게 무엇이 딱 걸렸을까요?
- 악어가 나타나면 어떻게 해야죠?
- 숲과 들이 일깨우는 놀이 본능
- 한국의 시바타 도요

어린 왕자가 꿈꾸는 세상

- 이봉직 동시집 『새싹 감별사 모집』

아동문학은 어린이를 깨달은 사람만이 누릴 수 있는 특별한 문학이다. 성서에도 '어린 아이와 같이 되지 않으면 결단코 천국에 들어갈 수 없다'고 했고, 화가 피카소는 '어린 아이처럼 생각하게 되기까지 일생이 걸렸다'고 했다. 니체도 짜라투스트라의 입을 빌려 '정신의 세 가지 변화'에 대하여 말한 바 있는데, "인간의 정신은 처음에는 낙타가 되고, 다음에는 사자가 되고, 마지막 세 번째는 어린이가 되어야 한다"라고 했다. 낙타와 사자의 과정을 거쳐 비로소 완성의 단계에 이른 것이 어린이다.

일반문학가(편의상 아동문학과 대립되는 용어로 사용)들은 동심의 소재를 찾기에 급급하다. 그러나 아동문학가들은 어린이의 과정에 도달했으니까 추구하는 문학 정신도 그 차원이 다를 수밖에 없다. 인간 정신의 완성 단계에 이르렀으니까 아동문학가들은 이 세상에서 가장 행복한 이들이다.

생텍쥐페리의 소설 『어린 왕자』를 읽었다. 40여 년 전에 읽었나 보다. 서가에 꽂혀있는 『어린 왕자』는 1976년 왕문사에서 출간한 것으로 황현산이 번역한 것이었다. 다시 어린 왕자를 만났다. 스티븐 호킹 박사는 신은 없지만 우주인은 있다고 했던가. 어린 왕자가 B612 소행성에서 온 우주인이든, 지구에 살고 있는 평범한 어린이이든, 상상력이나 환타지에 의하여 그려진 인물이든, 그는 이 세상을 향하여 때 묻지 않은 시선으로 생뚱맞게 어른들의 부끄러운 언행을 은근히 비판하면서 삶과 희망의 메시지를 전한다.

오후 네 시의 의미는 각별하다. 그의 친구 여우와 대화하는 장면에서 "가령 오후 네 시에 네가 온다면 세 시부터 나는 행복해지기 시작할 거야. 시간이 갈수록 난 더 행복해질 거야. 네 시가 되면 나는 벌써 불안하고 안절부절 못하게 될 거야. 난 행복의 가치를 알게 될 거야."하면서 오후 네 시는 행복을 누리는 시각이라고 정의한다. 그런데 현실은 어떤가? 대다수의 어린이들이 방과 후 수업을 받거나 학원에 간다. 행복해질 시간이 없어지고 있다.

어린 왕자를 통해서 세상을 바라보고, 이에 대응하면서 현실 문제를 파헤친 동시집이 있다. 이봉직의 동시집 『새싹 감별사 모집』(2017. 섬아이)이다. 새싹 감별사란 코끼리를 삼킨 보아구렁이의 그림이 '모자'가 아니듯, 눈으로 볼 수 없는 아름다움을 감지할 수 있는 사람이다. 이봉직은 이 동시집의 서문에 '꼭 하나만 더 바라는 일이 있어요. 이 시간에도 학원으로 달려가는 우리나라 모든 어린 왕자들에게 오후 4시의 놀이터를 되돌려 주고 싶습니다.' 라고 적었다.

특히 이 동시집은 소설 『어린 왕자』의 명대사를 인용하고, 그와 어울린 현실의 사안을 제시하면서 어린 왕자가 꿈꾸는 세상이 어떤 것인지 모색하였다. 어쩌면 어린왕자의 꿈은 모든 어린이들의 꿈이었다. 이 과정에서 시인은 때로는 수긍하고, 때로는 직설적으로 항의하고, 때로는 반어적(또는 역설) 수법을 동원하였다. 우리 어린이들도 웃을 줄 아는 별을 선물 받아야 하니까. 참고로 이 동시집에 인용한 『어린 왕자』의 구절들은 그의 아내 박효정이 번역한 것이다.

> 어른들은 내게 속이 보이든 안 보이든 보아뱀 그림은 그만 그리고 지리, 역사, 수학, 문법에 관심을 가지라고 충고했다.
>
> \- 어린 왕자

> 우리는 지혜롭고 이해심 많아 보이는 어른들을 만날 때면, 늘 궁금하던 것에 대해 들어보곤 한다. 그 어른이라면 우리가 답답해하는 것을 풀어 주리라 생각하기 때문이다. 하지만 언제나 이런 대답밖에 듣지 못했다.
>
> 학생, 공부나 열심히 해!
>
> \-「공부나 열심히」 전문

이 동시집의 화두는 공부다. 공부(어쩌면 사교육) 때문에 속박당하는 어린이들의 삶을 걱정하는 것이다. 55편 중 20편(40%)이 학원, 학교, 공부 그리고 숙제 등이 시어로 나타난다. 시어란 시인이 마주한 진실에 대하여 거짓을 말할 수 없는 엄격한 시의 정신이다. 간접적으로 이 화두를 다룬 작품들도 십여 편에 이른다.

> 사람들은 급행열차를 타고 어디론가 떠나지만,
> 무엇을 찾으러 가는지도 몰라.
> 그래서 모두 제자리만 맴돌고 있어. 빙빙…….
>
> \- 어린 왕자

어른들은 집과 회사를 빙빙 돈다.
언니 오빠들은 집과 아르바이트로 빙빙 돈다.
우리는 집과 학교와 학원으로 빙빙 돈다.

-「빙빙 돈다」 전문

다람쥐 쳇바퀴 돈다는 속담이 있다. 변화 없이 매일 똑같은 일만 반복한다면 얼마나 단조롭고 재미없겠는가? 오늘도 빙빙 돌다가 하루를 보내고 있다. 어린이들마저 치열한 입시 경쟁에 휘말리며 집과 학교와 학원으로 뱅뱅 돌고 있는 현실이 안타깝다.

모든 것은 마음으로 보아야 해.
참된 것은 눈으로 볼 수 없거든.
- 어린 왕자

넘겨짚은 것 하나가
우연히 들어맞으면
세상을
모두 알고 있는 것처럼
허풍을 떠는 어른들은
가질 수 없는 눈

-「마음의 눈」 전문

마음의 눈을 혜안이라고 하던가. 그것은 집념을 버리고 진리를 통찰하는 눈이다. 허풍쟁이 어른들은 가질 수 없지만, 어린 왕자들은 가질 수 있는 눈이란다. 그래서 워즈워스는 「무지개」를 통하여 '어린이는 어른의 아버지'라고 했나 보다.

참 별난 행성이네! 험한데다가
사람들은 상상력이 없어.
- 어린 왕자

그 별이 지구라는 별이야
우리가 살고 있는 곳이지
상상력 잃은 어른들과 함께…….

이 세상에 하나밖에 없는 꽃보다
흔해빠진 오천 송이를
더 좋아하는 어른들과 함께…….

한 송이에서도 찾을 수 있는 걸
오천 송이에서도 못 찾아내고
불행하다고 생각하는 어른들과 함께…….

-「이상한 별」 전문

상상력이 없는 어른들이 함께 살고 있으니까 지구는 더 험해지나 보다. 눈앞의 이익과 허영과 욕망을 바라보면서 살아가는 어른들이 참 답답하게 느껴진다. 꽃 한 송이에서 오천 송이를 찾아내는 상상력이 21세기의 자본이 될 텐데.

네가 오후 4시에 온다면
나는 3시부터 행복해지기 시작할 거야.
- 어린 왕자

우리는 이미 학원 차에 길들여졌어. 오후 4시에 학원 차가 온다면 3시부터 불안해지기 시작하거든. 축구공도 시큰둥해지고, 야구공도 눈에 안 들어 와. 한 가지 이상한 것은, 이 불안감에는 왜 적응이 안

되는지 그걸 모르겠어.

오후 4시의 놀이터가 텅 비어 있다는 것이 얼마나 슬픈 일인지 어른들은 상상조차 하지 못할 걸.

-「네가 오는 시간」 전문

여우는 지구에 온 어린왕자가 다섯째 날에 만난 친구다. 친구는 세상에서 하나밖에 없는 필요한 존재라고 생각한다. 그러나 요즘 아이들은 학원 차에 길들여져 친구도 없고, 축구도, 야구도 실컷 할 수 없다. 오후 4시의 즐거움도 없다. 즐거움이 없다는 것이 슬픔이라는 것을 어른들은 알지 못한다.

커다란 짐승이 와도 걱정 없어,
나도 뾰족한 가시가 있잖아.
- 어린 왕자

커다란 짐승이 뭔지 몰라도
무섭지 않다.
그럴 때를 대비해
태권도장에 2년 다녔고
좌우 살피면서 길을 건너고
친구랑 말다툼쯤이야
먼저 손 내밀면 그만인데,
진짜 무서운 건
가라앉는 배에서
혼자서만 탈출하는
어른들이야.

-「진짜 무서운 것」 전문

상기되는 것이 있다. 4월의 사건이다. 선장의 행동은 얼마나 가증스러운가. 이런 어른들이 진짜 무섭다고 한다. 몰염치한 어른들에게 보내는 가시 같은 메시지다.

너는 나에게 이 세상에서 하나뿐인 소년이 되고,
나는 너에게 이 세상에 하나뿐인 여우가 되는 거야.
- 어린 왕자

너에게 나도
단 하나밖에 없는 것이 되려고

나는 끓을 준비 끝낸
99도

나머지 1도는
너에게 달렸다.

-「세상에 단 한 사람」 전문

친구는 내가 99%를 만들어 놓고, 나머지 1%는 그가 열어줄 때 만들어진단다. 그렇게 하나뿐인 친구를 맞이하기 위하여 끓을 준비를 끝내고 있다. 친구란 하나밖에 없는 의미 있는 존재니까.

공부를 잘하는 것만으로 풀리는 세상인가! 어느 케이블 방송의 인기 드라마 『스카이 캐슬』은 사교육 전쟁의 치열한 단면을 극단적으로 풍자하였다. 자본주의는 필연적으로 경쟁을 강요하지만, 학력자본이 신분이나 소득과 연관이 있다고 생각하니까 부모들의 욕망은 처절해질 수밖에 없다. 그런 전쟁 속에서 우리 어린이들이 희생양이 되고 있다는 게 안타깝다. 이봉직은 동시집 『새싹 감별사 모집』을 통해서 어린 왕자들의 오후 4시의 놀이터를 돌려주고 싶은 것이었다.

작가는 세상을 바꿀 수 없다. 그러나 문학은 세상을 바꿀 수 있다. 어린 왕자의 여행 종착지는 지구다. 지구도 다른 행성처럼 모순이 존재하고 있었기에 어린 왕자를 보낸 것은 아닐까. 어린 왕자는 순수한 영혼이다. 그런 영혼이 다치거나 오염되어서는 안 된다. 그러나 부끄러운 어른들이 순수한 영혼의 소리를 듣지 못하고 있다.

이봉직은 그들이 외치는 소리를 들으면서, 이 땅의 어린 왕자들이 공부라는 경쟁의 울타리 밖에서 맘껏 뛰놀고, 맘껏 활동할 수 있고, 맘껏 꿈꿀 수 있는 세상을 만들어주고 싶다. 이 땅의 어린이들이 왕자처럼 거룩한 삶은 아니더라도 어린이다운 삶을 누려야 하니까.

결국 어린 왕자가 꿈꾸는 세상은 어디였을까? 오아시스였다. 어쩌면 우리들의 세상도 사막 아닌가. 그의 말이 또렷이 남는다.

"사막이 아름다운 이유는 어딘가에 오아시스를 숨기고 있기 때문일 거예요."

(『한국동서문학』 2019. 여름)

사랑과 행복이 넘치는 아름다운 세상

- 우덕상 첫 동시집 『족집게 선생님』

1.

애들아! 모여라 씨름판을 벌려보자
윗마을 아랫마을 흥겹게 놀아보자
아이들도 어른들도 함께 하는 씨름판
농악놀이 장단 맞춰 씨름판이 춤을 춘다
청샅바 갑돌이 홍샅바 순돌이
다리걸기 뒤집기 오금치기 기술도 가지가지
한가위에 열리는 즐거운 가을 잔치
온 동네가 축제의 날 즐거운 씨름놀이

-「씨름」 1절

들어보았지요? KBS 창작동요대회(2016년)에서 상을 받은 동요거든요. 선생님이 직접 가사를 쓰고 작곡한 노래랍니다.

우덕상 선생님!

인터넷 검색을 해 봐요. 선생님의 동요가 얼마나 많이 흐르고 있는지 깜짝 놀랄 거예요. 기억하고 있는 몇 편만 소개할게요. 「꿈」「연날리기」「춤」「내 탓이야」「귀한 말씀」「널뛰기」「북소리」 등등.

KBS 창작동요대회를 비롯하여 창작국악동요제, MBC 창작동요

제 등에서 상을 많이 받은 것도 선생님의 탁월한 능력 때문일 것입니다. 동요 보급을 위하여 동요 발표회 및 음반 제작도 많이 하였고, 그 공로를 인정받아 대한민국 동요대상, 한국 국악교육대상 등을 수상하기도 했습니다.

사람의 능력은 어디까지일까요? 미국 심리학자 윌리엄 제임스는 "우리들 대부분은 자신의 지적 능력을 조금밖에 발휘하지 않는다."고 했거든요. 그러면서 "사람은 뇌의 10%만을 사용한다."라고 덧붙습니다. 그런데 음악하는 분들이 일반인에 비해서 뇌를 더 효율적으로 쓴다고 한다네요.

우덕상 선생님은 음악을 하면서 문학을 합니다. 그렇다면 그의 능력은 어느 정도일까요?

우덕상 선생님은 1989년 '경남아동문학'에서 동시 추천을 받아 아동문학가가 됩니다. 동시집으로 『새싹』, 동요집으로 『우리노래를 찾아서』『씨름』 등이 있습니다. 좋은 문학을 했기에 제4회 울산아동문학상을 수상합니다. 현재 울산아동문학회와 울산작가회의 고문으로 계십니다.

울산아동문학상을 받으면서 "동심을 일구며 아름다운 세상을 열어가기 위해 여러 가지 일로 살아와 보람도 컸지만 부끄러운 점도 많았다. 이 수상을 계기로 더욱더 동심이 상상을 만나 아름다운 창조로 폭발할 수 있도록 아동문학을 늘 가까이하고 동시를 많이 쓰는 일에 온 힘을 다하겠다"고 했습니다.

2.

동시집 『족집게 선생님』(2019. 청개구리)의 원고를 먼저 읽으면서, 음악의 성과만큼 문학이 따를 수 있을까 하는 의문이었습니다.

운문(시)은 원래 음악입니다. 음악적 리듬이 있는 글이라고 운문이라 하거든요. 신라시대 이전부터 불려졌던 「구지가」「공무도하가」는 물론 고구려의 「황조가」 신라시대의 향가 등도 노래였습니다. 백제 무왕이 젊을 때 신라에 와서 선화공주를 얻으려고 퍼뜨린 「서동요」도 향가라는 노래입니다. 고려시대에 있었던 고려가요, 경기체가도 노래였으며, 고려 말에 나타난 시조는 지금까지 노래로 불려 집니다. 그 외에 민요, 잡가, 판소리, 가면극 등도 노랫말을 품고 있는 노래거든요. 옛 시가들은 노래하기 위한 문학이었습니다.

1920년대에는 동요시가 많이 나타납니다. 방정환의 「형제별」, 윤극영의 「반달」, 한정동의 「따오기」, 이원수의 「고향의 봄」, 윤석중의 「오뚜기」 그리고 서덕출의 「봄편지」 등. 이 동요시들은 지금도 널리 애창되고 있지요.

동요시는 음악이 되는 동요와 문학이 되는 동시로 나누어집니다. 동시는 비유, 의인, 상징, 반어, 역설 등의 표현법이나 이미지, 상상력 등 문학적 요소가 중심이 됩니다.

이 동시집에 실린 동시들은 음악이 될 수 있는 것들도 있습니다. 동요 작사를 많이 했으니까 그 방법에 익숙할 수 있습니다. 그러나 선생님은 문학적 요소를 살려 문학으로서 가치를 높이려고 애를 썼습니다.

씨앗이 썩어 아름다운 꽃 피우듯
나를 낮추면 우정의 꽃이 핍니다.

가장 낮은 자리에서 세상을 바라보면
가장 높은 세상이 보입니다.

-「씨앗」 전문

성서에도 한 알의 씨앗이 떨어져 죽으면 많은 씨앗을 맺는다고 했습니다. 씨앗이 발아하여 꽃이 피듯이 나를 낮추면서 우정의 꽃을 피우고 싶습니다. 즉 '나를 낮추면 우정의 꽃이 피는 높은 세상을 볼 수 있다'는 주제를 형상화하기 위하여 나를 씨앗에 비유했지요. 형상화란 어떤 소재를 예술적으로 재창조하는 것이거든요. 좋은 동시는 단어의 선택은 물론 배열(형식)과 좋은 표현법으로 형상화하여 멋진 구조를 가집니다. 「씨앗」은 가장 낮은 자리에서 쓴 가장 높은 동시입니다.

빨이도 걸레라고
친구들이 놀려도
냄새 난다
더럽다
친구들이 피해도

언제나
어디서나
친구들이 찾으면
한걸음에 달려가
기쁘게 청소한다.

아무리 냄새나고
아무리 더러워도
마음을 다해
정성을 다해
청소를 한다.

청소대장 걸레에는
사랑의 향기 난다
언제나
어디서나
반짝 반짝 빛이 난다.

-「청소 대장」 전문

좋은 작품은 감동도 큽니다. 작가의 체험과 정서를 진실하게 표현하기 때문입니다. 걸레는 빨아도 걸레입니다. 냄새나고 더럽지만 청소를 하면서 깨끗하게 해준다는 사실에서 엉뚱한 생각을 하게 됩니다. 이런 엉뚱한 생각을 시적 상상력이라 하는데, 그 상상력이 새롭고 풍부할수록 좋은 시가 되거든요. 걸레가 사랑의 향기일 수 있겠습니까? 그러나 걸레에서 사랑의 향기를 찾아낸 선생님의 지혜가 얼마나 감탄스럽습니까? 향기를 찾아내는 시의 눈(시안)이 없으면 발견할 수 없겠지요.

우덕상 선생님은 걸레에서도 향기를 찾아냅니다. 이 동시집에는 그런 향기가 그득합니다.

3.

우덕상 선생님은 교사(학교장)입니다. 교사가 소망하는 것은 무엇일까요? 근면, 성실, 정직, 사랑, 행복, 꿈, 독서, 성적, 우정, 재주, 성공, 지혜 등 '착한 표 어린이'입니다.

문학의 기능은 두 가지입니다. 교시적 기능과 쾌락적 기능입니다. 교시적 기능은 독자들에게 삶의 의미를 깨닫도록 교훈적인 역할을 하는 것이고, 쾌락적 기능은 독자들에게 재미나 정신적 즐거움을 주는 것을 말합니다.

어떤 기능이 좋을까요? 결정은 여러분이 해보세요. 교사 문학가는 거의 교시적 기능의 문학을 하거든요.

제목에 '선생님'이 들어있는 동시가 「족집게 선생님」「고래 선생님」「멋쟁이 선생님」 등 세 편입니다. 특히 「족집게 선생님」은 우덕상 선생님의 자화상입니다.

얼굴빛만 봐도
기뻐하는지
슬퍼하는지
척척 알아서 함께해 주시는
족집게 선생님

어떤 수업시간에도
무엇이 중요한지
어떤 문제가 나올지
척척 알아서 가르쳐 주시는
족집게 선생님

강아지 귀만 살펴봐도
어디가 아픈지
성격이 어떤지
척척 알아서 치료해 주시는
족집게 의사 선생님

족집게 선생님은 만물박사

-「족집게 선생님」 전문

동시의 화자(주인공)는 주로 어린이입니다만 이 동시는 선생님이 주인공입니다. 어린이들은 사랑의 대상이니까 표정만 보아도 어떤 마음인지 다 알고, 중요하게 공부해야 할 부분은 강조해서 가르치고, 어디가 아픈지 성격이 어떤지 다 알아야 합니다. 선생님은 만물박사거든요. 선생님의 사랑과 열정을 알 수 있지요.

선생님은 어떤 꿈을 꾸고, 어떤 세상을 그리고 있을까요?

"어! 엄마 눈에 내가 들어 있네.
그럼, 내 눈에도 엄마가 있겠네."
엄마의 눈을 바라보던 주희가
신기한 듯 말했습니다.

"어! 주희 눈엔 엄마 사랑이 가득 들어있네.
그럼, 내 눈에도 주희 사랑이 가득 들어있겠네."
주희의 눈을 바라보던 엄마가
꼭 안으며 말했습니다.

눈은 작지만 아름다움을 볼 수 있는 창입니다.
가슴속의 따스함을 느끼는 마음의 창입니다.

-「눈」 전문

눈은 작지만 아름다움을 볼 수 있고, 가슴 속의 따스함을 느끼는 창입니다. 엄마 눈 속에 내가 들어 있습니다. 내 눈 속에는 엄마가 들어있습니다. 그냥 들어 있나요? 아닙니다. 가득한 사랑의 모습입니다. 아마 사랑과 따스함이 넘치는 세상을 소망하고 있으니까요.

생각이 맑은 친구의
부드러운 미소는
싱그러운 과일 향기를 담아
정으로 살포시 다가옵니다.

마음이 순수한 친구의
해맑은 미소는
잔잔한 꽃향기를 담아
사랑으로 포근히 다가옵니다.

-「미소」 전문

미소는 과일 향기를 담아 정으로 다가오고, 꽃향기를 담아 사랑으로 다가오게 하는 친구입니다. 미소는 생각이 맑고, 마음이 순수하면 부드럽고 해맑아집니다. 그런 미소로써 정과 사랑이 넘치는 포근한 세상을 만들고 싶거든요.

사랑은 주변에서만 맴돌지 않습니다.

믿음이라는 징검다리 놓아
한발 두발 함께 가며 친구가 된다.
장애를 넘어
다름을 넘어
있는 그대로를
서로 서로 인정하는

우리는 좋은 친구

감동이라는 마음의 창을 열어
한발 두발 함께 가며 친구가 된다.
서로 믿고
사랑하며
있는 그대로를
서로 서로 함께하는
우리는 좋은 친구

-「좋은 친구」 전문

좋은 친구가 되는 방법은 '장애를 넘고/ 다름을 넘어'야 한다고 합니다. 또한 '서로 믿고/ 사랑하며/ 있는 그대로를/ 서로 서로 함께' 할 때 만들어진다고 합니다. 그러기 위해서 '믿음이라는 징검다리'를 건너고, '감동이라는 마음의 창'을 열어야 합니다. '우리는 좋은 친구'라는 그 세상을 위하여.

어떤가요? '좋은 친구'가 되면서 사랑과 행복이 넘치는 세상을 꾸미고 싶지 않나요?

4.

'울산 사랑'이 남다릅니다. 살고 있는 고장에 대해 애정과 자긍심이 크기 때문입니다. 울산을 노래한 작품은 「정자바다」 「처용가와 처용무」 「장생포 고래마을」 「슬도」 「선암 수변공원에 가면」 「태화강 대숲 길」 「동요시인 서덕출」 등 7편입니다.

선암 수변공원에 가면
넓고 깊은 호수를 만난다.

넓고 깊은 호수와 놀다보면
어느새 내 마음이
호수처럼 깊고 넓어진다.

선암 수변공원에 가면
높고 푸른 하늘을 만난다.

높고 푸른 하늘과 뛰어놀다보면
어느새 내 생각이
하늘처럼 높고 밝아진다.

-「선암 수변공원에 가면」 전문

정말 가고 싶게 합니다. 선암 수변공원! 그곳에서 호수를 만나고, 하늘을 만나면, 내 마음도 호수처럼 깊어지고, 하늘처럼 높고 밝아질 테니까요. '선암 수변 공원에 가면'을 반복 사용하여 안정되고 균형된 형식을 보입니다. 이런 표현법이 대구 형식이거든요.

사랑은 커져서 나라 사랑까지 이어집니다.

200년 전부터 피었네.
한라산에 자생한 제주 왕 벚꽃

110년 전부터 피었네.
일본신사의 제주 왕 벚꽃

50년 전부터 피었네.
미국 워싱턴 D.C 포토백 강가의 제주 왕 벚꽃

제주도에서 일본으로
일본에서 미국으로
전해진 제주도 왕 벚꽃
세계 꽃이 되었네.

-「제주도 왕 벚꽃」 전문

제주 왕 벚꽃은 한라산 등에서 자생한 품종입니다. 그 꽃이 일본으로 미국으로 건너가 세계의 꽃이 됩니다. 요즘 도로나 공원에 많이 심어놓은 벚꽃은 왕 벚꽃을 개량한 품종인데, 일본의 꽃이라고 하니까 왕 벚꽃은 우리의 꽃이고, 우리의 자존심이라는 것을 분명히 인식시켜주고 싶은 것입니다.

5.

아동문학은 어린이를 깨달은 사람만이 누릴 수 있는 문학입니다. 성서에도 '어린 아이와 같이 되지 않으면 결단코 천국에 들어갈 수 없다'고 했고, 화가 피카소는 '어린 아이처럼 생각하게 되기까지 일생이 걸렸다'고 했습니다. 철학자 니체도 짜라투스트라의 입을 빌려 '정신의 세 가지 변화'에 대하여 말한 바 있는데, "인간의 정신은 처음에는 낙타가 되고, 다음에는 사자가 되고, 마지막 세 번째는 어린이가 되어야 한다"라고 했거든요. 낙타와 사자의 과정을 거쳐 비로소 완성의 단계에 이른 것이 어린이입니다.

아동문학가들은 어린이의 과정에 도달했으니까 추구하는 문학 정신도 차원이 다를 수밖에 없습니다. 인간 정신의 완성 단계에 이르렀으니까 아동문학가들은 이 세상에서 가장 행복한 이들이거든요.

우덕상 선생님은 음악(작곡)까지 누리고 있는 아동문학가입니다. 얼마나 특별하고, 행복한 분일까요?

동시집 『족집게 선생님』이 널리 읽혀서 동심의 노래가 넘치는 세상이 되면 좋겠습니다.

끝으로 동시 한 편 올립니다. 사랑과 행복이 넘치는 아름다운 세상이 되기를 소망하면서.

"당신을 사랑합니다."

가족도
친구도
이웃도
웃음 넘치게 하는
사랑의 소리
나누고 베푸는
넉넉한 마음의 소리

"당신이 있어 행복합니다."

가족도
친구도
이웃도
기쁨 넘치게 하는
행복의 소리
작은 것도 소중히 여기는
검소한 마음의 소리

사랑의 말 한마디로
행복의 말 한마디로
마음 안엔 날마다
사랑과 행복의 씨앗이 자란다.

-「아름다운 소리」 전문

(2019『족집게 선생님』)

비유와 감춘 것을 향기로 뿜어내는 노래, 그리고 사랑

- 김이삭 첫 동시집 『바이킹 식당』

> 내가 입을 열어 비유로 말하고, 창세부터 감추인 것들을 드러내리라.
>
> \- 마태복음 제십삼장

1.

『바이킹 식당』(2013. 푸른사상)은 김이삭 시인의 첫 번째 개인동시집입니다. 이 동시집의 동시들을 읽으면서 '큰 일을 낼 시인이구나'하는 생각이 들었습니다. 성인문학(시)은 물론 아동문학의 운문(동시)과 산문(동화)까지 못하는 게 없는 문학가이기도 하지만, 새로운 소재를 탐색하기 위하여 얼마나 노력했는지 동시마다 참신함이 돋보였기 때문입니다.

김이삭 시인의 문학 경력은 대단합니다. 아무나 갈 수 있는 길을 걷는 게 아닙니다. 1998년 『소년문학』에 동화가 당선되고, 2005년에는 『시와 시학』에 시 「전어」 외 4편이 당선됩니다. 2008년에는 '시와 창작 문학상'에 시가, 경남신문 신춘문예에 동화가, 2010년에는 기독신춘문예에도 동화가 당선되는 영광을 누립니다. 그 뿐이 아닙니다. 제3회 농촌문학상, 제9회 푸른문학상 '새로운 시인상'을 수상하고, 『어린이와 문학』지에 동시「우리 동네 문제아」외 2편이 추천되어 당당히 문단에 나섭니다. 2011년에는 작품의 우수성을 인정받아 서울문화재단의 지원금을 받기도 합니다.

또한 2009년에는 시집 『베드로의 그물』, 작년에는 동화집 『꿈꾸는 유리병 초초』그리고 금년에는 동시집 『바이킹 식당』을 발간하면서 문학적 성과들을 하나씩 이루어내고 있습니다.

내가 운영하는 '아름다운 동시교실'에서 그와 함께 공부하고 토론한 것도 근 2년이 되었습니다. 그의 문학 열정이 얼마나 뜨거운지 부산도 멀다 않고 달려오곤 합니다. 또한 기독교 신앙이 몸에 배어 늘 겸손하고 차분하고 자애롭고 소박합니다. 그런 열정과 신앙심과 천성들은 좋은 동시를 만드는 모티프(주제나 생각)나 밑천이 되었겠지요.

'큰 일을 낼 시인'의 동시집에 서평을 쓰는 것은 두려움이기도 하지만, 언제나 낮은 자세로 다가오는 그의 모습이 예쁘고 아름답기 때문에 이런 모습들만 표현해주어도 되겠다는 생각이 들어 주저 없이 펜을 들었습니다.

2.

이삭!

벼, 보리 따위의 곡식의 열매가 달리는 부분이거나 농작물을 거두고 난 뒤, 흘렸거나 빠뜨린 낟알을 이르는 말이기도 합니다.

그런데 그런 뜻이 아닙니다. 아브라함은 구약 성서 「창세기」에 나오는 이스라엘 민족의 시조입니다. 하나님은 그의 신앙을 시험하기 위하여 어린 아들을 제물로 바치라고 합니다. 아브라함은 의심 없이 순종하지요. 그 아들이 이삭입니다. 이삭이라는 필명(본명:김혜경)에는 철저히 기독교의 정신을 계승하고, 그 신앙을 올곧게 표현하는 문학가가 되겠다는 의지가 담겨 있습니다.

종교를 문학으로 승화시키는 것은 쉬운 일이 아닙니다. 자칫 기도처럼 격렬해 지면 종교 선전이 될 수 있으니까요. 그것은 문학이 아닙니다. 종교의 기품이 배어나도록 표현할 때 문학성도 살아나는 것입니다.

> 눈 위를
> 아이가 걸어갑니다
>
> 누가누가
> 삐뚤삐뚤 가는지
> 바른 길 가는지
>
> 하나님은 가끔
> 눈 발자국으로
> 우리를 돌아보게 합니다.
>
> -「반성문」 전문

흰 눈은 깨끗함과 순결을 상징합니다. 그런 눈이기에 처음으로 발자국을 찍는 것은 두려움이며 설렘일 수 있습니다. 사람마다 발자국이 찍히는 모양은 다릅니다. 발자국의 모습이 다르듯이 우리들이 걸어가는 삶의 모습도 다른 것입니다. 그래서 하나님은 흰 눈을 주시고, 그 발자국으로 우리를 돌아보게 합니다. 이 동시의 매력은 눈만으로도 부족하여 바른 길 가도록 하는 하나님의 소망까지 표현하고 있는 것입니다. 시인이 얼마나 깨끗한 세상을 소망하고 있는지 알 수 있습니다.

밤새 서리가
벼 밑동에 내렸다

촘
촘
촘

-서릿발이 추워서
잠시 방학이야.

하나님
보낸 강바람 편지 받고

숙봉이 할배
두 발 뻗고
주무신다.

-「빈 논」 전문

숙봉이 할배는 농사꾼입니다. 방학도 없이 농사를 짓는 모습이 안쓰럽습니다. 그래서 밤새 서리를 내립니다. 서리밭에서는 일할 수 없으니 방학을 준 셈이 되지요. 이것은 안식을 주고 싶은 시인의 마음이기도 하겠지만, 숙봉이 할배를 비롯하여 인류를 사랑하는 하나님의 사랑과 배려이기도 하겠지요. 그런 은혜를 받은 숙봉이 할배는 두 발 뻗고 주무시고 계시겠죠. 흐뭇하게 웃고 있는 시인의 얼굴도 떠오릅니다.

김이삭 시인의 동시는 사랑과 평안과 안식입니다. 몸에 밴 기독교 신앙이 동시 소재의 바탕을 이루고 있기 때문입니다. 그러나 격렬하지 않고 잔잔하게, 뜨겁지 않고 차분하게 흐르고 있어 그 문학성이 뛰어나다 아니할 수 없습니다.

3.

김이삭 시인의 동시 세계를 좀 더 이해하려고 성서도 조금 읽었습니다. 마태복음을 읽다가 성인(예수)의 말씀이 비유이거나 감춘 것을 드러낸다는 것을 읽고 이것이 김이삭 시인의 동시와 별반 다를 바 없다는 생각이 들었습니다.

김이삭 시인은 비유가 참 좋습니다. 비유는 동시를 이루는 글의 옷입니다. 맵시 있고 멋지게 보이는 옷을 입을 때 더 예뻐 보이지요. 시인은 글의 옷을 맵시 있고 멋지게 보여주려는 분들입니다. 그 옷은 시인의 상상력으로 만들어(지어) 내는 것이랍니다.

목련 나무가 전구를 켰다

깜박
깜박

새로 밝힌
백열등
새벽이 화안하다

-「목련」 전문

삼월 새벽이 환합니다. 그 이유가 무엇일까요? 목련 나무가 전구를 켰기 때문입니다. 꽃이 핀 것을 전구를 켰다고 하니까 세상이 밝아지는 느낌이 얼마나 크게 느껴집니까? 그렇게 느껴지게 하는 것을 이미지라고 합니다. 훌륭한 시인은 새롭고 참신한 이미지로써 독자들을 감동시킵니다.

올해도 기차가 도착했다.

남쪽에서
북쪽 산기슭까지

식쏘
직포

연분홍 꽃연기 뿜으며

햇살 기관사 모는
기차가 마악, 도착했다.

-「진달래 기차」 전문

올해도 진달래 기차가 도착하네요. 진달래가 기차입니까? 그런데 직포 직포 소리를 내고, 연분홍 꽃연기를 뿜으며 달려오는 모습이 정답고 낯설지 않지요. 좋은 동시는 비유는 전혀 엉뚱하지만, 정말 그렇구나 하면서 감탄이 나오게 하거든요. 올해도 햇살 기관사가 모는 진달래 기차를 맘껏 타고 놀아요.

등대는 애꾸눈 선장

낙지주낙 나간
찬조 아재 배
암초 부딪치지 말라고

삐이잉, 뼁
삐이잉, 뼁

어지러워도 꾹 참고
빛으로 지휘한다.

-「등대」 전문

디즈니 영화 '피터팬'에 나오는 후크 선장은 갈퀴손을 가지고 악한 행동을 많이 하지요. 그러나 등대는 애꾸눈이지만 착한 선장입니다. 뼁 뼁 머리를 돌리면 어지럽겠지요. 그래도 빛으로 지휘하기 위해서 꾹 참을 수밖에 없습니다. 찬조 아재 배 암초에 부딪치면 안 되니까요. 어쩌면 김이삭 시인도 등대입니다. 동시라는 빛으로 사람들의 마음을 지휘하려고 하니까요.

김이삭 시인의 동시를 읽으면서 비유를 찾아보세요. 상상의 나라로 맘껏 날아가게 할 것입니다. 21세기 삶의 경쟁력은 상상력이라고도 하니까요.

4.

김이삭 시인이 드러내고 싶은 세계는 무엇일까요? 동시인은 무엇보다 아이들의 마음을 이해하고 그들의 세상을 알아야 합니다. 그게 동심이니까요.

잠방잠방
찰방찰방

신 나게 뛰어다닌다.

놀이터 지나
모래 웅덩이 지나

맨발로
하루 종일 놀아도
야단맞는 일 없다.

- 「장맛비는 좋겠다」 전문

요즘 아이들이 꽉 짜인 일과 속에서 살아가는 것이 안타깝습니다. 그래서 장맛비를 통하여 아이들에게 자유를 선물합니다. 신나게 뛰놀게 합니다. 그렇게 놀아도 야단맞지 않게 합니다. 정말 근사하지요.

보이지 않는 커다란 힘에 대한 거부감도 표현하고 있습니다.

우리 동네
산 중턱에 해적선이 나타났다!

'바이킹 식당'이라는
간판을 단 해적선

애꾸눈 해적 차림의
종업원이 왔다 갔다 하는 게 보인다.

도시 사람들
줄서서 기다리고

모 심던 사람들도
짬을 내 바이킹으로 간다.

해적들 불 밝히고
산마을 사람들 호주머니 통째 털고 있다.

-「바이킹 식당」 전문

동네 산 중턱에 식당이 들어섭니다. '바이킹 식당'입니다. 해적선의 이름이기에 어쩌면 동네를 해적질할지 모른다는 생각이 스칩니다. 왜 그런 생각이 들었을까요? 산마을 사람들은 넉넉하게 살아가는 분들이 아니지만, 근사한 식당이 생겼으니까 자주 이용하게 되겠지요. 소비를 부추기게 하니까 마치 해적이 사람들의 호주머니를 통째 털고 있다는 것으로 생각할 수 있습니다. 참 근사한 생각이지요. 이 동시를 읽으면 시인의 착상력이 얼마나 참신하고 경이로운지 알 수 있을 것입니다.

다문화 가정에 대한 배려와 응원도 남다릅니다.

필리핀 아줌마

끄릉, 끄르릉
유모차 밀고 지나간다.

지나간 길섶에
아주 작은 말냉이꽃
바람에 손 흔들고 있다.

-힘내요, 코시안 엄마!
먼 나라 들풀인
나도 꽃을 피웠어요.

-「말냉이꽃」 전문

시적화자인 나는 말냉이꽃입니다. 먼 나라에서 들어온 꽃입니다. 나(꽃)도 이렇게 꽃을 피우듯, 필리핀에서 온 코시안 엄마도 힘을 내서 행복의 꽃을 피우길 소망하지요. 다문화 가정의 엄마나 아이들이 잘 적응하면서 살아갈 수 있도록 응원하고 있지요.

또한 고향 바다에 대한 향수와 체험도 깔려 있습니다.

파래는 때밀이

쓱싹, 쓱싹

담치 수염이랑
갯바위 붙은 때
말끔히 씻어주고

바다 친구 모두
공짜로 때 밀어 준다.

파래가 있어
바다는 언제나 파래.

-「파래」 전문

파래는 바닷말입니다. 갯바위에 붙어 자라지만 바다를 씻어주는 때밀이에 비유했습니다. 파래가 바다의 때를 밀어서 바다가 파랗게 된 것이지요. 이런 생각은 바다가 파랗다의 '파래'와 바닷말 '파래'를 같은 뜻으로 파악했기 때문이지요. 어때요? 재미있지요. 이런 것을 '언어 유희'라고 합니다.

가글가글 개구리
무엇하러 왔나?

재미없다, 농사
사람 없다, 농사

투덜대는 농부 할아버지
응원하러 왔지

-「개구리」 전문

개구리 울음소리가 '가글가글' 들리나요? 소리가 깨끗하게 들리지 않네요. 아마 농사를 지어도 재미없는 농부들을 보니까 마음이 아프고 목이 컬컬해졌기 때문일 것입니다. 그런 현실이 안타까우니까 개구리울음도 '가글가글' 들리는 거지요. 이 동시는 부산도시철도 승강장에 그림과 함께 오래 붙어 있어, 많은 사람들이 농사를 걱정하고 농부들을 응원한 계기가 되었을 것입니다.

이 밖에도 ‘환경보호’ ‘동물 보호’ ‘사회 고발’ ‘엄마와 가족 사랑’ ‘나라 사랑’ 그리고 ‘꿈’ 등을 간직한 동시들이 많거든요. 차분히 읽으면서 찾아보세요.

5.

김이삭 시인의 대표동시는 「향기 엘리베이터」일 것입니다. 이 동시는 제9회 푸른문학상 수상 동시집(『향기 엘리베이터』)에 실려 있지만, 읽으면 세상을 보는 시선이 얼마나 따스한지 향기까지 느껴지게 합니다.

15평 산동네 아파트
우리 엘리베이터는
1층에서
15층까지
향기 배달하는
꽃향기 엘리베이터

문이 열릴 때마다
산 찔레 아카시아
꽃향기가 난다.

-너희 엘리베이터, 향기 참 좋다.

친구 말에서도 향기가 난다.

-「향기 엘리베이터」 전문

아카시아 향기가 느껴지나요? 그 향기가 소박하게 살아가는 산동네 아파트 사람들을 으리으리한 아파트도 부럽지 않게 만들어 놓았네요. 향기는 바이러스인가 봐요. 친구의 말에서도 나기 시작했습니다. 이제는 이웃 동네, 머잖아 온 국민들의 입에서도 향기가 쏟아지겠지요. 동시집 『바이킹 식당』에서 풍기는 동시 향기와 어울려 무지개 색깔보다 아름답고, 장미보다 향기로운 세상이 이루어질 것 같네요.

김이삭 시인의 동시는 마치 하나님의 말씀처럼 비유와 감춘 것을 향기로 뿜어내는 노래와 사랑입니다. 이 동시집이 널리 읽혀서 동심과 믿음과 사랑의 꽃을 활짝 피우고, 그 향기로 온 누리를 아름답게 하는 역할을 다했으면 좋겠습니다.

(2012 『바이킹식당』)

한 알 밀알의 삶이 맺은 동시 열매

- 남은우 첫동시집 『화성에 놀러와』

1.

영화나 드라마는 3B요소를 갖추어야 성공한다고 합니다. 아이(baby), 동물(beast) 그리고 미인(beauty)입니다. 어쩌면 이 동시집도 좋은 동시집이 될 수밖에 없는 예감이 들지요. 어린이와 동물들이 등장하고, 미녀 선생님이 썼거든요. 동시도 선생님을 닮아서 예쁘고, 깜찍하고, 멋있고, 재미있고, 매력 짱이었습니다.

남은우 선생님!

2004년 경남신문 신춘문예에 시 「풍향계가 있는 오후」가 당선되어 시인이 되었습니다. 또한 어린이들을 사랑하고, 어린이들과 생활하고 싶어 초등학교 글쓰기 선생님이 되었고, 선생님이 지도한 아이들이 지방은 물론 전국 글짓기 대회 등에서도 굉장한 성과를 이룹니다. 2013년 『어린이와 문학』지에 동시가 추천되고, 제11회 푸른문학상 '새로운 작가상'을 받으면서 아동문학가의 자리에도 오릅니다. 푸른 문학상을 받은 동시들은 『강아지 기차』(공저)라는 동시집에 실려 널리 읽히고 있습니다.

이번에 첫동시집『화성에 놀러와』(2015. 가문비어린이)를 펴냅니다. 화성은 태양의 행성일까요? 아니면 경기도 화성일까요?

2.

동시 한 편 읽어보겠습니다.『열린 아동문학』잡지 첫머리에 실린 선생님의 동시「귀뚜라미 장군」(2014 가을)을 '그림이 있는 동시'란에 올렸습니다. 그림까지 그려서 잡지 맨 앞에 실은 것은 좋은 동시를 대접하기 위해서거든요.

어깨
가슴

보나마나
훈장받일 게다

매미군대를 물리친 공로
무더위를 소탕한 공로
결실의 계절을 찾아온 공로

수수가 굽신
조가 굽신
벼가 굽신

한반도 들녘을 손아귀에 쥔
장군,

귀뚤귀뚤
더 줄 것 없나?
아파트단지로 숨어든다

-「귀뚜라미 장군」 전문

좋은 동시는 상상력을 키워줍니다. 21세기는 상상력이 경쟁력이라고 하지요. 외국에서는 초등교육에 동시를 많이 읽고, 외우게 합니다. 어릴 때부터 상상력을 가지는 힘을 길러주기 위해서지요. 상상력은 세상 끝까지 가 보게 하는 꿈도 꾸게 하고, 남다른 상상력이야말로 경쟁사회를 살아가는 힘이기도 할 것입니다. 스티브잡스와 빌게이츠를 생각해보면 알 수 있을 것입니다. 그렇다면 귀뚜라미 장군은 어떤 분일까요? 참 궁금하죠. 귀뚜라미 소리는 가을과 함께 찾아옵니다. 이미 매미 소리도 사라지고, 여름의 무더위도 한 풀 꺾여버립니다. 계절의 자연스런 변화지만 여기서 상상력이 발휘됩니다. 귀뚜라미는 매미 군대와 무더위를 물리치고 찾아온 장군이라고 생각한 거죠. 그러니까 귀뚜라미 소리는 승리의 노래가 되지요. 마침 결실의 계절이라 잘 익은 수수, 조, 벼도 고개 숙이는데, 이것도 귀뚜라미 장군의 공로 앞에서 굽신거리는 동작으로 본 거죠. 귀뚜라미 장군은 한반도를 손아귀에 거머쥐고 아파트에도 찾아옵니다. 들리나요? 귀뚜라미 장군의 호령소리가…….

이 동시집은 「귀뚜라미 장군」처럼 상상력의 창고입니다. 이 동시집을 읽으면서 새로운 상상의 세계로 날아가 보세요. 파랑새를 찾아 떠나는 치르치르와 미치르처럼. 새로운 꿈과 행복도 찾게 되겠죠.

3.

선생님이 가장 좋아하는 말이 무엇인 줄 아세요? 교회 다니는 어린이들은 잘 알 겁니다. '내가 진실로 진실로 너희에게 이르노니 한 알의 밀이 땅에 떨어져 죽지 아니하면 한 알 그대로 있고 죽으면 많은 열매를 맺느니라(요한복음 12장 24절)' 라는 성경 구절……. 어떻게 하면 밀알이 될 수 있을까요? 선생님은 성경 쓰기로 그 답을 찾아가고 있다고 하는데, 요즘 「이사야서」를 쓴다고 하네요. 아마 두꺼운 성경의 절반은 넘긴 모양입니다.

밀알의 삶! 어떤 것일까요? 밀알이 땅에 묻혀야 비로소 눈이 트고 싹이 나고, 시간이 지나면 또 열매를 맺습니다. 그 속에 생명의 힘이 있기 때문에 놀라운 변화의 가능성을 보이는 거죠. 그러니까 선생님의 생각과 행동이 밀알의 삶이며, 그것을 표현하면서 비로소 동시라는 열매가 맺어진 것입니다. 늘 밀알 같은 삶을 통해서 새로운 생명을 만나고, 새로운 세계와 부딪치고, 새로운 가능성과 만난 것입니다.

신앙을 가진 문학가들은 자칫 자기 종교를 선전하기 위한 동시를 쓰기도 합니다. 그러나 선생님은 종교를 선전하지 않습니다. 오직 밀알의 삶을 표현하면서 종교의 모습을 그리워하도록 만들어 놓습니다. 훌륭한 문학가이기 때문에 차원 높은 동시를 쓰는 것은 아닐까요? 몇 편만 골라 한 알 밀알의 삶, 그 모습을 찾아보겠습니다.

우리 동네 앞산
배문 열린다

활짝 열린 문으로

거름 실은 경운기
수건 쓴 아줌마
누렁소
똥개
제비꽃
민들레
들쥐
까치
쟁기
괭이
호미
삽

흙냄새 나는 것들
다 들어간다

-「배꽃 방주」 전문

노아의 방주가 연상되지요. 얼마 전에는 영화로 상영되기도 했죠. 노아의 방주는 날로 포악해지는 세상을 구하기 위하여 만든 배지만, 이 방주는 향기 나는 배입니다. 노아는 사라질지도 모르는 동물들까지 태우지만, 배꽃 방주는 흙냄새 나는 것들을 다 태웁니다. 노아가 살던 시대는 두려운 세상이었지만, 배꽃 세상은 향기로운 세상입니다. 노아의 시대가 되어서는 안 된다는 기도소리가 들리는 것 같지요. 배꽃은 아름다운 세상을 꿈꾸면서 향기로 열어놓은 문이니까요.

책책책책
책책책책

앉아도 책
날아도 책

책밖에 모른다

-「도서관 참새」 전문

도서관 참새는 뭐가 달라도 다르지요. 책밖에 모르는 참새들이니 읽은 책이 얼마겠어요? 그렇다고 기죽을 필요 없답니다. 책벌레 참새들만 있는 게 아니니까요. 학교 안 다녀도 노래만 잘 하는 참새들, 동네 놀이터며 정자나무는 깡그리 접수, 놀자! 놀자! 놀자!로 똘똘 뭉친 참새들, 유기농 논만 골라 다니며 신나게 벼 까먹는 참새들, 벌레잡이 선수들, 음악 신동에 이어, 요새는 한자 신동들까지 있다고 하네요. 부럽다고요? 문제집 탁 덮고 놀이터로 달리는 건 어때요? 그렇다고 엄마 눈 밖에 나면 안돼요.

이쪽 가로수길이 던지면

저쪽 가로수길이 받고

2차선

4차선

6차선

가리지 않고

밤새 휙휙 날아다니는

고양이 럭비공

-「럭비공」 전문

럭비공은 어디로 튈지 모릅니다. 고양이는 길을 건너는 일이 두렵습니다. 럭비공처럼 튀면서라도 무사하기를 소망합니다. 간혹 로드킬 당하는 동물들을 볼 때 가슴이 아프지요. 요즘 TV에서도 동물 사랑을 실천하는 프로그램 '동물 농장' 등이 있어 참 다행입니다.

우리 할아버지 동무들 웃긴다

볍씨, 풀씨, 지푸라기씨, 진흙씨……

논일 고돼
양말 신은 채 주무시는 날은
요 위에 우르르 따라와 눕는다

벼 베면 베 베고
탈곡 하면 탈곡 하고

추수 동안 한 시도 떨어지지 않는
흙 동무들

"내가 몬 산다. 몬 살어."
할머니 이불 활활 털며 내쫓지만

이불자락에 끝끝내 붙어서

공짜 잠 드렁드렁 자고 간다

-「할아버지 동무들」 전문

농사일 하시는 할아버지를 따라 볍씨, 풀씨, 지푸라기 그리고 진흙들이 따라옵니다. 피곤하니까 작업복을 입은 채 주무시기도 합니다. 할머니는 그게 못마땅하죠. 그러나 그 친구들은 털어내도 잘 떨어지지 않습니다. 그럴 바엔 차라리 친구로 만들어버렸네요. 하찮은 것까지 관심과 눈길을 주고 있지요.

이 한 몸 바쳐 반드시 세상을 환하게 만들겠습니다!

공약 지킨 벚나무들

-「벚나무 나라 선거」 전문

현대인은 약속을 잘 지킵니다. 벚나무들은 세상을 환하게 만들 거라는 공약을 했고, 그 약속을 꼭 지켜냅니다. 요즘 정치인들도 본받길 소망하면서 환한 세상을 그리고 있지요.

우리 할매
깜깜해져도
고추 따고
깻잎 딴다
"할매, 그카다 뱀한테 물리면 우짜노?"
"괴안타, 할매는 요 손이 등불인기라."

-「손이 등불」 전문

밤늦게까지 일하시는 할머니를 보면서 안쓰러운 마음을 가집니다. 그래서 할머니의 손은 등불입니다. 등불이기 때문에 걱정도 없어집니다. 좋은 동시는 어둠도 밝게 하네요.

고성 공룡들이 뭉쳤대

박물관에서 빈둥거리지 말고
들판으로 나가자고

그래서
경운기도 몰고
트랙터도 몰고
콤바인도 몰고

내 죽으모 농사 누가 짓노?
자나 깨나 걱정인
고성 할배들
주름 좍 펴 드리자고
쿵
쿵
쿵

밀짚모자 공룡 농부들
산을 내려오고 있대

-「공룡들이 뭉쳤대」 전문

도시로 사람들이 몰리니까 농사짓는 일도 걱정입니다. 일손이 모자라니까 농업 기계화도 이루어질 수밖에 없죠. 경운기, 트랙터 그리고 콤바인 등 기계들이 농부들이 해야 할 일을 대신합니다. 기계들은 인간이 아닙니다. 그렇다면 공룡에 비유해도 그럴듯하죠. 기계들이 농사일을 대신하면서 농부 할배들의 걱정과 주름까지 좍 펴

드리지요.

눈 와도 걱정 없지롱
내복이 있으니까

앞산도 구경시켜 주고
호수도 구경시켜 줬다고
담쟁이가 떠 준 내복

양말까지 달려 있어서
까치가 부러워 죽는 내복

그러지 말고 까치야
너도 이리 들어 와서
몸 좀 녹이고 가렴

-「감나무의 내복 자랑」 전문

동시에 쓰인 말투를 어조라고 하는데, 선생님의 어조는 거칠지만 자연스럽습니다. 일상어를 그대로 사용하니까요. 담쟁이가 감나무를 타고 오릅니다. 자기들이 살아가는 방법이기도 하지만, 그것을 통해서 서로 돕고 사는 협동정신을 강조하고 싶었던 거지요. 그 덕분에 감나무는 내복을 얻고, 담쟁이는 앞산이나 호수도 구경하게 되지요.

여름밤 한 때 영업으로
평생 행복 보장!!

골짝골짝 파고든

프랜차이즈 개구리 노래방
우리 동네 진출 코앞이다

저수지 딸려 있죠,
산 아래라 공기 좋죠,
농약 근처에도 안 간 논이죠,
손으로 김매주죠,
흠이라면 아파트촌 산책로에 있다는 건데…….

봄비 중개인
침 튀기며
개구리 투자자 모으고 있다

-「개구리 노래방」 전문

프랜차이즈란 본래 프로야구단이 가지는 독점흥행권이었는데, 총판업자가 소매점에 상품영업권을 주는 댓가로 로열티를 받는 체인을 말하지요. 우리 동네는 유기농을 합니다. 그러니까 개구리들이 살아가기 좋은 환경이지요. 개구리들에게는 행복이 보장되는 곳이니까 이곳에 와 살라고 개구리들을 불러 모으고 싶습니다. 봄비 중개인이 나섭니다. '개구리 노래방'의 독점 운영권을 개구리 투자자들에게 주고 싶은 거죠. 아마 개구리의 노래를 로열티로 받고 싶었나 봐요. 이처럼 자연과 친구가 되고 싶고, 자연을 가꾸고 싶은 마음이 간절합니다.

축구 잘 하는 민기
충남 당진으로 전학 가고

글 잘 쓰는 혜민이

충남 서산으로 전학 가고

멋진 친구 두 명이나 선물 받은
충청도는 좋겠다

-「좋겠다」 전문

사랑한다는 말은 얼마나 해야 표현될까요? 전학간 민기와 혜민이를 사랑한다는 말 한 마디도 하지 않았습니다. 그런데 사랑한다는 말보다도 더 깊은 사랑이 느껴지지 않나요? 그게 문학의 힘입니다. 또한 선생님의 사랑법일지도 모르겠습니다. 정말 충청도는 좋겠네요. 멋진 친구 두 명이나 받았으니까.

4.

이 동시집은 4부로 되어 있습니다. 제1부 '개미 소년 표류기'는 자연에서 얻은 소재입니다. 표현도 익살스럽고 재미있어 입이 다물어지지 않을 것입니다. 감자를 캐고 전구알을 모두 뽑아 버려 땅 속 동네 깜깜하겠다고 괜한 걱정까지 하네요. 제2부 '뻥쟁이 태풍'에는 개구리, 공룡, 너구리, 멧돼지, 사막여우, 참새 등이 출연하고, 미우면서도 예쁜 내 동생 은주도, 애완견 기쁨이도 슬픔으로 등장합니다. 이들과 얽히는 즐겁고 행복한 이야기들이 기다리고 있었네요. 뻥쟁이 태풍 너구리도 웃음과 기쁨을 선물할 것입니다. 제3부 '별빛 영화제'는 어린이들과 생활하면서 얻은 노래입니다. 오늘도 여러분들은 긴 줄에 묶여 있지요. 왜냐구요? 학교 공부, 방과 후 교실, 학원 등 꽉 짜인 일과에 얽매여 살아가니까요. 제4부 '사서 걱정 할머니'는 가족과 이웃의 이야기입니다. 팬지꽃도 편지꽃으로 만들어내는 선생님의 표현 수법에 놀랄 것입니다.

늘 한 알 밀알로 살아 왔기 때문에 이렇게 멋진 동시 열매들을 맺게 했네요.

선생님의 첫동시집 『화성에 놀러와』는 여러분의 머리를 쓰다듬어 주는 따스한 손이 될 것입니다. 자연 환경, 동식물, 가족과 친구와 이웃도 소중하지 않는 게 없다는 것을 따스하게 느끼게 해 줄 테니까요. 또한 재치 있고 익살스런 표현도 재미와 미소를 줄 것입니다. 이 동시집을 읽으면서 내내 행복에 젖어 있는 여러분의 모습이 선하게 떠오릅니다.

(2015 『화성에 놀러와』)

'숨은 하느님'에게 무엇이 딱 걸렸을까요?

- 박혜경 첫 동시집 『딱 걸렸어』

1.

박혜경 시인은 보육교사입니다. 이런 분만 계시다면 우리나라 유아교육은 얼마나 행복할까 하는 생각이 들었습니다. 얼마나 겸손하고 성실한 분인지 금세 알 수 있거든요. 그가 『아동문예』 문학상에 당선(2014.3/4)될 때 이렇게 소감을 썼습니다.

'십여 년 전부터 어린이집 보육교사로 일하게 되면서 아이들의 순수함을 보게 되었고, 그 순수함을 동시로 써봐야겠다고 생각했습니다. 아이들이 낮잠을 자고 있는 동안 아이들 생활 모습을 틈틈이 시로 그려내는 시간이야말로 제게는 행복 자체였고, 아이들이 커가듯 제 동시도 조금씩 자라고 있다는 생각에 가슴 뿌듯함마저 들었습니다.'

이 어린이집에 다니는 아이들은 정말 행복하겠지요. 아이들이 귀여워서 어쩔 줄 모르겠다고 합니다. 아이들이 사랑스러워 자꾸 보고 싶다고 합니다. 그들의 모습을 시로 적는 시간이 행복하다고 합니다. 아이들과의 관계를 사랑으로 맺고 있었습니다. 이 분이야말로 보육교사가 아니라 가슴 따뜻한 어머니거나 하느님 같은 분이 아닐까요.

그런 분이 쓴 동시니까 얼마나 따뜻하겠습니까? 손광세 시인도 추천사에서 '세 편 모두 어린이의 눈높이를 의식한 작품이다. 어느 것이나 누구나 쉽게 찾을 수 없는 독특한 글감이다. 그리고 어린이들이 쉽게 다가설 수 있도록 다양한 표현 기법을 사용하였다.'라고 했습니다.

프랑스 철학자 루시앙 골드만은『숨은 신(The Hidden God)』이란 책에 '신(하느님)은 분명 존재하고 있지만 인간에게 나타나지 않으니까 존재하지 않는 것처럼 보인다'라고 했습니다. 그러나 박해경 시인을 만나면서 이 분이 존재하는 '숨은 하느님'이라는 생각이 들었습니다.

이번에 첫 동시집『딱 걸렸어』(2017.청개구리)를 출간합니다. '숨은 하느님'께 딱 걸린 것은 무엇일까요?

2.

시인이 시를 쓰는 행위는 사람과 사람, 사람과 사물(자연) 사이에 새로운 언어를 찾아서 소통하기 위해서입니다. '숨은 하느님'이 소통하고 싶은 것은 사랑이었습니다. 사랑이 가장 먼저 딱 걸려들었네요.

바닷속
어린이집
귀신고래 선생님
따개비 아이들
돌보느라 바쁘다.

울보 따개비
편식하는 따개비
욕심 많은 따개비
잠꾸러기 따개비
모두 등에 태워
오늘은
울산 장생포 앞바다까지
소풍 왔다.

-「귀신고래 선생님」전문

귀신고래가 선생님입니다. 교실에는 다스리기 어려운 아이들이 참 많지요. 울보, 편식하는 아이, 욕심 부리는 아이, 잠꾸러기 등등. 저마다 성격이 다르지만 모두 소중하기 때문에 잘 보살펴주고 싶습니다. 귀신고래는 따개비 아이들을 등에 태워 소풍을 시켜줍니다. 따개비들이 고래 피부에 붙어 함께 살고 있듯이 그렇게 아이들을 돌봐주고 싶거든요. 아마 유능한 선생님이니까 귀신이라는 말을 쓴 것은 아닐까요? 오늘은 울산 장생포 앞바다까지 소풍 왔네요. 귀신고래 선생님의 수고에 박수! 박수!

엄마가 다리미로
바지를 다립니다
쭈글쭈글했던

주름들이 사라집니다.

학교에서 혼나고
어두웠던 마음
엄마가 칭찬으로
달래줍니다.

바지도 나도
따뜻한 말 한마디가
그리웠던가 봅니다.

-「말 한마디」전문

마음의 주름살도 펼 수 있을까요? 학교에서 혼나는 날이 있습니다. 마음이 어두워집니다. 이 때 다리미 역할을 하는 게 엄마의 칭찬입니다. 따뜻한 말 한 마디가 다림질입니다. 엄마처럼 마음의 주름살을 갖고 있는 아이들은 찾아오세요. 칭찬과 사랑을 나눠주고 싶은 선생님이 계시니까요.

옷은 입지 않고
모자만 쓰고
나왔네

여린 새싹
꽃샘바람에
춥겠다.

-「봄 새싹」전문

아이들이 봄 새싹입니다. 옷을 입지 않고 모자만 쓰고 나온 여린 새싹들은 얼마나 춥겠습니까. 사랑이 필요해 집니다. 꽃샘바람은 아이들을 힘들게 하는 환경이고요. 결국 사랑이 필요한 아이들에게 다가가고 있는 모습이 포근하게 느껴지지 않나요?

3.

걱정이 많으면 소통이 어려워집니다. '숨은 하느님'도 걱정 없이 살아가는 세상을 만들고 싶습니다. 아름다운 욕심이 딱 걸렸거든요.

> 신전리 이팝나무 할머니
> 내년에도
> 꽃 피울 수 있을까?
> 걱정하며 바쁘게 움직입니다.
>
> 오랜 세월 보내느라
> 마른 가지 삐걱거리지만,
>
> 올해도 쌀밥 지어
> 공기에 담아
> 한 상 가득
> 신전리 마을에 차려 냅니다.
>
> -「이팝나무」전문

이팝나무 알죠? 하얀 쌀밥을 이팝이라고 하는데 이 나무의 꽃이 피면 쌀밥처럼 보인다고 그 이름이 붙었지요. 가난하게 살 때는 쌀밥을 먹어보는 게 소원입니다. 쌀밥을 제대로 먹을 수 없으니까 이팝나무를 보며 배고픔을 달래기도 했답니다. 이팝나무는 올해도 쌀밥을 한 상 가득 보냈네요. 배고픈 아이들이 없는 세상을 그리워하면서요. 이제 마음껏 먹었으니 공부도 열심! 노는 것도 열심!

벌과 나비는
맨발로 가볍게
이 꽃 저 꽃 옮겨 다녀요.

꽃이 다칠까 봐
신발 신지 않고서.

-「맨발로 가볍게」 전문

벌과 나비가 꽃을 찾아다니면서 신발을 신고 있다면 어떻게 될까요? 꽃이 다칠 수 있습니다. 어쩌면 벌과 나비가 조심조심 꽃을 찾아가듯 그렇게 아이들에게 다가가는 모습이 떠오르지 않나요? 신발은 신지 않았습니다. 꽃들이 다치면 안 되거든요.

오늘은 내 생일
제일 좋아하는 초코케이크 먹는 날
그런데 식탁 위에서
눈 크고 빼빼 마른
케냐 아이들 사진을 보았다

일 년 동안 굶지 않고
공부할 수 있단다
엄마에게 그 말이 정말인지
물어보니 정말이라고 해서
나에게 사줄 초코케이크 값 삼만원

케냐로 보내주라고 했다
살며시 다가온 엄마
나를 꼭 끌어안으며
엉덩이를 토닥토닥 해주었다
활짝 웃는 케냐 아이들 얼굴이 떠올라
멋진 생일 선물 받은 것 같다.

-「케냐 아이들」전문

이 세상에는 도와주어야 할 사람이 참 많습니다. 특히 아프리카 일부 나라 아이들은 먹을 게 없어서 큰 고통을 당하고 있다고 합니다. 사회라는 곳은 나만 잘 사는 게 아니라 서로 도우며 사는 곳이거든요. 생일 케이크 하나 값이라도 케냐로 보낸 아이는 얼마나 기쁠까요? 그보다 멋진 생일 선물이 있을까요?

4.

세상에는 아직도 그늘진 곳이 많습니다. '숨은 하느님'은 그들 대신 아파하면서 소통하고 싶습니다. 약한 이들의 편에 서서 그들을 돕고 싶은 생각도 딱 걸렸으니까요.

여기는 재개발 구역
텃밭 만들지 마시오

붉은 글씨 앞에
노랗게 모여든

유채꽃 주민들
살 권리를
보장하라! 보장하라!
외쳐보지만
우당탕거리는 굴착기 소리뿐

날아든 벌과 나비
이사 가자고 해도
고개 흔들며 한숨짓는
유채꽃 주민들
녹슨 철근이 금방이라도
허리를 찌를 거 같아
아슬아슬하다.

-「유채꽃」전문

재개발 구역에 유채꽃이 한창입니다. 텃밭을 만들기 위해 굴착기들이 땅을 파고 야단입니다. 그 구역에 살고 있는 유채꽃 주민들이 안절부절못합니다. 언제 살 곳을 잃어버릴지 몰라 불안합니다. 마치 살 권리를 보장하지 않고 주민을 몰아내는 커다란 힘에 대항하며 시위를 하는 것처럼 느껴집니다. '숨은 하느님'은 밝고 따뜻한 세상을 그리워하고 있거든요.

재개발 공사에 밀려
정든 이웃들은
모두 떠나고
갈 곳 없어 남아 있는
할머니와 지우,

점점 가까이에서

들려오는
굴착기 소리,

학교에서 쓰지 못한
장래희망란에
써보는
"아파트 주인"

-「장래희망」전문

실제 재개발 공사 때문에 떠나는 이웃이 있나 봐요. 할머니와 지우도 떠나야 합니다. 굴착기 소리는 점점 커지고 갈 곳은 없는데 어떻게 할까요? 장래희망마저 버린다면 살 힘도 없어집니다. '아파트 주인'이 되는 꿈이라도 꼭 갖게 하고 싶습니다.

외할머니 집에
나를 맡겨 두고
돈 벌어 오겠다고
떠난 엄마.

연필만 보이면
종이만 보이면
동그라미가 자꾸
그려진다.

별들도
엄마가 보고 싶은지
동그라미 하나
그려놓고
밤새
바라보고 있다.

보름달
엄마처럼 웃고 있다.

-「보름달」전문

외할머니 댁에 아이를 맡겨두는 경우가 많아지고 있습니다. 한부모 가정이 많아지고 있기 때문입니다. 엄마가 그립습니다. 엄마는 오지 않습니다. 보름달을 보면서 엄마를 그립니다. 보름달 웃음도 엄마 얼굴이니까 보름달이 있어 참 다행입니다.

5.

오늘 아침에 거울을 보면서 단정하게 꾸몄나요? 와! 예쁜 장미꽃처럼 얼굴이 빛나네요. 동시도 멋을 부리면 더 예뻐집니다. 특히 비유는 시의 옷이거든요. 얼마나 잘 입혔을까요?

긴 겨울잠을
자면서도
늦지 않고
빠르지 않게

딱 맞춰
일어날 수 있는
개구리들의
알람시계.

-「경칩」 전문

돌 틈사이로
떨어진 노란 금단추
나비들이
얇은 날개 자락에
맞대어 보고 갑니다.

-「민들레」 전문

경칩은 24절기 중 하나입니다. 겨울잠을 자고 있는 개구리 따위가 깨어나는 시기입니다. 그 시기에 맞춰 일어나도록 하니까 '개구리들의 알람시계'라고 했네요. 민들레꽃은 노란 금단추라고 했습니다. 나비들이 필요한 단추인가 싶어 날개 자락으로 맞춰보고 가는 것도 멋지게 느껴집니다.

아빠는 가끔
바다에 젓가락질해요
기다리다
꽁치를 집어 올리고
또 기다리다
고등어도 집어 올리고
어쩌다 미역도 집어 올려요
푸른 바다는
아빠의 커다란 밥상.

-「낚시」 전문

어때요? 낚시를 아빠의 젓가락이라고 표현한 글을 본 일이 있나요? 어쩌면 시인은 세상을 젓가락질 하면서 소재를 물고기처럼 낚아 올리는 사람 아닐까요?

'숨은 하느님'의 상상의 세계는 재치와 재미와 유머입니다.

길가에 똥똥똥 떨어진
작은 똥들을 밟았다
신발 밑에서 똥 냄새
솔솔 올라와
풀밭에 닦고 또 닦고
노란 학원 차에
올라탔다
친구들이
코를 벌렁거리며
'아! 똥 냄새'
소리 지를 때
내 짝꿍 영철이
'미소야,
너 은행 다녀왔구나!'

-「은행」 전문

정말 멋진 친구지요. 영철이 말입니다. 똥을 밟고 차에 오르면 얼마나 구린내가 나겠습니까? 친구들이 코를 싸맵니다. 당황하고 있을 때 영철이가 나섭니다. 꿈에도 똥을 밟으면 돈이 생긴다고 했거든요. 한 술 더 떠서 '너 은행 다녀왔구나'하면서 돈 생길 일이 있어 좋겠다고 암시합니다. 영철이와 선생님 중 누가 더 센스쟁이일까요?

6.

빼리리 현관 벨소리에
모두 깜짝 놀라며
아무 일 없었다는 듯
순
간
이
동
시치미 뚝!

그렇지만, 딱 걸렸어
뭔가 알 수 없는 이 느낌.

-「딱 걸렸어」 끝부분

아무도 없는 우리 집은 지금 어떻게 하고 있을까요? 야구공이 슝슝 날아다니고, 소파는 벌러덩 드러눕고, 내 치마가 돌아다니고, 프라이팬은 공중전하고, 계란 프라이 뒤집기 연습하고, 시계도 느릿느릿 가고. 코끼리 인형은 물놀이하며 놀고 있을 것 같지는 않나요. 현관 벨소리가 울리면 모두 깜짝 놀라며 순간이동하면서 아무 일 없었던 것처럼 시치미를 뗍니다. 뭔가 딱 걸린 것 같은데 알 수 없는 이 느낌은 무엇일까요? 아마 상상의 세계가 아닐까요?

상상의 세계는 시인의 재산입니다. 시인은 상상의 세계에서 얻은 것을 표현하니까요. 그것들은 백화점의 상품처럼 잘 진열해야 합니다. 21C는 상상력이 경쟁력이라고 합니다, 우리가 동시를 읽는 것도 상상의 세계를 여행하면서 상상력을 키우는 일이거든요.

박해경 시인은 ‘숨은 하느님’입니다. 프란치스코 교황은 ‘최고의 권위는 섬김’이라고 했거든요. 참 좋은 동시를 쓰면서도 늘 겸손합니다. 보육교사로서 사랑과 섬김으로 본분을 다하고 있으니 교황처럼 최고의 권위를 가진 분입니다. 그러니까 존재하는 ‘숨은 신(하느님)’입니다. 원래 시인은 신과 같은 말인지 모릅니다. 신을 늘이면 시인이 되고, 시인을 줄이면 신이니까요. 사랑이 담긴 동시를 많이 쓰고 있는 이유도 이 때문일 것입니다.

시를 쓰는 행위는 새로운 언어를 찾아서 소통하기 위해서입니다. ‘숨은 하느님’도 소통하고 싶은 것이 많았습니다. 그것들이 딱 걸린 주제이기도 합니다. 사랑, 따뜻함, 보살핌, 봉사활동 등으로 걱정 없이 살아가는 세상에서 소통하고 싶은 아름다운 욕심도 보였고요. ‘숨은 하느님’이니까 그런 세상은 반드시 지켜주겠지요. 또한 비유의 옷을 잘 입힌 멋진 것과 재미와 재치를 주는 센스도 엿보인 동시들이 많아 이 동시집이야말로 사랑을 듬뿍 받을 수 있는 요소를 다 갖추고 있네요.

『딱 걸렸어』에 딱 걸려보면서 상상의 세계로 즐거운 여행도 하고요. 그러면 ‘숨은 하느님’의 사랑도 듬뿍 받겠지요.

(2017『딱 걸렸어』)

악어가 나타나면 어떻게 해야죠?

- 장그래 첫동시집 『악어책』

1.

상추 잎에 따라온/달팽이 한 마리//
잠자던 아빠를/벌떡/일어나게 했다//
풀숲으로 보내주고/돌아오는 길//
아이스크림 사먹고/아빠 손잡고/산책도 했다//
달팽이가 큰일 했다

-「큰일 했다」 전문

정말 큰일 했습니다. 상추 잎에 따라온 달팽이 한 마리가 아빠를 벌떡 일어서게 했네요. 아빠랑 손잡고 산책하게 하고, 아이스크림도 함께 먹게 했으니까요. 풀숲에 달팽이를 보내주는 것은 살려주는 행위입니다. 그런 사랑까지 실천했으니 발걸음이 가볍습니다. 따뜻하고 정겨움이 느껴집니다.

좋은 동시는 아이들의 마음을 알아주고, 이해하면서 울림을 줍니다. 아이들의 고민이 무엇인지 달래주고, 위로해 주면서 행복과 사랑을 느끼게 합니다. 이 동시집 『악어책』(2018. 브로콜리숲)이 그런 큰일을 하고 있네요.

선생님의 작품을 눈 여겨 보았습니다. 행복한 경험, 사랑하기였습니다. 이 동시집은 온통 '사랑'입니다. 그런데 악어도 나타납니다. 어떻게 해야 할까요? 아인슈타인은 '진짜의 지능은 지식이 아니라 상상력이다. 논리는 A에서 B로 연결해주지만 상상력은 당신을 어디로든 데려다 줄 것이다'고 했으니까 상상의 세계로 달리는 거예요. 달콤하고 새콤하고 상큼한 매력까지 느끼게 될 것입니다.

2.

책읽기! 교과서(지식)는 성취하면 버려지지만, 좋은 책은 수십 년이 지나도 살아있는 지혜이며 교훈입니다. 빌 게이츠는 '하버드 대학교 졸업장보다 소중한 것은 독서하는 습관'이라고 했거든요.

책장을 넘기는데/찍-/찢어진다//
책도/나 보기 싫은가보다

-「책」 전문

책 읽기 싫은 날 있지요. 그럴 때는 책도 거부하나 봐요. 책장이 찢어지기도 합니다. 어쩌면 책도 마음이 있나 봐요. 그렇다면 즐겁게 읽어야겠네요. 암기와 계산 등 지식 위주의 교육을 하면서 좌뇌(논리, 계산 등 이성의 뇌)를 발달시키는 학교 교육과 달리, 독서는 우뇌(감성의 뇌)를 발달시킨다고 합니다.

정수는 축구에/연아는 춤에/은수는 워너원에/경태는 곤충에//

미 쳤 다//
칠판 위에 딱 붙어 있는/우리 반 급훈/ '미쳐야 산다!'//
나만 미칠게 없다//
정말 미 치 겠 다

-「날마다 죽음」 전문

미치라고 하네요. 급훈이 '미쳐야만(몰두) 미칠(도달) 수 있다'라고 했네요. 정수, 연아, 은수 그리고 경태는 미치는 일을 하고 있습니다. 나만 미칠 게 없는 것 같아 미치겠다고 합니다. 몰두는 중독과 다릅니다. 컴퓨터 게임처럼 재미에 흠뻑 빠져 헤어날 수 없는 상황은 중독입니다. 몰두는 공부, 운동, 취미활동 등 업그레이드하기 위해서 집중하는 일입니다. 프랭클린은 '독서는 정신적으로 충실한 사람을 만든다. 사색은 사려 깊은 사람을 만든다. 그리고 논술은 확실한 사람을 만든다'라고 했으니까 집중하는 습관은 중요합니다.

엄마는 어쩔 수 없습니다. 아이들에게는 욕심을 부릴 수밖에 없거든요. 경쟁 사회에서 뒤떨어지고 싶지 않거든요.

이제 겨우/덧셈 배웠는데/구구단 외우래요//
게임하고 싶은데/책 읽으래요//
경찰 아저씨,/자동차 빨리 달리면/범칙금 내야 하지요?//
속도위반한/우리 엄마/딱지 좀 끊어 주세요

-「딱지」 전문

엄마의 과속은 문제입니다. 선행학습을 시키면서 남보다 앞서게 하고 싶습니다. 이것은 속도위반이니까 딱지 좀 끊어서 벌금통지서를 보내 달라고 합니다. 엄마의 사랑을 역설적으로 표현했네요. 그러나 엄마는 「수상한 거래」를 하면서도 여러분이 건강하고 착하게 자라주기를 소망합니다.

> 밥 다 먹으면/게임하게 해줄게//
> 어제는/게임 절대로 안 된다면서요?//
> 게임하게 해주면/밥 다 먹을게요//
> 숙제 다 하면/놀이터 가서 놀게 해줄게//
> 미세먼지 때문에/안 된다면서요?//
> 놀이터에서 놀다 와서 게임하고 밥 먹고/숙제할게요, 네?
>
> -「수상한 거래」 전문

엄마는 변덕쟁이지요. 게임을 못하게 하면서 때때로 허락합니다. 미세먼지 때문에 밖에 나가 놀 수 없어도 허락할 때가 있습니다. 밥을 먹이고, 숙제를 하게 하려는 거래(?) 때문이지요. 엄마의 속셈을 뻔히 알면서도 거래를 합니다. 때때로 엄마가 손해 볼 때도 있습니다.

> 아이스크림 혼자 먹었다고/인정머리 없는 놈//
> 할머니께 인사 안 했다고/버르장머리 없는 놈//
> 친구랑 싸운 날 변명 안했다고/주변머리 없는 놈//
> 내 머리 좀 찾아주세요
>
> -「머리 없는 놈」 전문

머리가 참 많네요. 인정머리, 버르장머리 그리고 주변머리 등. 어쩌면 이런 머리를 가지고 생활하면 왕따 당할지 몰라요. 그런 머리를 버리면 공부와 상상력이 풍부한 머리가 되겠네요.

축구시합 있는 날//
땀 흘리며 뛰는 영우를 위해/쌩쌩 달려왔습니다//
'에이, 바람 때문에 골도 못 넣고'//
영우는 그런/바람의 마음도 몰라줍니다

-「바람의 사랑법」 전문

영우는 바람의 마음을 모릅니다. 바람은 땀 뻘뻘 흘리는 것이 안타까워서 쌩쌩 달려오기도 합니다. 그러나 영우는 바람 때문에 골을 넣지 못했다고 불평합니다. 그래도 좋습니다. 바람은 불어줄 테니까요. 그게 바람의 사랑법이네요. 아마 우리들의 엄마와 아빠도 바람 아닐까요? 아참! 우리 선생님도 계시네요.

장수풍뎅이/풍풍이와 뎅뎅이//
자꾸자꾸/만지고 건드리고 싶다//
"자꾸 만지면 일찍 죽어!"//
엄마는 왜 나를 자꾸 만지는 거야?/그럼, 나는 벌써 죽었겠다

-「자꾸 만지면」 전문

장수풍뎅이를 기릅니다. 볼 때마다 만지고, 건드리고 싶습니다. 한국인은 촉각이 발달해서 만지면서 느끼는 것이 보는 것보다 훨씬 더 어울립니다. 그런데 엄마가 자꾸 만지면 죽는다고 외칩니다. 그래서 소리 없는 대꾸를 합니다. 엄마가 자꾸 만지는 나는 어떻게 되느냐고 하면서.

번호표 없이/기다리고 있어요//
빈자리 생긴 거/다 알고 있어요//
'팔등로 생선구이집' 앞/고양이 손님들//

그 뒤로 보이는/쥐 손님들//
빼꼼/빼애꼼//
언제 차례 올까/기다리고 있어요

-「특별한 손님」 전문

길고양이는 식당에서 남은 음식이라도 챙겨주면 맛나게 먹기도 합니다. 번호표가 없는 손님이니까 언제 차례가 올지 알 수 없습니다. 톨스토이는 '사람들이 살아나가는 것은 사랑 때문이다'라고 했고, 아이리스 머독은 '우리는 오로지 사랑을 함으로써 사랑을 배울 수 있다'라고 했습니다. 길에서도 얼마든지 사랑을 만날 수 있네요.

얼마 전에 TV에서 보았지요. 코에 빨대가 꽂힌 거북이를 수술하는 장면을요.

코스타리카 해안/바다거북의 콧구멍에/빨대가 꽂혀 있었대요//
맛있는 해초라고/냠냠 맛나게 먹었겠지요//
이런 맛은 처음이야!/퉤퉤퉤!//
뱉지도 못하고/삼키는 건 더 힘들어//
발버둥 치며 눈물 흘리고 있었대요//
그 빨대, 설마……/내가 버린 그 빨대는 아니겠지요?

-「빨대」 전문

그 빨대가 내가 버린 것은 아닐까요? 요즘 태평양에 한반도의 열다섯 배가 되는 플라스틱 섬이 흐르고 있다고 합니다. 우리들이 버린 것들이 태평양으로 흘러갔을 테니까요. 플라스틱 조각을 주워 먹고 알바트로스 새들도 죽어가고 있다고 합니다. 고기들도 주워 먹고 있다고 하니 우리 식탁에 플라스틱 고기가 올라올 날도 머지않았습니다. 요즘 미세먼지 끼는 날도 많아집니다. 그래서 환경과 지구를 사랑하는 일에도 관심을 보이지 않을 수 없습니다.

동시집의 제목이 된 동시를 표제작이라고 합니다. 아, 악어가 나타났네요.

> 악어가 나타났다!//
> 도마뱀인 줄 알았는데/악어였다//
> 아악, 엄마야!/깜작 놀라 소리 질렀다//
> 엄마가 던진 냄비뚜껑, 국자들/우적우적 씹어대며/쫒아오는 놈//
> 도망치는데/악어보다 더 무서운 놈이 생각났다//
> 한 번 물면 절대/놓지 못하니까//
> 악어야, 너 맛 좀 볼래?//
> 내가 좋아하는/만화책!
>
> -「악어책」 전문

상상의 세계를 표현한 작품이라서 흥미롭습니다. 그림책이나 동화책을 읽는데 악어가 불쑥 나타납니다. 깜짝 놀랍니다. 엄마가 던진 냄비뚜껑, 국자를 씹으며 쫓아옵니다. 도망치는데 악어보다 더 무서운 놈이 생각납니다. 무섭다기보다 더 질긴 녀석입니다. 한 번 빠지면 헤어나기 힘들게 하거든요. 그 녀석이 누구일까요? 만화책입니다. 요즘 그보다 더 무서운 것이 나타나 여러분의 발목을 꽉 물려고 합니다. 조심하세요.

이 외에도 치매 할머니 걱정(「우주고개」 등), 형제 우애(「천하무적」 「유서」 등), 선생님 사랑(「결석」 등), 친구 사랑(「난타」 「크레바스」 등) 그리고 유전자 변형 생물체에 대한 걱정(「LMO 뉴스」 등) 등 그득그득 사랑이 담겨 있습니다.

3.

동시집을 읽다가 발견한 게 있지요. 마침표(.)가 없습니다. 마침표가 없는 것은 시적 이미지가 끝나지 않았다는 것입니다. 앞으로 노력하고, 발전을 거듭하면서 더 멋진 작품을 생산하겠다는 강한 약속이거나 의지이기도 합니다. 어조(시인의 목소리)는 딱딱하거나 엄숙하지 않아서 동화를 읽는 것처럼 재미가 묻어납니다. 주제, 어조, 리듬 그리고 비유 등이 합창하듯 잘 어우러져 동심의 세계를 더 멋지게 나타낸 것도 자랑이 아닐 수 없습니다. 무엇보다 아이들을 사랑하고, 아이들의 고민까지 풀어내고 있어 읽을수록 기분이 좋아집니다. 아이들의 마음을 알아주기 때문에 읽는 이들이 모두 행복해 질 것입니다. 그리고 풍부한 상상력의 세계로 초대하거든요.

동시집의 구성은 4부입니다. 제1부 '내가 왕이다'는 나를 중심으로 한 체험입니다. 친구들이 등장하고, 가족 간의 사랑까지 쏠쏠하게 읽히도록 노래하면서 상상력을 발휘했습니다. 제2부 '꽃이 걸어간다'는 자연의 아름다움입니다. 그러나 자연만의 노래가 아니라 체험을 자연에 비유해서 표현했기 때문에 더 절절한 아름다움이 느껴집니다. 제3부 '줄 서서 먹는 집'은 환경보호의 중요성을 요즘 일어나는 현상들을 예를 들면서 강조하고 있습니다. 플라스틱 섬, LMO 뉴스 그리고 바다거북 이야기 등은 그 심각성을 충분히 느끼게 합니다. 그리고 제4부 '새로운 부족'은 사회가 변화하면서 나타나는 새로운 모습을 그리고 있습니다. 혼족, 침대족, 우리 집에는 없나요?

몇 년 전 동아대학교 문예창작대학원에서 동시문학을 강의하면서 선생님을 만났습니다. 조용하고 우아해서 백합처럼 향기로운 분이라는 생각이 들었습니다. 그 때는 석사 과정을 공부하고 있었지만 이제는 박사 과정을 마치고, 대학에서 강의를 하고 있다고 합니다. 아동문학가들도 박사가 많아집니다. 인재가 많아지면 문단이 그만큼 풍성해지겠지요.

이 동시집은 사랑하기라는 행복한 경험들입니다. 점점 거칠어지고 있는 세상에게 사랑의 메시지를 보내면서, 따스한 마음을 가진 분들이 오순도순 살아가는 세상이 되기를 소망하기 때문일 것입니다. 그리고 악어를 만나면 어떻게 하나요? 상상력을 발휘해야 합니다. 가장 소중한 재능이 상상력이니까요.

이제 행복한 꿈을 만나세요. 행복이 나비처럼 날아오르는 아름다운 세상이 펼쳐질 것입니다.

(2018『악어책』)

숲과 들이 일깨우는 놀이 본능

- 5인 동시집 『오늘은 어떤 놀이를 할까?』

호모 루덴스(homo ludens)! 요한 하위징아는 인간의 본질을 놀이로 파악하였다. 놀이는 문화의 한 요소가 아니라 문화 그 자체가 놀이의 성격을 가지고 있다고 하였다. 놀이의 기본 범주로 '경쟁'과 '모의'를 제시한 바 있다. 5인 동시집 『오늘은 어떤 놀이를 할까?』(2018. 크레용하우스)는 공부만을 강요하는 현실에 '우리 함께 숲과 들에서 놀아 보자'고 하면서 놀이 본능을 일깨운다.

'친구들 손을 잡고 작은 숲이나 들판으로 가는 거야. 그곳에는 재미난 놀이를 할 수 있는 장난감들이 많이 숨이 있어. 부서질까 봐 걱정하지 말고 마음껏 가지고 놀면 돼. 봄, 여름, 가을, 겨울, 계절에 따라 장난감이 달라져서 언제나 새로운 놀이를 할 수 있어.'하면서, 아이들이 해보고 싶은 놀이를 골라서 할 수 있도록 시를 썼다고 한다. 그러면서 '책에 실린 놀이는 정해진 규칙이 없어. 너희들이 놀이 규칙을 만들 수 있단다. 상상에 따라 다양한 놀이를 만들 수 있을 거야. 어때, 재미있을 것 같지 않니?' 하면서 상상력과 재미까지 있다는 추임새를 넣고 있다.

이들 5인은 한상순, 정진아, 이묘신, 박혜선 그리고 송경원 등이다. 이들은 동인이라는 공간에 얽매이고 싶지 않아 '동시동락'이라고 하였다. 동고동락에서 유추한 것이라면 동시를 같이 즐기자고 모인 분들이다. 획!-. 한국 동시단의 한 획을 그을 만한 이들이 모여 목소리를 높여 자연과 더불어 놀자고 외친다.

단테는 '자연은 신의 예술'이라고 했고, 루소는 '자연을 보라. 그리고 자연이 가르치는 길을 따라 가라. 자연은 쉼 없이 아이를 단련시킨다'라고 했으며, 워즈워드는 '우리들이 이 지상에 사는 한 기쁨에서 기쁨으로 인도하는 것은 자연'이라고 노래한 바 있다. 그렇다면 학교와 학원을 오가며 자연을 잃어버리고 살아가는 우리 아이들이 얼마나 처량한가. 자연 속에서 마구 뛰놀고 뒹굴게 하고 싶은 것이다. 벌써 아이들의 얼굴에 새 봄처럼 생기가 돌 것 같다.

동시집은 2부로 구성되어 있다. 1부는 '숲에서 놀아요'(25편), 2부는 '들에서 놀아요'(25편)다. 동시 한 편마다 '이렇게 놀아요!'하면서 놀이 방법까지 제시하고 있으니 숲과 들이 온통 놀이터다.

꽃잎 한 장
동동동
계곡 물에 띄웠어요.

아랫마을
버드나무에게 줄
꽃 편지래요.

졸졸졸
계곡물이 우체부 되어
꽃 편지 전하러
흘러갑니다.

- 박혜선 「산벚나무」 전문

어떤 놀이가 어울릴까? '냇물에 꽃잎이나 나뭇잎 띄우기'다. 시인은 다음과 같이 놀이 공간으로 유도한다. '서로 다른 종류의 나뭇잎이나 꽃잎을 따서 물 위에 띄워 봐요. 나뭇잎배가 될 수도, 편지가 될 수도 있겠죠. 그 편지에는 무슨 내용이 적혀 있을까요? 누구에게 어떤 말을 전하고 싶은지 이야기를 나누어도 좋아요.'라고 했다. 꽃잎을 띄우면서 엉뚱한 상상의 세계로 빠져가게 한다. 사연을 실어 보내면서 그리움 같은 것에도 눈을 뜨게 하는 것이다.

나뭇잎 구멍으로
내가 제일 좋아하는 걸 바라봐요.

가을 숲
너무 예뻐서 한참을 바라봐요.
찰칵!

돌돌돌 흐르는 시냇물에서
헤엄치는 송사리
찰칵!

환하게 웃는 친구 얼굴도
찰칵!
내 마음에 저장해요.

- 정진아 「마음으로 사진 찍기」 전문

구멍 난 나뭇잎을 통하여 숲을 바라보면 카메라의 파인더를 통하여 피사체를 보는 느낌이 든다. 순간, 사진작가가 되어버린다. 마음이 즐거우면 보이는 것이 모두 예뻐진다. 그래서 시인은 이렇게 유도한다. '먼저 구멍 난 나뭇잎을 찾아요. 카메라 렌즈를 들여다보듯 나뭇잎 구멍에 눈을 가까이 대고 풍경이나 사람을 봅니다. 마음에 드는 대상을 보면 사진을 찍어요. 입으로 소리를 내면서 "찰칵!"'하면서.

자전거 타고 갈 때는 몰랐던 길
운동화 신고 뛸 때도
슬리퍼 신고 걸을 때도 몰랐던 길

양말까지 훌훌 벗어 던지고
맨발로 밟아보면
알게 될 거야!

까끌하면서도 웃음이 나고
부드러우면서도 발바닥에 전해지는
그 힘

- 송명원 「맨발로 흙 밟기」 전문

가끔 산길에서도 맨발로 걷는 이들을 만난다. 땅의 기운이 건강에 영향을 준다고 믿기 때문이다. 아이들에게 건강과 관계없이 맨발로 걸어보게 한다. 땅을 거의 밟지 않고 자라는 아이들에게 발바닥에 전해지는 땅의 기운도 놀이로 선물하고 싶다. 땅이 발바닥을 간질여준다. 웃음이 난다. 부드러운 땅의 감촉이 느껴진다. 땅의 힘이다. 시인은 '맨발로 땅을 밟아본 적이 있나요?' 하면서 윙크한다. 그러면서 흙이 들려주는 이야기도 듣고, 바스락거리는 나뭇잎의 소리도 들어보라고 한다.

이 초록 풀테 안경을 쓰면

잠자는 공주가 사는
숲속 궁궐이 보여요.

신데렐라 유리 구두도
금방 찾을 있어요.

나무꾼이 감춰 놓은
선녀 날개옷?
보나마나죠.

어때요?
이 안경 한번 써 볼래요?
뭐가 보이는지 궁금하죠?

- 한상순 「안경을 쓰면」 전문

수숫대로 안경을 만들어 쓰기도 했다. 토끼풀로도 풀테 안경을 만들 수 있다. 요즘은 안경 쓰는 아이들이 많지만 옛날에는 그런 안경이라도 쓰면 마치 만화경을 보는 것처럼 즐거워했다. 잠자는 공주, 신데렐라 그리고 나무꾼과 선녀도 보일 수 있다. 그런 상상의 세계로 초대하고 싶은 것이다.

악보도
필요 없어요

들고 다닐
필요도 없어요

들길 지나다
풀잎 따서 불고

들길 지나다
나뭇잎 따서 불고

- 이묘신 「풀잎 음악회」 전문

풀잎이나 나뭇잎이 노래가 된다. 입술바람이 풀잎을 떨게 하면 소리가 나온다. 소리가 피리 소리와 비슷해서 풀잎피리라고도 한다. 들판은 온통 피리다. 소리를 낼 수 있는 풀잎과 나뭇잎이 무지무지 많으니까. 시인은 풀잎을 돌돌 말아서 불면 소리가 나오는 방법도 제시했다. 어떤 풀피리가 좋은 소리가 날까? 어떤 게 예쁜 소리가 날까? 가족과 친구들이 모여서 경쟁도 해보고, 풀잎 음악회를 열어도 좋겠다.

채근담菜根譚에는 '꽃이 화분 속에 있으면 생기가 없고, 새가 조롱 속에 들면 천연의 묘취妙趣가 없다. 산 속의 꽃과 새는 여러 가지로 어울려 아름다운 문채文彩를 짜내고 마음대로 날아다니면서 한없는 묘미를 깨닫는다.'라고 했다. 사람도 자연의 일부라면 자연과 동화되어야 삶이 자유롭고 아름다워진다는 것을 암시하고 있다.

소득이 늘어나면서 이기주의가 팽배하고 있다. 친구와 이웃과 조상을 잘 섬긴다고 동방예의지국이라 했지만 이제는 이웃과도 불신하는 시대가 되고 말았다. 세상이 각박해질수록 아이들이 받는 스트레스도 있나 보다. 어느 방송국에서 가정의 달을 맞아 생태테마 관광지를 취재하면서 아이들과 인터뷰를 하는데, "스트레스가 날아갈 것 같다."고 스스럼없이 대답하는 것을 보았다.

이런 시대니까 자연과의 친화를 통하여 정서와 인간애를 회복하고 싶은 것은 지성인의 희망사항이기도 하다. 그런 면에서 이 동시집의 기획 의도는 정말 멋지다. 그러나 동시동락이 '놀이'라는 목표(주제)를 먼저 정한 다음에 쓴 작품들은 아닐까?

동시단의 한 획을 그을 만한 분들이 뭉쳤다고 했지만 목적에 너무 치우쳐버린 느낌이 없지 않다. 작위성이 드러난 작품들이 상당수 보였으니까. 또한 우리의 숲과 들판을 친숙 공간으로 활용했지만 외국의 공간이나 소재가 보이는 것은 옥의 티였다. 그러나 이 동시집의 역할은 굉장하리라 믿는다. 숲과 들에서 맘껏 뛰노는 아이들의 세상이 펼쳐질 것 같지 않은가. 유엔아동권리협약에도 아이들은 교육받을 권리와 놀 권리가 있다고 한다. 호모 루덴스의 놀이 본능을 자극하는 것도 놀 권리를 누리게 하는 일이 아닐 수 없다.

(『동시먹는달팽이』 2018 여름)

한국의 시바타 도요
- 이정희 동시집 『담쟁이와 돌담』

글을 쓰고 싶었다. 그는 등단하지도 않았다. 경력도 거의 없다. 경북 의성에서 태어나 교직에 38년간 몸담았고, 시집 『풀꽃의 꿈』(2018)을 펴낸 것이 전부였다. 그리고 동시집 『담쟁이와 돌담』(2020. 브로콜리숲)을 펴냈다.

혜암 최춘해 선생의 '아동문학교실'에서 공부를 했다. 발문을 써 준 것도 그런 인연이었나 보다. '인생의 마지막을 정리하는 마음으로 쓴 첫 동시집이자, 마지막 동시집'이라고 하니까 뭉클해졌다. 혜암 선생은 댓글까지 달아서 '90 언세에도 작품은 청년처럼 젊습니다. 작품 바탕에 깔린 사랑은 타고난 천성인 것 같습니다.'라고 했다. 해를 넘겼으니 아흔도 넘겼겠지. 통계청에서 발표한 걸 보니 아흔까지 살 수 있는 확률이 5%였다.

일본의 할머니 시인 시바타 도요는 '불행하다고 한숨 쉬지 마. 햇살과 산들바람은 한쪽만 편들지 않지. 꿈은 공평하게 꿀 수 있는 거야. 괴로운 일이 많았지만 살아 있어 좋았지. 그러니 당신도 좌절하지 마.'하면서 시집 『좌절하지 마』 (한국어 번역본 이름은 『약해지지 마』)를 펴냈다. 발매 10개월 만에 100만 부 판매를 돌파했다 한다. 입소문은 대단했다. 아흔여덟 살 할머니가 시집을 냈다니까.

시바타 도요의 시는 대체로 짧고 단순 명쾌하다. 그의 시에 매료된 사람들은 "시의 행간에서 누구도 범할 수 없는 연륜이 묻어난다"라고 말한다. 그렇다. 『담쟁이와 돌담』에서도 그만의 연륜이 묻어나지 않는가. 순박한 매력이 넘치지 않는가. 그렇다면 입소문을 내야 한다. 한국의 시비타 도요를 위하여.

꽃눈 틔우는
꽃망울은

파릇파릇
아이들 모습입니다.

먼지투성이에
콩닥콩닥 왁자지껄

그래도 마냥 사랑스러워요.

할머니 눈에는
그렇게 보인답니다.

-「할머니 눈에는」 전문

단순하다. 할머니의 눈에 비치는 것은 아이들 모습과 사랑이다. 솔직한 감정 그대로다. 시적 장치도 없지만 리듬이 살아있고, 편하게 읽힌다. 리듬은 시를 살아있게 하는 힘이라는 걸 느끼게 한다.

저는 민들레예요.
저는 질경이예요.
저는 씀바귀예요.

보도블록 틈새
길섶, 밭둑에서

짓밟히고
짓눌려도
불평 한마디 없이
꿋꿋하게 살아가요.

-「쓸모가 있대요」 전문

한국 전쟁을 겪었고, 가난을 뼈저리게 체험한 세대들은 검약이 몸에 배어있다. 세파를 이겨내려면 '불평 한마디 없이/ 꿋꿋하게 살아가요.'의 방법밖에 없었으니까. 마냥 꿋꿋하게 살아가는 민들레, 질경이와 씀바귀처럼.

여보세요, 여보세요
거기 유엔 사무국이지요?
여기 얼음 나라예요.
누가 지구에
자꾸 불을 때나 봐요.
얼음이 녹고 있어요.
이대로는 못 살겠어요.
빨리 대책 좀 세워 주세요.
제발요!

-「북극곰 통신」 전문

잔소리 같은가? 아니다. 걱정이다. 그게 노파심이다. 지구 온난화에 빙하가 녹아가고, 생태 교란이 일어나면서 북극곰까지 위태롭다고 하니까 견딜 수 없는 아픔을 느낀다. 그런 국제적 걱정까지 해야 한다.

가냘픈 몸
힘들게 힘들게
물 길어 올리고

가지마다
잎눈
꽃눈
피워놓고도

잘난 채 않는 게
나서지 않는 게

바로 너였구나!

-「뿌리」 전문

나무의 삶이었다. 가냘픈 몸이지만 뿌리의 힘이 버티게 한다. 잎눈, 꽃눈을 피우는 역할을 다하지만 잘난 체 하지 않고, 나서지 않는다. 어쩌면 잘난 체 하거나 나설 여유도 없었다. 보릿고개조차 넘기기 어려운 시절이었으니까. 뿌리처럼 살아왔기 때문에 자칫 감정이 솟아날 수 있다. 그러나 비유로써 감정까지 다스리면서 녹여내는 수법도 일품이었다. 세월의 무게가 따뜻하게 느껴진다.

쏴아!

소낙비가

커다란 산을
목욕시키더니

우와!

일곱 빛깔 색동옷
곱게 갈아입혔네.

-「무지개」 전문

이 동시를 읽는데 '무지개 옷을 입고 싶은 순박한 소낙비'가 떠올랐다. 시인은 소낙비다. 소낙비는 커다란 산을 목욕시키고, 결국 일곱 빛깔 색동옷을 갈아입혔다. 그러니까 화자인들 무지개 옷을 걸치고 싶지 않았으랴! 초라한 모습이지만 순박한 응시가 무지개처럼 곱지 않은가. 그의 시에는 감탄사가 많다. 감정의 노출이 아니라 자연스럽게 터지는 감정을 주체할 수 없었으니까.

해놓은 일도 없이
자리만 차지하고 있으려니

미안한 맘이 들어

절이라도 하면서
생각하고 있대요.

-「자벌레」 전문

허투루 살아갈 수 없다. 옛말에 '할 게 없으면 잠이나 자라'고 하지만 할 게 없으면 오히려 불안해진다. 살아온 방식이 오직 근면 성실이었으니까. 자리만 차지하고 있다고 느끼는 순간 스스로에게 미안하다는 생각이 든다. 그럴 때 자벌레처럼 감사의 표현이라도 하면서 살고 싶다.

헤밍웨이는 단편 「노인과 바다」에서 늙은 어부를 이렇게 묘사했다. '머리가 허옇고 수척하지만 두 눈만큼은 바다 빛깔이고, 쾌활함과 불굴의 의지로 불탄다.' 요즘 어른들의 모습을 대변해준다. 머리카락은 은빛이지만 눈빛은 청춘이니까.

괴테는 '시신 뮤즈는 젊은 시인의 천진무구함도 즐기지만 노老시인의 신중한 현명함도 좋아한다'고 했다. 뮤즈도 천지무구함보다 오래 묵혀 곰삭은 맛을 더 좋아하겠지. 이제 실버 세대가 늘어나면서 이들이 펜의 낚싯대를 들고 문학의 바다에 서서 대어大魚를 낚아 올리고 있다.

『담쟁이와 돌담』은 실버세대가 건져 올린 대어다. 그의 시세계와 세월의 무게감이 싱싱한 은비늘처럼 번쩍거린다. 시비타 도요처럼 그의 노래도 사방으로 울려 퍼지리라.

(『동시먹는달팽이』 2021 봄)

Ⅳ

- 돌아와 거울 앞에 선 국화꽃 같은 누나
- 감사와 사랑의 힘을 느끼게 하는 매력적인 법어들
- 현재진행형의 치열한 삶과 사랑
- 긴 여울 따라 흘러온 '어른의 시간'과 중후한 매력

돌아와 거울 앞에 선 국화꽃 같은 누나

- 황소지 수필선집 『사랑의 동심원』

1.

"영미야~"

평창 하늘을 울렸던 소리다. 팀킴 선수들이 박수와 사랑을 받으면서 컬링(curling)이라는 스포츠까지 인식을 새롭게 했다. 이들을 패러디한 영상물까지 널리 퍼지기도 한 걸 보면 국민들의 지대한 관심을 받은 게 사실이다.

컬링은 4인으로 구성된 두 팀이 겨루는 겨울 스포츠다. 얼음 경기장 위에서 넓적한 스톤(stone)을 동심원을 향해 미끄러지게 하여 득점을 한다. 각 팀이 번갈아 가면서 하우스(house)라 불리는 원 속의 표적을 향해 스톤을 민다. 이 때 두 명의 스위퍼(sweeper)가 스톤을 따라 움직이면서 브룸(broom)이라는 솔을 이용해 목표 지점에 최대한 가깝게 멈추도록 바닥을 닦는다. 스톤을 하우스에 얼마나 가깝게 멈추었는가로 득점을 계산한다. 복잡한 전략과 사고가 필요하기 때문에 '얼음 위의 체스'라고도 불린다던가.

컬링은 동심원을 향해 미끄러진다. 동심원은 나이테처럼 중심이 같은 둘 이상의 원이지만 그 중심은 하나다. 컬링에서는 그 중심을 하우스라 한다. 하우스란 가옥, 주택, 저택 등의 의미지만 홈(home)의 개념도 강하지 않는가.

황소지의 수필전집 『사랑의 동심원』(2017. 에세이문학출판부)을 읽었다. 연전에 여행 수필집 『여행, 그 설렘과 눈뜸』과 함께 보내준 그 성의에 후기로써 보답하고 싶었지만 게으름이 여태껏 발목을 잡고 있었다.

황소지 선생!

전형적인 한국 여인이다. 순박하고, 인자하고, 후덕한 인상이 동네 누님 같아 포근한 느낌이 들게 한다. 목소리마저 실개울처럼 다정다감하다. 성서에도 지혜로운 사람은 자신의 얼굴과 말에 책임을 진다던가. 그런 책임과 관계없이 인자하고 지혜로운 사람이라는 것을 얼굴에 다 새겨놓고 있다.

그러나 삶의 탄탄대로를 마냥 사뿐사뿐 걸어온 분이 아니었다. 그렇다면 서정주의 「국화 옆에서」에 등장하는 누나처럼 그립고 아쉬움에 가슴 조이던 인고의 세월을 겪어내고, 이제는 돌아와 거울 앞에서 자신을 돌보며 원숙함과 거룩함의 모습으로 서 있는 것은 아니겠는가.

남편은 6형제의 맏이었다. 다섯 동생은 아직 미혼인데 시어머님이 돌아가셨으니 그 뒷감당은 어떻게 했을꼬? 기제사가 여덟인데, 약국(약사)까지 경영하면서 세 아이(2남1여)를 키워야 했다.

문학소녀의 꿈은 삶의 고비를 다 넘긴 후에 이루었다. 계간 『수필공원』에 천료된 것은 1992년 여름이었다. 우리 나이로 52세다. 그러니까 그의 수필에는 국화꽃 향기가 진하다. 인고와 고난의 생채기와 계절의 아픔까지 승화시킨….

2.

문학소녀의 꿈을 발견했을 때 얼마나 감격했을까?

> 문학관 1층 마리서사 서점 한쪽 벽에 누렇게 빛바랜 《소년태양》이란 신문이 붙어 있었다. 눈 밝은 한 회원이 "이것 좀 확인해 보세요." 해서 보았더니 한 귀퉁이에 '진주여중 3년 황소지 「가을밤」'이란 시가 붙어 있었다. 옛날에 하숙 생활하면서 고향이 그리워서 쓴 시였다. 너무 반가웠다.
>
> 가을밤
> 진주여중 3학년 황소지
>
> 가을밤
> 구슬픈 타향의 슬픔
> 처량한 귀뚜라미 젖은 향수에
> 뜰 잎의 밝은 달도 이슬에 젖었다.
>
> 가을밤
> 방울방울 맺힌 이슬은
> 향수에 젖어있는 눈물의 선물
> 창밖의 별들도 더욱 처량해
>
> 집에 돌아와 신문사에 확인해 보았더니 '한국일보' 전신이 태양신문이고 그 신문의 소년지인 것 같았다.
>
> -「박인환 문학관을 찾아」 부분

그랬다. 스스로 문학소녀였다는 자백을 하지 않아도 이보다 훌륭한 증거자료가 어디 있을까? 이 작품을 만난 것은 젊은 날 잃어버린 소중한 보석을 발견한 것처럼 기쁨이었을 것이며, 가슴 속 깊이 박혀있는 문학의 뿌리가 살아있고, 숨쉬고 있다는 것을 확인했을 게다. 꿈은 이루어진다더니 늦게라도 이루어진 것은 그 꿈의 생명력이 강하게 살아있었기 때문이리라.

행동은 민첩하거나 날래지 못했다.

> 대상에 대한 깊은 사랑은 빨리빨리 해서는 이루어질 수 없는 것이다. 무엇이든지 사귀고 안다는 것은 쉬운 일이 아니다. 서로 사랑하려면 외로움을 참으며 오랫동안 기다리며 지켜보고 함께해야 하는 것이리라.
>
> 젊어서는 나의 굼뜬 행동이 늘 못마땅하게 여겨졌다. 그러나 이제 이만큼 나이를 먹고 세상을 살다보니 굼뜬 것이 반드시 나쁜 것만은 아니라는 것을 깨닫게 되었다.
>
> 어쩌면 천천히 걷는다는 것도 마찬가지리라. 진실한 것과 아름다운 것을 제대로 보고 제대로 만나기 위한 최소한 갖추어야 할 자세가 아닌가 한다.
>
> -「천천히 걷는다는 것」 부분

굼뜬 행동 때문에 눈치를 받았거나, 왕따 아닌 왕따를 당하기도 한 모양이다. 그러나 나이가 들고 보니 굼뜬 행동이 훨씬 유익한 삶이라는 것을 발견한다. 진실한 것과 아름다운 것을 만나기 위한 최소한 갖추어야 할 행동이었다는 것을 깨달았으니까. 그러니까 등단도 서둘 일이 아니었다. 물론 고달픈 세파의 영향도 있었겠지만.

그가 좋아하는 곳은 바다다. 동백섬 가까이 살고, 바다가 보이는 아파트에 살고 있기에 더 애정을 느꼈나 보다.

> 어느 시인은 "쏟아지는 햇빛, 푸른 초원을 마음껏 바라보기 위하

여 남쪽으로만 창을 내겠다."고 하였다. 또 "고향 하늘 밑의 소중한 기억들을 오래오래 붙들어 주기 위하여 북쪽으로 창을 트고 산다."는 실향민의 아픔을 간직한 수필가도 있었다.

나의 창은 항시 내게 푸른 바다를 데려다주었다. 삶의 의기意氣가 소침해질 때 창문 앞에 나서면 비좁은 일상은 뒤로 물러나면서 내 삶의 공간이 얼마나 넓게 펼쳐질 수 있었던가. 나는 그곳에서 자유로울 수 있었고 그의 넓은 품은 포근한 내 안식처가 되어주었다.

-「눈을 감고 보는 바다」 부분

남이나 북으로 창을 내는 것은 작가의 독특한 취향이다. 취향이나 소중한 기억들이 체험을 달리할 수 있다. 그는 바다를 좋아한다. 의기소침할 때 가슴을 다독거려주고, 비좁은 일상에 허덕일 때 자유의 공간을 제공하기도 한다. 바다는 넓은 품이 있어 안식처가 되니까. 「바다를 닮고 싶다」 「동백섬의 속삭임」 「등대」 등에서도 바다의 생명력과 포용력에 매력을 느끼고 있었다.

3.

'수필적 자아'란 작가 자신이기 때문에 개성이 강하게 드러난다. 작가의 체험, 생활 태도, 성격, 인생관 및 세계관 등 개성적 면모까지 솔직하게 표현하니까 작가의 입장에서는 고백이기도 하지만, 독자의 입장에서는 친근감을 느낀다.

삶의 굴곡은 꽤 심한 편이었다. 그 굴곡의 길을 걸어오면서 말할 수 없는 고통을 겪었겠지만, 어떤 생각과 어떤 태도로 대처했을까? 극히 일부분이라도 접근하면서 그의 인생관과 세계관을 더듬어본다.

사람의 마음처럼 바다의 모습도 이토록 변화무쌍하다. 살며시 안기면 말없이 품어주고 토닥여주는 어머니의 품 속 같은가 하면 찰랑찰랑 촐싹대는 아이 같고, 더러는 세상 모든 비밀을 품고 있는 창조주의 분신 같은 느낌도 든다. 하늘빛을 닮은 바다, 무한한 생명의 근원인 바다를 닮고 싶다. 자신을 내세우지 않고 조용히 수용하고 포용할 줄 아는 넉넉한 마음을 닮고 싶다. 틈만 나면 바다로 향해 있는 거실 창가에 낮아 하염없이 수평선을 바라본다. 바다 같은 사람이 되고 싶어 마음은 바다 위를 달리고 또 달리며 깨우침을 갈망하고 있다.

-「바다를 닮고 싶다」 부분

바다는 생명의 근원이지만 창조적 생성력과 모성성을 갖고 있다. 그런 바다 앞에서 자신의 본질에 대해 질문하고 삶의 의지와 인고를 배우고 깨우침을 갈망했나 보다.

그 당시 매사에 깔끔하고 빈틈없는 시어머니 밑에서 3년이나 시집살이를 했지만 아무 것도 모르는 철부지였다. 그런 내게 갑자기 주어진 집안의 대소사를 감당하는 자리는 차라리 고통스런 멍에였다. 친정에서 막내로만 자랐던 내게 시어님의 갑작스런 죽음은 난생 처음 겪는 큰 시련이었다, 어머님은 초년에는 조금 고생을 하셨지만 생활도 이내 안정되었고 몸도 건강하셔서 육형제를 지켜주는 든든한 철벽같은 울타리였다. 그 울이 예고 없이 무너졌으니 맏며느리로 그 빈자리를 메우기엔 내 존재는 너무 작고 미약하여 번번이 한숨만 나왔다. 그때 세상에는 내가 미처 알 수 없는 우주의 또 다른 큰 질서가 엄연히 존재하고 있음을 깊이 깨닫게 되었다. 살면서 우리는 작은 것에 매달려 아웅다웅 싸우며 기운을 소진하고, 정작 인간의 큰 질서는 잊고 살기 마련이다. 그러다 큰일을 당하면 하루하루는 하찮은 것으로 뒤로 밀려나게 된다.

-「진정 소중한 것은」 부분

시어머님은 육 형제를 지켜주는 철벽같은 울타리였다, 그런데 시집살이 3년 만에 갑자기 소천하신다. 막내로 자라 가정을 다스리는 어떤 절차도 제대로 몰랐을 때니 얼마나 난감했을까? 난생처음 겪는 시련일 수밖에 없었고, 그 빈자리를 메우기에는 너무 작고 미약한 존재였다. 그때 알 수 없는 우주의 질서가 소중하게 존재하고 있다는 것을 깨닫는다. 아마 바다의 끊임없는 생명력과 약동에서 배운 지혜가 아니었을까.

> 토요일 오후 막차를 타고 역에 내리면, 칠흑 같은 어둠이 나를 감쌌다. 이십 리 길을 산허리를 따라 혼자 걸으면 제 발걸음 소리에도 누가 뒤에 따라오는 것 같았다. 귀신이 잡아당기는 것 같아 온몸이 얼어붙어 있을 때, 산모롱이 저쪽에서 나를 부르는 어머니의 음성이 들렸다. 어머니의 손에는 등불이 들려 있었다. 이제 살았다는 안도감, 어머니 품에 덥석 안겼다. 어머니 손을 잡고 집으로 돌아가는 길은 무섭지도 않았고 지루하지도 않았다. 그 작은 등불은 구원의 등불이요, 사랑의 등불이었다.
>
> 「호롱불」 부분

함안에서 초등학교를 나온 후 진주여중으로 진학을 한다. 당시 여자들은 공부하면 자식 버린다고 제대로 시키지도 않았다. 그러나 읍내로 데리고 가서 당당히 진학을 위한 국가고사를 거치게 하여 유학을 선택한다. 강하고 대단한 부모님을 두셨기에 현명하게 성장할 수 있었던 것은 아닐까. 당신들은 시골(경남 함안)에 살고 있었으니까 이때부터 객지 생활을 한다. 위로 오빠가 둘 있고, 막내였으니까 사랑을 듬뿍 받으며 자랐어야 할 나이에 객지를 떠돌았으니 부모님의 품이 얼마나 그리웠을까. 고향에 오는 날은 호롱불이 어머니였다.

> 작은아들은 어렸을 때 몸이 약했다. 약국을 개업하고 일 년 쯤 지나서 이 아이가 태어났다. 젖을 먹이려면 환자가 찾아왔다. 그 애가 먹고 싶을 때, 실컷 젖을 먹일 수 있는 처지가 못 되었다. 그래서 우유를 먹이기로 했다. 그런데 우유를 소화시키는 능력이 부족했다. 그러니 몸이 약할 수밖에 없었다.
>
> -「겨울의 의미」 부분

약학대학을 졸업하고 제약회사에 근무하면서 결혼을 한다. 그러다가 약국을 개업한다. 이미 장남, 장녀를 낳은 후였다. 약국 경영을 하면서 차남을 맞았으니 경영과 육아 사이에서 얼마나 고통스러웠을까? 더구나 어머니였기 때문에 아이에게 미치지 못한 애정이 눈물이 되어 흘렀으리라.

> 아버님은 스스로에게 엄하셨다. 성격이 불같고, 부지런하셨다. 취급하던 소금이나 시멘트가 화차火車에 실려 오면 밑에 두 아들은 어려서 일을 안 했지만 위로 네 아들은 웃옷을 벗어놓고 일꾼들과 함께 그 짐을 어깨에 메어 나르게 하였다. 때때로 여섯 아들을 불러놓고 가화만사성家和萬事成이 첫째라고 하셨다. 남에게 베푸는 사람이 되라고도 하며, 그러자면 다른 사람보다 부지런해야 한다고 하셨다.
>
> -「아버님 산소에서」 부분

약국 경영은 물론 자식과 시동생까지 수발해야 했으니 그 고생이 어떠했을까. 그나마 아버님이 엄하셔서 가화만사성과 근면을 강조하면서 가정의 위계질서를 분명히 하고 우애를 강조한 것은 다행

중 다행이었다.

> 재봉틀은 열다섯 살쯤 되었을 때 어머니가 시집갈 때 가져가라고 사주신 것이다. 요즈음처럼 가전제품이 많지 않은 그때에는 재봉틀은 집안의 재산목록 몇 번에 들었다. 시집와서 아이들이 어렸을 때는 이것이 쓸모가 많았다. 시어머님의 떨어진 버선 볼 받기며 시동생들의 바지 수선과 아이들의 간단한 옷은 내 손으로 만들어 입혔다.
>
> -「사랑의 바느질꾼」 부분

얼마나 검소하고 절약한 생활을 했는지 알 수 있다. 열다섯 살 쯤에 장만한 재봉틀을 혼수로 가져가서 시어머님의 버선 볼 받기, 시동생의 바지 수선과 자식들의 옷까지 만들어 입혔다고 한다. 존경받을 만한 직업을 가지기도 했지만 철저하게 자식과 엄마의 임무를 충실하게 수행하면서 살아왔나 보다.

> 그러나 새아기에게 당부하고 싶다. 내가 살면서 어른들의 지혜를 받아들이는 마음을 가지려고 했던 것처럼, 며늘아기도 많은 것을 받아들일 수 있는 넉넉한 마음을 지녔으면 한다. 아무리 마음이 상해도 상대에 대한 사랑을 의심하지 말고, 서로 이해하고 포용하며 '넉넉한 마음 한 자리'를 마련하여 따뜻한 사랑으로 채운다면 원이 각각 다를지라도 중심은 같은 동심원同心圓이 되지 않겠는가.
>
> -「사랑의 동심원」 부분

동심원이란 중심이 같은 둘 이상의 원이다. 원은 많아도 중심은 하나다. 각각의 원을 가지고 있지만 가족 사랑이라는 중심으로 하나가 되어야 한다는 것을 강조하고 있다. 이제는 자식까지 출가시키면서 자부에게 사랑의 동심원을 당부하고 있다.

사랑의 동심원은 가족은 사랑으로 일체감을 보여야 한다는 것이다. 사랑만큼 위대한 행동이 어디 있겠는가.

4.

> 누구에게나 이, 삼십 대는 인생에 있어서 중요한 시기이다. 공자께서도 '삼십이립三十而立'이라고 하셨으니 시집살이가 아니라도 그 나이는 제 힘으로 사회의 구성원으로 자립하는 때여서, 많은 선택 앞에 갈등과 좌절이 따르게 마련이다. 인생은 싸우고 다투고 마음 상해가면서 성숙되는 것이 아닌가.
>
> -「사랑의 동심원」 부분

사회의 구성원이 되면서 누구나 갈등과 좌절을 경험한다. 그러나 그 고통을 감내하는 것은 각자의 문제겠지만, 원만하고 아름답게 성숙하기를 소망하면서 '사랑의 동심원'을 그리자고 한다. 아마 가족뿐만 아니라 우리 사회도 사랑의 동심원이 이루어지기를 소망하고 있으리라.

> 다시 어둡고 긴 터널을 벗어났고, 다음 날 저녁때가 되어 소도시 야일로의 작은 병원에 들러 치료를 받았다. 그 날 저녁 남편은 깊은 잠을 잤고, 차츰 회복되어 러시아까지 긴 여행을 무사히 마칠 수 있었다. 아름다운 북유럽의 기억은 뜻하지 않은 고통스러운 인연이 있어 더욱 잊을 수 없는 추억이 될 것 같다. 그렇게 지루했던 캄캄한 터널도 빠져나와 보니 그렇게 긴 것만은 아닌 것 같았다.
>
> -「터널을 지나며」 부분

인생의 긴 터널까지 빠져 나왔다. 정말 지루하고 캄캄했겠지만 터널을 빠져나온 순간 그 터널도 길지 않았다는 것을 인정한다. 아마 그의 삶까지 여행이라고 생각한 모양이다. 그러니까 '터널도 빠져나와 보니 그렇게 긴 것만은 아닌 것 같았다'고 혼잣말을 할 수 있지 않았을까? 삶의 긴 터널까지.

가지에 불던 그 많던 바람도 조용해지면서 내부에서 일어나는 또 다른 바람을 따라서 문학소녀의 꿈을 이뤄냈다.

황소지 선생!

언제 보아도 평온하고 기품 있는 인상이 너무 좋다. 그의 삶을 이해하면서 그의 문학 곳곳에 숨어 있는 국화꽃 향기를 만난다. 이제는 돌아와 거울 앞에 선 누나 같은 분이니까.

베풂의 삶도 남다르다. 진주여고 동창회장, 부산여성문학회장, 부신수필낭송회장, 부산에세이문학회장 그리고 부산문인협회부회장을 두루 거친다. 가정을 이끌면서 익힌 능력이 있으니까 대단한 활동력으로 승화한 것은 아닐까.

그의 문체는 화려하지 않다. 소박하고 꾸밈이 없다. 그러니까 부담 없이 읽혀진다.

잔잔한 미소가 향기처럼 다가온다. 국화 꽃빛발이 무지개처럼 펴지려는가.

(『문학도시』 2019. 9)

감사와 사랑의 힘을 느끼게 하는 매력적인 법어들
- 황다연 수필선집 『내면으로의 여행』

1.

전화 한 통을 받았다.

『문학도시』가 공재동 선생을 '이 달의 작가'로 모셨을 때(2016. 9), 그의 작품론을 썼었다.

"선생님! 저도 공선생님의 동시를 좋아합니다. 좋은 작품론을 써 주셔서 잘 읽었습니다."

시조시인이 아동문학에 관심을 보여준 것만 해도 고마웠다.

그 후, 수필집 한 권을 보내왔다. 황다연 수필선 『내면으로의 여행』(2017. 수필과비평사)이었다.

표제작을 읽었다. 내 독서력을 알기 때문에 책 한 권 읽는 것도 굉장한 인내가 있어야 한다. 그런데 손쉽게 읽혀지는 것이었다. 감성의 언어들이 아침 햇살에 건져 올린 생선처럼 퍼덕이며 매혹적인 눈길을 보내고 있었다.

내면으로의 여행을 좋아하는 사람들은 침묵의 향기로운 맛을 안다.

침묵이 움직여 어떻게 언어가 되고 언어가 안으로 삭아 어떻게 침묵으로 돌아 나오는지를 안다. 육신이 거주하는 현상 세계보다 그 상위에 있는 정신과 본질 세계를 캐는 힘을 이들은 갖고 있어서다.

그러기에 처음부터 인간은 그 나름의 욕구 충족을 희망처럼 기대하며 살아왔다.

한해가 저무는 스산한 계절이면 저절로 옷깃을 여미게 되듯, 원하는 무엇이 있으면 저절로 원하는 그 무엇을 위해 '열정'이란 에너지가 발산한다.

'나'를 채울 그 무엇을 희구하지 않을 수 없는 삶의 과제 의식은 피할 수 없는 것인가.

-「내면으로의 여행」 첫부분

내면으로의 여행이다. 세계지도에도 없으니 비행기나 자동차로도 갈 수 없다. 침묵의 언어가 들려오고, 정신과 본질 세계를 캐는 힘과 나를 채울 그 무엇이 기다리는 곳마다 머물러야 한다. 순리의 물길이거나, 긴 사랑의 여행길이거나, 생명의 노래로 온 그대이거나, 절벽 위에 핀 꽃이거나, 자비의 바다거나, 자삭의 꽃길이거나, 감동의 파장들과 만나면서 그리운 해탈을 해야 하니까.

2.

외로움을 앓아보았는가. 그는 십여 년 동안 문학 활동을 중단하기도 했다. 외로움을 앓았던 시기였나 보다. 외로움은 무채색 적막이 주는 두려움이다. 어쩌면 고뇌하는 예술인들이 겪는 형벌인지 모르겠다.

「또 외로움을 앓을 때 만난 사람」이 있다. 천경자 화백과 그의 그림이다. 천경자와 외로움을 동행하고 있었다.

> 꽃과 여인을 줄기차게 화폭에 담아대던 천경자 화가 또한 그의 삶 주변 상황이 그의 주된 그림 소재였다. 두 번 결혼했지만 여인으로서의 행복은 맛볼 수 없었다는 그의 고독이 왜 그렇게 날이 선 내 고독과 동행하는지, 깊은 의식의 물줄기마다 심오한 물둠벙처럼 고여, 구도의 향기를 지닌 이 고독이란 방랑벽은 어디서 살다 왔을까?
>
> 존재의 소명을 망각하고 그 가치를 가꿀 줄 모르는 혼돈 시대의 어느 담장 높은 집에 어슬렁거리다가 이리로 쫓겨난 것일까. 생리적으로 번잡하지 않아 수시로 피를 말리는 창백한 존재의 동반자로 자족하는 고독은, 왜 항상 피가 뜨거운 사람에게 머무르는지.
>
> -「또 외로움을 앓을 때 만난 사람」 앞부분

'그의 고독이 날이 선 내 고독과 동행'한다고 했으니, 그의 고독도 심각 단계에 있었다.

> 24세의 꽃 같은 나이에 악성 결핵으로 죽은 동생인 듯, 긴 머리 젊은 여인은 이 화가의 화폭마다 환상처럼 나타난다. 무골호인 아버지의 경제적 몰락으로 가난과 친할 수밖에 없어, 친근 고뇌와 함께 살아 수시로 아득했다던 젊은 시절의 그, 그랬기에 우울과 빈곤, 애수 등은 이 화가의 내면세계에 심란한 사색의 골짜기를 만들어냈다.
>
> '자살하고 싶다'란 자기 검색 문항 끝에 ◯표를 해놓고도 정성껏 그림을 그렸다는 그는 때때로 자살의 유혹을 사랑하기도 했으리라.
>
> -「또 외로움을 앓을 때 만난 사람」 중간부분

'살기 위한 몸부림으로 뱀을 주제로 한 그림을 그리면서 그는 아슬한 좌절의 나락으로 몇 번이나 굴러 떨어졌을까?'라고 하면서 오히려 천경자 화가를 걱정하기도 한다. 그러나 이것은 천경자 화가만의 좌절이었겠는가. 그가 겪은 좌절과 별로 다르지 않았을 게다. 극단의 유혹까지 겪었으니까.

그러나 수많은 설렘을 앞세우며, 수많은 망각을 삼켜버리며, 수많은 생명을 키우는 무한한 시간의 강을 건너면서, 우울에게 점령당한 상처들을 다스려왔다. 누구나 가슴 속에 상처를 묻어두고 있지 않는 이는 없겠지만 이제는 돌아와 거울 앞에 선 누님 같은 경지를 깨달은 것은 아닐까. 좌절과 아픔의 깊이가 있었기에 '더 투명해져야 해. 의식의 혈관까지 환히 보이도록, 사유의 두레박줄을 한없이 내려 더 깊어져야 해. 이건 욕심이 아니야, 자연의 뜻이야.'(「가을 철리」에서)라고 외치며, 혈관까지 환해지고 투명해지길 소망했었다.

결국 고독과 창백하게 동반하면서 내재된 상처들이 빛나는 에너지가 된다는 것을 깨달았나 보다. 선각자처럼.

3.

문학만이 아니라 모든 문화예술은 좋은 영향을 파급시킬 때 그 존재가치가 빛난다. 박경리도 문필가를 향하여 붓 끝에 악을 녹이는 독이 있어야 그게 참이라고 하지 않았는가.

> 시간이란 현생 이전에도 이후에도 지속되는 것이듯, 존재의 언행 일체 작품 일일이 그에 상응하는 파장을 만들어 생명사회에 영향을

파급시키기에 존재의 값어치를 염두에 두지 않을 수 없다. 그래서 내 문학이 지향하는 바는 자연히 생명사회에 평화의 씨앗을 퍼뜨리는 일이다. 인간이 인간일 수 없는 참상에 의해 희생된 불행한 생명들 소식을 접하면 그저 가슴 아린다. 문학이 인간사회를 위해서만 아니라 생명사회 전반적 평화를 일구는 역할을 해야 하기에 영원한 평화의 전당 대자연의 화음이 내 문학 주제가 된다. 톨스토이도 '예술만이 폭력을 제거할 수 있다'고 했다.

-「생명의 노래로 온 그대」 중간부분

그가 주제로 삼은 것은 세 가지다. 첫째는 언행일체다. 작가의 언행은 생명사회에 파장을 만들 수 있기 때문에 존재의 가치를 높이기 위해서도 필요한 것이었다. 다음은 평화의 씨앗을 퍼뜨리는 일이다. 전쟁은 인간이 인간일 수 없는 참상을 보여준다. 그 불행을 막기 위하여 평화의 씨앗을 퍼뜨려야 한다는 것이다. 문학이 그 씨앗일 수 있으니까. 마지막은 대자연의 합창이다. 이것은 이 땅의 불행이나 부조리를 모두 극복할 때 화합과 통일의 장엄한 풍경을 기대할 수 있다는 것이다.

나 자신마저도 바로 보지 못하게 하는 것이 편견이란 가리개다. 그것이 생각의 눈을 어둡게 하고, 혜량하는 힘을 부족하게 한다.

「내면으로의 여행」은 편견의 가리개를 걷어내면서 자신을 바로 보게 하는 과정이며, 무한으로 날고 싶은 꿈을 꾸게 하며, 생각의 눈을 맑게 하는 여행이었다.

세계는 항상 홀연히 흘러가지만 아무런 모양을 짓지 않는다. 끊임없이 변화하기 때문이다. 이래서 현실적 삶의 밖에서 볼 때 무엇이 삶이고 무엇이 죽음인지 알 수 없다.

삶이란 존재 사회 속에서 예측 불허로 변화하기에 자기 삶의 탐색 또는 탐구는 어쩌면 숙명적인 과제인가 보다.

그래서 크고도 섬세한 옥타비오빠스의 삶엔 '시는 있음과 없음 사이를 오고간다'는, '나는 참나를 사는 인간이고 밤은 거대하다'는 보이지 않는 세계 즉 미지의 함수에 그의 삶, 많은 시공時空을 내어주었다.

자기 세계에 신들린 한창 나이에 선불교와 인도사상을 공부함도 그 자심의 내면세계에 얼마나 충실한지를 알게 한다.(중략)

만물이 하나임을 아는 사람만이 시비를 초월하고, 선악과 생사를 초월하며, 무한한 자유세계를 누린다는 장자의 주장을 이래서 뼈저리게 느낀다.

-「내면으로의 여행」 끝부분

「감동 또 다른 감동의 연속무늬」에서는 '나'를 내세우지 않는 '나'를 비우는 그것이 대수용이며, 대긍정이라 했다.

다시 아름다움을 느낄 줄 알게 하는 심미적 감수성이 소리 없는 세계를 온갖 언어로, 그림으로, 음악으로 끌어내게 만든다. 자연이 무주공산을 기른 지금 빈 나뭇가지 바람 지나가는 소리만 들리는 겨울 묵상속에서 나를 다시 점검한다.

소복소복 눈 내리는 밤거리를 밝혀주는 불빛이고자 하는 마음이 내안에서 일어나 나를 먼저 따뜻하게 한다.

공부란 결국 이런 좋은 마음 내게 하는 밝은 에너지다.

-「감동 또 다른 감동의 연속무늬」 끝부분

시간의 강물을 따라 떠내려간 애증의 영상들은 애착을 유발할 수 있다. 정을 나누기 좋아하는 인간일수록 슬프고, 괴로운 영상들이 많아진다. 삶의 틈새에 수많은 애증과 갈등의 구렁이들이 똬리를 틀고 있지 않는가.

물이 깊으면 소리가 나지 않는 법이다. 반대로 물이 얕으면 시끄런 소리가 난다. 그저 살아오면서 깊은 물은 될 수 없겠지만 얕은 물은 되지 않았으면 한다. 오욕칠정을 가진 인간이고, 속세에 부대끼며 사는 평범한 인생이지만.

이 여행에 동행하면서 아름다운 것들 때문에 괜히 눈물이 나는 일들이 많아질 것 같다.

4.

독서는 운명을 좋은 쪽으로 바꾸는 치료라고 했고, 자연의 모성은 산과 바다를 좋아하게 하는 불가사의한 힘이라고 했다.

> 운명을 좋은 쪽으로 전환시키는 탁월한 치료법은 '독서'라고 본다.
>
> 그 중 자연섭리가 순도 높게 무르녹는 불가사의한 에너지로 가득 채워진 경전, 즉 고전공부의 요법이 제일이다. 사람들이 틈만 나면 누가 부르듯이 산이나 바다의 품만을 파고드는 것도 늘 대자연의 모성을 그리워하는 일종의 잠재의식 작용이다. 대자연의 사랑의 흡인력은 이처럼 불가사의한 힘을 가지고 있다.
>
> 성공한 사람은 자연의 정기를 받고 태어났거나 대단한 여성이 그 곁에 있었다는 사실도 위대한 그 사람의 모성 영향이다.
>
> -「사랑의 힘」 부분

자연의 정기는 대단하다. 틈만 나면 산이나 바다의 품으로 파고들게 하는 것도 대자연의 모성을 그리워하는 일종의 잠재의식이었다. 그 흡인력이 자연의 사랑이었다.

시집이나 동시집을 읽으면서 마음에 드는 작품은 페이지를 접어 놓는다. 산문집은 밑줄을 친다. 친다는 것은 다시 잡아 올리기 위한 그물이다.

속담이나 격언은 교훈적이지만 사은유가 많고, 금언이나 명언 등은 귀감이 될 수 있지만 논거 자료로 인용하기 위해 만든 것 같아 속내가 보인다. 그러나 체험 속에서 자연스럽게 녹아서 만들어진 경구들은 작가의 진심이 담긴 언어이며 침묵이다. 그게 진정이고 진심이니까 마음을 울린다. 무작위로 몇 구절 옮겨본다.

> 아름드리 소나무 아래 갈빛 소나무 낙엽이 깔려 있던 그 보물 같은 서정 한편을 보물 같은 이 동백섬은 도난 당해버렸다. '아! 가엾은 물질문명의 노예근성이여!'라는 한탄조를 뿌리며 그 자연의 이단자인 상식 없는 보도블럭을 밟고 동백섬 중앙으로 올라갔다.
>
> -「또 하나의 내 사랑 동백섬엘 갔더니」 부분

> 생명의 실상에서 '생각은 그 지향하는 것을 끌어당기기 마련'이다. 신화 속에서 영웅적인 인물이 초월성과 맺어져 있는 거나, 니체의 현실적인 자기초극 사상이나 위대함을 이루는 요소는 동일한 맥락이다. 꽃이 솔로몬의 영광보다 아름답다는 초자연적인 관점은 진리의 영원성 진리의 진실성을 통해서다. 그래서 입지전적 인물은 자기초월을 외쳐왔다. 주어진 자기 삶을 신앙으로 떠받들다 보면 모든 역경을 헤쳐 나갈 수 있는 힘이 저절로 생긴다. 어차피 행복은 능력의 나무에 피는 꽃이고 보면 자기이상을 구현하는 오직 한 길을 향한 신념은 결국 자기를 구원하게 된다. 마음은 모든 힘의 근원이기 때문에 '신념은 마력'이라고 한다.
>
> -「언제나 신념은 마력이다」 부분

진실로 자신을 사랑하는 사람은 세상을 한두 걸음 앞서 살게 된다는 것을 모를 리 없었으리라. 그러기에 매운 정진도 그 존재를 사랑하는 길이고, 숨기고 싶은 상처와의 속삭임도 그 존재를 사랑하는 길이며, 때론 자신의 부정적인 면을 가혹하게 질타하는 일도 그 존재를 사랑하는 일이며…

-「무량법문 하는 가을」 부분

바다가 자기 영원한 생명력을 위해 제 몸을 쉬임 없이 파도를 만들어 끊임없이 자신을 정화시키듯 존재자는 반드시 존재하려는 고뇌의 몸짓을 가진다.

-「자각의 꽃길」 부분

5.

수필은 관조와 체험을 개성적인 문체로 표현한 문학이다. 체험을 바탕으로 하면서 관조와 사색을 잘 접목시킨 에세이 같은 수필에 더 마음이 간다. 독서의 깊이와 삶의 무게감까지 느낄 수 있고, 나를 돌아보게 하고, 나를 채울 그 무엇도 얻을 수 있으니까.

「내면에서 찾은 행복」은 이 책을 읽는 이유를 분명하게 했다. '허무한 물질의 노예가 되어 삶을 일찍 시들게 하지 말고, 시공을 초월한 자연인이 되어 편안하게 사는 공부를 해'야 한다고 했다. 그게 곧 선禪이라고 하면서 어차피 인간은 행복을 찾아 나선 방랑자라 했다. 그러나 칼 붓새는 '산 너머 저 산 너머 행복이 있다기에 열심히 행복 찾아 떠돌다가 눈물만 머금고 돌아왔다'고 했으니, '밖에서 얻은 물질적인 행복은 지속성이 없다며 내면을 통해 얻는 마음의 행복이야말로 변하지 않는 참 행복'이라고 했다. 그렇다면 행복은 먼 곳에 있는 것이 아니다. '간절한 한마음으로 그리운 임의 말씀 따라 가며 이따금씩 침묵의 석굴을 만들어 참 나를 찾는 과정'이라고 했다. 결국 행복은 우리들의 내면에 있었다. 그걸 찾거나 깨달으면서 느끼는 이 행복감!

'웰빙과 명상이란 말이 자각하는 사람의 행복 조건처럼 부상하는 이 때, 때때로 소금기 묻어나는 침묵 속에 머물 줄 아는 사람은 진정한 행복의 맛을 아는 사람'이라고 덧붙여 준다.

엷은 지식으로 까불며 나부대던 것들이 부끄럽다. 사치스러운 욕망도 벗어놓고, 침잠하면서 차분하게 명상하게 한다. 그것들이 '나'를 채울, 그 무엇을 희구하지 않으면 안 되는 삶의 과제였을 텐데…. 절제와 덕망과 감사와 사랑의 힘을 느끼게 하는 법어들이었다. 그런 여행이었으니 가슴이 훈훈해진다.

(『문학도시』 2018. 0)

현재진행형의 치열한 삶과 사랑
- 우아지 시조선『점바치 골목』

1.

평범이 비범이던가. 서정과 상상 등 시적 고민이 부재했다는 말이 아니다. '열과 성을 다하여 저녁을 익히'(「손님별」)는 것처럼 검소하고 소박했다. 시인이라는 선구자 의식이 자칫 자신을 치장해서 정체성을 잃어버리게 할 수 있지만 '순한 살결 굳은살로 더 깊은 속 감싸'(「곶감」)는 인정을 보여주고, '어디서 솔솔 나오는 갈치 굽는 냄새'(「사람 사는 냄새」)만큼 편안한 이웃이었다.

헬스장 가는 길은 오래전에 잊혀졌다
러닝머신 오르던 발 가속페달 밟아보니
뱃살이 머릿속보다 두 치 이상 무겁다

얼마만큼 걸어야만 현상 유지 되는 걸까
뜻대로 되는 것이 이미 없는 이 생의 삶
입다문 작심삼일이 이틀이면 사라진다

승강기를 타야만이 생존할 수 있는 이 곳
콘크리트 밀림에서 한참을 서성이며

청춘이 지나간 전설 아득하게 바라본다

-「가을 햇살」 전문

다이어트를 하고 싶어 잊혀진 헬스장을 찾아가 러닝머신에 오른다. 뱃살이 머리보다 더 무겁다는 걸 느낀다. 그래도 걸어야 한다. 현상 유지라도 해야 하니까. 그러나 '뜻대로 되는 것이 없는 이 생의 삶'이라고 자조한다. 자조라기보다 체념이다. 작심삼일의 비참함을 겪는 일도 시인이라고 해서 예외는 아니었다. 현실은 만만치 않다. 승강기를 타야하고, 콘크리트 밀림을 헤치면서 치열하게 살아야 한다. 그 순간 가을 햇살이 내린다. 청춘은 아득하게 지나간 전설이던가.

누구나 겪는 체험이다. 그 체험을 통해서 적극적으로 삶에 투쟁하는 모습이 정겨워진다. 투쟁이란 '여럿이 함께 어울려/ 깊어지는 맛을 먹자'(「비빔밥 데이」)며 적극적으로 어울리는 삶이 아닐까? 그래서 『점바치 골목』(2017. 고요아침)과 동행한다. 그의 다섯 번째 시조집이다.

2.

시조는 정형시다. 3장 6구 그리고 12음보로 되어 있다. 제한된 율격이지만 그 속에서 그가 누리는 자유를 만난다. 총 61편이다. 이 중 단시조 20편, 연시조 40편 그리고 사설시조가 1편이다. 장별배행이 25편인데 구별배행은 한 편도 보이지 않는다. 구별배행을 갖추는가 싶으면 음보를 잘라놓는다. 자유배행은 36편이다. 자유배행은 장별, 구별 그리고 음보별로 적절히 혼합하여 구사한 방법인데 적당한 용어인지 모르겠다.

봄이란
보임의 준말
못 보던 게 보이는 봄

새봄엔
뭐가 보이나
조간 석간 수군수군

보인다
폐허 같은 저 편
울화가 쌓인 갈피갈피

-「봄의 뒤편」 전문

자유시 같다. 그러나 아니다. 자유배행이라는 형식에서 유영하고 있을 뿐이다. 그것이 자유시와 뭐가 다를까 반문할 수 있지만 음악적 감각과 3장의 형식에서 느껴지는 미적정서는 엄연히 시조시인만이 누릴 수 있는 특권일 테니까.

시조는 민족시다. 시조를 만날 때마다 우리 조상들은 어떻게 이런 멋진 형식을 찾아냈을까 감탄하곤 한다. 45자 내외의 음절 속에 정서의 한 덩어리를 완벽하게 구사할 수 있다. 일본에는 단가 하이쿠가 있다. 직관과 통찰력 있는 생각을 함축적으로 표현한 시가라고 하지만 3행(3/7/5) 열일곱 자에 불과하다. 그러니까 압축된 이미지로 여운을 남겨야 하니까 법어나 금언 같은 느낌이 든다. 그러나 시조는 기승전결을 완벽하게 갖춘 시가다. 하이쿠는 아포리즘 성격이 강하지만 시조는 풍부한 정서를 바탕으로 한 문학이다.

장별배행은 시조의 일반적인 형식이다. 그러나 그 형식만으로 예술적 감성과 상상력과 언어의 감화적 기능을 다 발휘하기에는 부족한 점을 느꼈을 것이다. 언어를 선택하고 배열하고 구성하는 과정에서 일률적인 형식에 얽매이고 싶지는 않았을 테니까. 아마 그에 대한 탈출은 카타르시스 같은 희열이기도 했으리라.

에드거 앨런 포는 '시란 미美의 운율적인 창조'라고 했다. 이 말은 시조와 가장 잘 어울리는 말이다. 시조는 시적 요소를 갖춘 시가이지만 4음보의 리듬이 경쾌하게 운율적 속도감을 주니까.

3.

누군들 제자리서 끝내고 싶지 않으랴
어느 날 태양계서 해고 통지 받은 이후
씹다가 버린 껌 같은
비정규직
스파크spark 같은

-「명왕성」 전문

명왕성이 행성의 마지막별이라고 배웠지만 최근 그 학설이 달라지면서 퇴출되었다. 태양 주변을 안정적인 궤도로 돌지 않고, 타원형 궤도를 만드는 것도 이유 중의 하나다. 퇴출당할 때의 기분이 어떨까? 명왕성에게 물어보면 알 일이다. 씹다가 버린 껌이고, 비정규직 스파크 같은 것일 테니까.

비유란 시의 옷을 입히는 역할이다. 옷을 잘 입혀야 맵시 있고 날씬해진다. 그러나 부분보다는 전체의 멋을 중시한다. 부분적 비유는 작품 전체가 상징이나 은유의 옷을 입을 때 기여하는 역할을 할 뿐이다. 그것이 그의 작품이 주는 무게감과 매력이었다.

발 붙이고
살 수 없어
뭍에서 미련 접고

때로는
거칠어지는
철없는 파도 의지하며

보란 듯
움막을 짓고
신접살림 하고 있다

-「무인도-사랑」 전문

은유가 보인다. 섬을 움막으로 표현했다. 그러나 그 비유가 갖는 의미는 작품 전체가 주는 은유에 크게 기여해야 한다. 무인도는 파도에 의지하고 있다. 어쩌면 우리네 삶도 세파가 아니던가. 무인도처럼 세파를 겪으면서 움막처럼 신접살림을 일으켜 세운 고통이 아프게 느껴진다.

행운이란 꽃말에
잎 찾아 봄이 갑니다

비껴간 인연 오라
반듯하게 말립니다

한 세월
우리 같이 살자
책갈피에 가둡니다.

-「네 잎 클로버」 전문

네 잎 클로버는 행운을 상징한다. 그 행운을 잡아보고 싶어 잎을 찾는다. 놓치고 싶지 않다. 반듯하게 말려서 책갈피 속에 넣어둔다. 행운과 같이 살고 싶은 소망이 여실히 드러난다.

4.

문학은 사회를 묘사하고, 인생을 그리기 때문에 사회적 산물이라고 한다. 작가 자신은 사회의 일원이니까 시대와 사회를 표현할 수밖에 없다. 그것이 시대의 요구라면 그 요구에 응할 수밖에 없다. 스토 부인의 『톰 아저씨네 오두막』은 노예해방운동의 불을 지르기도 했지만, 이효석의 「메밀꽃 필 무렵」은 평창을 올림픽을 개최한 세계적 도시로 만드는 계기가 될 수 있었다.

시절에 맞는 배역 다하고 저무는 길
피난살이 상처 싸맨 영도다리 바로 아래
낙오병 반바지 같은
점집 두 곳 남았다

-「점바치 골목」 제1수

가수 현인이 부른 가요 「굳세어라 금순아」가 들려올 듯하다. '피난살이 상처 싸맨 영도다리'라고 했으니 한국 전쟁 피난민의 애환이 서려 있는 곳이라는 것을 알 수 있다. '낙오병 반바지 같은/ 점집'이 두 군데 남아서 역사의 오래된 생채기를 움켜쥐고 있어 마음이 아련해진다.

시멘트 아스팔트 인공 피부 가진 도시
그 위에 성형하고 집 짓고 립스틱 바른
싱크홀 흐르는 걸 잊고
사는 게 연극이라며

-「맨홀 위에 산다」 제1수

하루하루 살아가는 게 기적인지 모른다. 언제 싱크홀 속으로 빨려 들어갈지 모르니까. 도시는 '시멘트 아스팔트 인공 피부'를 가졌고, 그 위에 집 짓고 요란을 떨면서 온갖 성형을 하고 있다. 그게 못마땅하다. 그런 곳에서 살고 있는 우리들이 '싱크홀 흐르는 걸 잊고/ 사는 게 연극'아닐까 하면서 코믹하게 바라보고 있다. 사회 변화에 적응할 수밖에 없으면서도 불안과 걱정이 남는 삶이 못내 불만스럽다.

남포동 서점 이층 북 카페가 사라졌다
시집을 펼쳐보던 그 자리를 둘러보니
아쉽다, 못내 한 마디가 휑하니 스쳐간다

-「북카페가 사라졌다」 제1수

남포동에 있던 북카페가 사라졌다. 독서인구가 점점 줄어가는 추세니까 북카페가 사라지는 건 당연한 일인지 모른다. 그러나 시집을 읽으며 '시조 구절 닮아가던 커피 향 맡고 싶다'던 그 꿈과 낭만마저 앗아가 버렸다. '채우는 글이 있어 혼자라도 좋아'했던 그곳이 사라졌으니까 얼마나 아쉬웠을까.

매슈 아널드는 '시는 인생의 비평'이라고 했다. 문학이 그저 커피나 영화 같은 삶의 부속물이 아니기 때문에, 문학을 통해 인생의 가치와 삶의 지혜를 배우게 된다. 시조 한 수, 한 수에 깃든 삶의 노래가 인생이었다.

5.

노숙자 잠자리는 돌돌 말린 나뭇잎이다
그 속에 들어앉아 알을 품는 모성애
때 되면 떠나야 하는 경전으로 따른다

제 몸을 먹이 삼아 남김없이 내어주는
허허바다 어미의 끈 문 열어 눈부시다
고단한 생의 고리가 오히려 길이 된다

핏줄과 젓줄을 통해 길은 또 이어지고
어제 오늘 내일이 염낭 속의 길인 것을
받았던 내리사랑을 다 쏟고 가야하는

-「염낭거미」 전문

인터넷을 뒤졌다. 염낭거미의 종류가 세 가지였다. 강동염낭거미,

애어리염낭거미 그리고 붉은가슴염낭거미 등이었다. 그 중 애어리염낭거미의 속성이 '갈대나 억새 등 벼과식물의 잎을 접어 집을 만들고 생활하며, 첫째 번 탈피를 한 새끼가 어미 몸을 뜯어 먹는 습성이 있다.'라고 되어 있었다. 이 작품은 새끼가 어미 몸을 뜯어먹는 습성에서 착상된 것이다.

이 작품이 그의 애장시다. 이에 대해서 『문학도시』(2014. 6) 「나의 애장시, 산문으로 말한다」에서 밝혀놓았다. 글의 일부를 옮긴다.

'이 시조는 시적 태도나 문학적 수준을 짐작할 수 있는 소품이지만 체험이 녹아난 작품이라 애정이 깊다. 어머니를 잃고 나니 우리는 노숙자라는 생각이 들어 모성애와 사회적 이슈인 노숙자 문제를 서정적 주조로 표현하고 싶었다. 자식 위해 제 살을 먹이는 염낭거미의 모습에서 어머니를 잃었고, 두 아들의 어미 된 나 자신도 보았다.'라고.

「염낭거미」에는 어머니의 사랑이 아프게 느껴진다. 그러면서 시인이 보여주는 배려와 사랑과 순수한 정서들이 고스란히 녹아 있다. 삶의 최고 가치가 행복, 성공 그리고 사랑이니까 차원 높은 사랑의 모습이야말로 거룩한 가치가 아닐 수 없다. 이지엽 교수는 '관념과의 싸움을 통해 부드럽게 육화된 자신만의 경험과 상상력을 단아하면서도 밀도 있는 이미지로 드러나고 있다'고 극찬했다.

6.

이 시집에는 마침표(온점)가 없다. 대다수의 시편들은 마지막 행에서라도 마침표를 찍어 이미지의 종결을 알린다. 그런데 우아지의 시조선『점바치 골목』은 이 어법적 관례를 따르지 않고 있다. 마침표가 없다는 것은 무엇을 의미하는가? 마침표는 사고와 행동의 휴지거나 종결 상태를 의미한다. 그러니까 시적 이미지가 현재진행형이라는 것을 보여주고 싶은 것이다. 게다가 모든 시편들은 현실의 제약과 속박에서 벗어나고 싶다는 의미를 내포하면서, 자신에게는 쉬지 않고 끊임없이 정진하겠다는 비장의 각오가 서린 명령이기도 한 것이다. 그런 치열한 문학정신이 주제와 이미지, 리듬과 표현 등의 공감을 이루니까 행복한 독서를 했나 보다.

끝으로「나의 애장시, 산문으로 말한다」에 실린 글 일부를 옮긴다. 시인의 문학관이 엿보인다.

'이근배 선생은 "좋은 시만 가지고는 안 된다. 한국이라는 커다란 역사적 모티브를 인류 앞에 제시할 수 있는 그런 화두를 담아내야 위대한 시다. 아, 한국의 시란 이렇구나라는 걸 담아내야 한다"라고 말했다.

나는 어떤가. 아직 갈 길이 멀었지만, 물러서거나 도망치지 않겠다는 것이 대답이다. 생텍쥐페리는 "완성이란 덧붙일 것이 없을 때가 아니라, 제거해야 할 것이 아무 것도 없을 때 이루어지는 것"이라고 했다. 시조시인에게만 적용되는 금언일까.'라고 했다.

시대가 변하면서 그에 못지않게 시적 대응이나 완성을 위한 노력이 더 치열하리라는 예감이 든다.

(『문화와 문학타임』 2021 겨울)

긴 여울 따라 흘러온 '어른의 시간'과 중후한 매력

- 최보일 제9수필집 『긴 여울 바람 소리』

1.

경력이 화려하다.

최보일 박사!

1993년 동아대학교 대학원에서 논문 「근대국어 동의어의 대립에 관한 고찰」로 박사 학위를 받았고, 2005년 『시와수필』과 『고려문학』에서 신인문학상을 받아 수필가로 등단했고, 크리스천으로 항도교회 장로와 한국교육자선교회 부산지방회 회장직을 맡기도 했고, 지구 몇 바퀴를 돈 여행가이며, 경주 벚꽃 마라톤대회에 매년 출전하는 마라토너이며, 히말라야의 안나푸르나 베이스캠프(4,130m), 에베레스트 베이스캠프(5,364m)와 칼라파타르(5,550m) 등을 등정한 산악인이며, 교육청 장학사를 거치고 남일고등학교 학교장으로 정년퇴임한 교육자다.

선망과 존경의 마음이 앞선다. 나와 동기(진주교대 3기)가 아니라도 그 마음은 변함없을 것이다. 퇴임 후, 자유처럼 우리들의 시간을 얻으면서 매주 만난다. '와사보생臥死步生(누우면 죽고 걸으면 산다)'을 목표로 삼고 근교의 산을 오르거나 갈맷길을 걷기로 했으니까. 그는 "최박!"이다. 친구들과 잘 어울리는 최고의 박사다. 무겁지 않아 좋다.

『긴 여울 바람 소리』(2020. 육일문화사)는 제9수필집이다. 등단 이후 수필집을 일곱 권이나 상재했다. 2년에 한 권꼴로 출간했으니 그의 문학 열정이 어떤지 알 수 있다. 서문에 '교직에서 물러난 후에는 비교적 여유'롭다고 했고, 여행과 문학 활동을 하면서, '깊은 명상과 깨달음을 체험할 수 있었음은 행복이었다'고 말한다.

여울은 유독 물살이 센 구간을 일컫는 순우리말이다. 세월도 강물처럼 세차게, 급하게 흐르는 여울이 아닌가. '이제 남은 삶 또한 끝없이 이어지는 순례자의 길을 마저 걸을 작정이다. 내 남은 인생길의 행로도 제목처럼 긴 여울에 이는 바람 소리를 들을 수 있는 날이 많았으면 좋겠다. 크게 이룬 것도 없지만, 이 나이가 되도록 살아온 여정은 그때그때가 한 여울의 물굽이였다. 다만 간간이 불어오는 바람 소리에 물 흐르는 소리와 새들의 지저귐이 어우러져 한 편의 서사시가 되었으면 하는 바람으로 행간에 의미를 담고자 했다.'라고 했으니, 순례자처럼 긴 여울의 물굽이를 따라 흐르면서 삶의 서사시를 썼나 보다.

등단할 때 이미 '어른의 나이'(60세)였다. 수필은 '지성의 격조가 드러나는 문학'이다. 삶 속에서 깨달은 바를 독자와 나누는 것이라면, 이미 삶의 경륜이 그의 문학을 풍성하게 한 밑거름이었다는 것을 알 수 있다.

2.

강건하면 90수를 누린다 해도 '어른의 시간'은 얼마 남아 있지 않다. 잠시 왔다가 떠나는 부초 같은 인생, 어떠한 삶의 자세를 취해야 할지 생각하게 된다. 요즘에는 산을 오르다 보면 가끔 시간의 흐름을 잊고 '인자요산仁者樂山'의 삶을 배울 때가 많다, 높은 곳을 오르려면 번뇌를 비워야 마음을 채울 공간이 더 생긴다. 오르면 반드시 내려와야 한다. 오르면 반드시 내려가야만 하듯, 인생도 정점을 찍고 나면 내려가게 마련이다. 사고는 내려가는 길에서 나기 쉬우나, 나의 인생 하산 길은 천천히 그리고 조심스럽게 신의 섭리에 따르고 싶다. 진짜 '어른'이란 확고한 자아를 가지고 자유 의지에 의해 행동하지만, 시간이 흐를수록 배려와 원숙함을 지닌 산 같은 사람이 아닐까 하는 생각이 요즘 부쩍 든다.

-「맑고 향기로운 삶의 궤적」 부분

'어른의 시간'은 얼마 남지 않는 시간이다. 죽음이 가까이 있다. 성서에도 '인간의 부귀영화는 풀의 꽃과 같다'고 했듯이, 부초 같은 인생이라면 스러지는 것이 아쉬워 서둘거나 조급할 수 있다. 그러나 산을 오르면서 '인자요산'을 깨닫는다. '번뇌를 버려야 마음을 채울 공간이 더 생기'는 것처럼 오히려 시간의 흐름을 잊고 사는 지혜를 터득한다. 그러니까 '어른의 시간'이 여유로워지고 더 어른스러워진다.

그러면서 실천하는 게 있다. '오르면 반드시 내려가'는 것이다. 정점을 찍었으니까. 우리네 인생도 마찬가지겠지만. 하산길을 조심해야 한다. 그게 신의 섭리다. '어른'은 자유 의지에 행동해야 하지만, 조심스럽게 신의 섭리에 따르면서 배려와 원숙함을 지닌 산 같은 모습으로 살아야 한다는 것이다.

나는 오늘도 여울물 흐르는 들판 길을 따라, 바람 소리를 들으면 가도 있다. 봄은 이미 곁에 와 있고, 긴 여울물은 끊임없이 흘러만 간다. 바람은 어디서 불어와 어디로 가는지 끝닿은 데를 알 수 없구나. 바라건대, 긴 여울에 부는 바람결에 이 땅의 고난도 재앙도 실려 멀리멀리 날아갔으면 좋으련만.

-「긴 여울에 이는 바람 소리」 끝부분

여울물 흐르는 들판 길을 걷는다. 바람 소리도 듣는다. 봄은 어느새 곁에 와 있다. 바람은 어디서 부는 지 끝닿은 데를 알 수 없다. 어쩌면 무릉도원 같은 분위기다. 그런데 웬 노파심인가. '국가가 정치·경제적으로 어려움에 부딪쳐 있는데 살상가상으로 온 세상이 불시에 불어온 몹쓸 역병으로 이 나라, 이 강산이 바람 앞에 등불인 양 온몸으로 곤욕을 치르고 있다.'고 하면서 '지금은 총·탱크·비행기나 핵무기가 지배하는 세상이 아니라, 눈에 보이지 않는 병균 바이러스에 의해 나라가 끝장나는 세상'이라며 한숨을 쉰다. '어른'이 되어서도 걱정이 되는 것은 나라다. 하기사 이만큼 살게 하기 위하여 각고의 노력을 하지 않았는가. '갈대숲 사이로 바람이 지나가면 내 어린 시절의 영혼을 부르는 소리가 난다. 그때의 긴 여울을 따라 이는 바람에도 늘 간절함이 묻어 있었다. 이 소리를 들으며 산으로 나무하러 다녔고, 몇십 리 길 산마루를 넘어 멀다 않고 걸어서 학교에 다녔었지.(「긴 여울에 이는 바람 소리」 중)'하면서 보릿고개 시절을 회상한다. 어려운 시절을 겪으면서 이만큼 이루었으니, 나라는 가슴 안에 영원히 살아 있는 어머니 같은 존재가 아니랴!

개인소득이 3만 달러에 5천 년 역사를 자랑하는 민주주의 국가인 우리가 아직도 개발도상국의 저급한 시민의식을 보임은 안타까운 일이다. 국민 정서의 쇄신을 위해서는 버릴 것과 취할 것을 분명히 알 필요가 있다.

-「우리는 선진국이 될 수 없을까」 부분

광안리 해변의 불꽃 축제 이후 수십 톤의 쓰레기가 버려졌다는 기사를 접하곤 한다. 경제의 성장과 함께 시민의 의식구조도 선진화되어야 하는데, 그렇지 못하고 있는 것이 못내 아쉽다. '도덕심은 마비되고 단속이 미치지 못하는 곳일수록 예의염치가 실종되는 현상이 심화'되고 있으니 걱정이 된다. 그러니까 인격처럼 국격을 논할 수밖에 없다. '우리도 세계 경제규모 10위권이면 분명 잘사는 나라다. 돈만으로 해결되지 않는 것이 그 사람의 인격이다. 사람에게 인격이 있듯이 나라에도 "국격國格"이란 것이 있다. 국민의식·거리질서·시민정서 등에 신경 쓰면서 살 때도 되었다.(「우리는 선진국이 될 수 없을까」 중)'라고 외친다.

「은퇴 후의 새로운 삶, 아름다운 도전」은 그의 버킷리스트다. 남아도는 시간을 잘 활용하면서 여생을 즐기고 싶다. 첫 번째는 책읽기다. 지금도 수불석권手不釋卷'을 목표로 정진하는 마음엔 변함이 없다. 다음으로 히말라야 3대 트레킹코스(에베레스트, 안나푸르나 그리고 랑탕) 완주, 그리고 70개국 세계 여행 등이다. 그러면서 '건강이 허락하는 한 도전자의 삶은 이어지겠지만, 매번 아름다운 여정에 가슴 설렘과 감동을 즐기는 마음 또한 변하지 않으려 한다'고 했다.

랑탕 코스는 지진으로 길이 폐쇄되어 발걸음을 돌려 중국 톈산산맥의 옥룡설산 트레킹으로 방향을 바꾸었다던가. 기행에세이 『아름다운 여정따라』(2015. 육일문화사)에서 여행의 기쁨과 감동을 훌륭하게 남겼다. 이제는 그의 태극 발자국이 찍히지 않는 나라가 없지 않으리라.

「우리를 기쁘게 하는 것들」은 무엇인가. 안톤슈낙의 「우리를 슬프게 하는 것들」은 일상에서 느끼는 비애감을 노래했으니 이와 대가 된다.

> 이런 절박감 속에서도 대자연은 봄이 돌아와 아름다운 꽃이 피고,
> 나무들은 새잎을 피워보는 이에게 기쁨과 위안을 안겨 주고 있다.
> -「우리를 기쁘게 하는 것들」 앞부분

코로나 19가 세계적으로 팬데믹 현상을 보이면서 전쟁에 버금가는 고통을 겪게 한다. 우리나라에서도 봄철 행사가 취소되고, 학교도 비대면 수업으로 일관하니까 '봄은 왔는데 텅 빈 학교는 겨울 같이. 보고 싶다!! 애들아~' 하면서 플래카드가 나붙기도 했다. 이런 시기에도 기쁨은 있었다. 봄, 영화 '기생충', '미스터트롯' 그리고 방직공장 여공이 공부를 하여 사법고시에 패스하고, 국회의원으로 등극한 K의원의 입지전적 이야기도 기쁨이고 희망이었다.

노년도 국가의 자본이라고 하던가. 유머 감각, 활력, 세련미, 상대를 편안하게 하는 기술 등 다른 사람의 호감을 사는 멋진 태도나 기술은 나이가 많다고 쇠퇴하지 않고, 오히려 더 좋아진다고 매력자본이라고도 한다. 경륜이 있기 때문이다. 경륜이란 지혜와 여유다.

최보일의 수필은 품격과 매력이 있다. 삶의 경륜이 깃들어 있기 때문이다. 또한 역동성이 그를 젊게 한다.

미국의 루즈벨트 대통령 부인, 엘레나 여사의 연설문은 널리 회자되고 있다. '아름다운 젊음은 우연한 자연현상이겠지만, 아름다

운 노년은 어느 누구도 쉽게 빚을 수 없는 예술작품이다.'라는.

최보일! 그는 정말 예술작품이다.

3.

수필의 구조는 그 글의 교훈과 감동을 어떤 진술 방법에 의해 이끌어 낼 것인가를 결정짓는 중요한 틀이다. 그는 자신의 느낌을 산문시처럼 비유적·함축적으로 표현하는 서정적 구조에 의존한다. 그러나 여행 에세이의 비중도 높아 자신의 경험을 솔직담백하게 담아낸 서사적 구조를 즐긴다.

> 세상의 명예와 재산도 무의미하고 마음의 평정심을 흐리게 하는 세상의 어떤 미혹에도 흔들리지 않을 수 있음은 텅 빈 마음 덕분일 것이다. '텅 비어 있기 때문에 가득 찼을 때보다도 오히려 더 충만하다.'던 어떤 분의 글 한 구절에 역설적 공감이 간다. '여백의 미학'에서 '채움의 미학'으로 바뀌어가는 도회의 텅 빈 집들에서 인간의 소욕과 쇠락의 반복된 시공간의 이동을 바라본다. 세상 물욕과 사심에서 벗어나 청결한 마음과 온유한 심경을 유지할 수 있으려면 마음을 텅 비운 상태가 아니면 이루기 어려울 것 같다. 아무 욕망도 없는 텅 빈 마음에서 발원하여, 언젠가는 채워지기를 기다리는 텅 빈 집처럼 그렇게 살아가고 싶다.
>
> -「텅 빈 집」 끝부분

텅 빈 집을 보며 텅 빈 마음을 예찬한다. 마음이 비어 있는데 무슨 욕망이나 욕심이 생기겠는가. 「텅 빈 집」을 보며 내적 성찰을 하고,

영혼의 소리를 듣는다. 그러면서 계절에 따라 꽃 피고, 열매 맺는 들꽃처럼 살아가고 싶다는 정서를 소담스럽게 담아놓았다.

> 가이드 베두인 소년과 이야기를 나누면서 사진도 찍어주고 내 망원경도 보여주면서 즐거운 마음으로 하산했다. 성지순례의 정점을 장식하는 이곳에서 잠도 두세 시간밖에 자지 못했지만, 가슴 속에 담긴 충만한 감동 때문인지 피곤함을 잊었다. 건조한 날씨 덕분에 강한 햇살이 비치는데도 전혀 따갑게 느껴지지 않았고, 땀이 흐르지 않았다. 걸어 내려온 시간은 오를 때와 달리 약 한 시간 남짓 걸려 낙타 출발지였던 수도원 인근에 당도했다.
>
> -「출애굽의 정점, 이집트 시내산」 끝부분

찰톤 헤스턴 주연의 영화 『십계』가 떠오른다. 이스라엘 백성들이 무려 수십 년을 광야를 헤맬 때다. 모세가 산에 올라가 울부짖으며 기도하자 십계명十戒銘을 내려준다. 번개처럼 불꽃이 내려와 바위에 새기는 장면이 얼마나 인상 깊었는가. 그 산이 시내산이었지.

제4장은 '다시 찾아가 본 성지 예루살렘'이다. 크리스천은 신앙 차원에서 예루살렘 성지를 순례하기도 하는데, 그 서사의 과정이 신앙인의 자세나 깨달음이다. 예루살렘은 감람산에서 걸어서 한 시간 정도 걸리는데, 예루살렘에서 느낀 감동은 무신론자인 나도 울컥하게 했으니, 그의 서사와 묘사력이 어느 정도인지 알 수 있다. 제5장은 '알레페 호수의 수로 여행'이니까 기행에세이다. 기행 수필은 한국 근대 수필의 주류였고, 그 맥이 지금도 흐르고 있으니 그 비중은 크다고 아니할 수 없다.

『긴 여울 바람 소리』는 제5장으로 구성되어 있다. 제1장은 '은퇴 후의 새로운 삶, 아름다운 도전'이고, 제2장은 '긴 여울에 이는 바람 소리'이며, 제3장은 '한 잔 차를 마주하며'다. 그러니까 은퇴 후, '어른의 시간'으로 새로운 도전과 새로운 시간을 맞이하면서, 세월의 여울에서 일어나는 바람 소리를 들으며, 차 한 잔을 마주하며 삶의 여유를 즐긴다고 할까.

문체에도 리듬이 살아있다. 때로는 서정으로, 때로는 서사로 풀어내는 조화가 매력이기도 하다.

수필은 개성의 문학이다. 그러니까 '어른의 시간'에 겪은 체험과 인생관은 그의 인격이다. '"나이가 든다"는 것은 "나이를 먹는다"는 개념과는 느낌이 다른 것 같다. 나이를 먹을 때는 적극적이고 희망적이었다면, 나이가 든다는 것은 소극적이고 피동적으로 거저 얻은 물건 같아서다. 이 나이가 되고 보니 이제야 내 인생의 서사시를 쓴다면 행간의 의미를 제대로 불어넣어 줄 것 같은 생각이 든다. 단풍인 들 들고 싶어서 들었다가 얼마 지나지 않아 떨어질까. 노을인들 붉게 타오르고 싶어서 불타다가 스러질까. 사람도 저 자연 같아서 어쩔 수 없이 떨어지고 또 스러져서 시나브로 썩어지는 것이 아닌가. 싫든 좋든 이 땅에 왔다가 해가 지고 어둠이 올 것을 알기에 속절없이 이 자리를 젊은 세대에게 물려줄 수밖에 없지 않은가. 젊은 세대가 만산홍엽滿山紅葉 뒤에 움트는 새싹이듯이, 불타는 노을 뒤에는 찬란하게 태양이 떠오르듯 말이다.(「나이가 든다는 것은」 중)'라고 말한 것을 보면 그의 '어른의 시간'은 달관의 경지다. 나이가 들면서 노을과 단풍이 되고, 그렇게 스러져갈 인생이다. 그러나 상관하지 않는다. 불타는 노을 뒤에 찬란하게 태양이 떠오를 테니까.

『긴 여울 바람 소리』는 세월의 여울과 함께 흐르는 삶의 거친 바람 소리다. '어른의 시간'에 그 '여울과 바람'을 돌아본다. 순리대로 살아왔고, 순리대로 살고 있고, 순리대로 살아갈 거라는 확신을 가진다. '어른'의 흔들림 없는 중후한 매력이 빛난다.

(『문학도시』 2021. 11)

아동문학평론집

동심의 시학

초판1쇄 발행 2022년 3월 25일

지은이 박 일
펴낸이 이길안
펴낸곳 세종출판사

주소 부산광역시 중구 흑교로 71번길 12 (보수동2가)
전화 463－5898, 253－2213~5
팩스 248－4880
전자우편 sjpl5898@daum.net
출판등록 제02-01-96

ISBN 979-11-5979-493-4 03800

정가 20,000원

이 책은 2022년도 한국문화예술위원회가 공모한 문학비평활동지원에 선정되어 출간했습니다.